シリーズ・学力格差 1 統計編

日本と世界の学力格差

国内・国際学力調査の統計分析から

Current Issues of Achievement Gaps in Japan and around the World
Statistical Analysis of Educational Surveys

【監修】志水宏吉 Kokichi Shimizu
【編著】川口俊明 Toshiaki Kawaguchi

明石書店

刊行にあたって

シリーズ・学力格差　全４巻

「学力低下の実体は学力格差の拡大である」という主張を、監修者らの研究グループが行ってから15年あまりが経過した。小中学生の「学力の2こぶラクダ化」という言葉で表現したが、そうした見方は今日では日本の学校現場の常識となっている。

いわゆる学力低下論争が勃発したのは、1999年のことであった。日本の子どもたちの学力が、もはや世界のトップではないことを示したPISA第1回調査の結果が、それを後押しした。2003年に文部科学省は、それまでの「ゆとり教育」路線を「確かな学力向上」路線に転じた。そして、2007年には全国学力・学習状況調査がスタートした。今日それは、小中学校現場の年中行事として定着した感がある。点数学力を中心に学校が動いていく状況は、今後もしばらく変わりそうにない。

日本の子どもたちの学力低下は、一体どうなっているのだろうか？　学力格差の状況はよくなっているのか、あるいは悪化しているのか？

全国学力・学習状況調査の結果を見ると、学力上位県と下位県の格差は順調に縮まっているようである。3年おきに実施されるPISA（Programme for International Student Assessment）の結果でも持ち直した感がある。その他の調査の結果を含めて考えると、日本の子どもたちの学力は、一時期落ち込んだが、その後はある程度回復していると総括することができる。

ただし、21世紀に入ってからの日本社会の経済的格差状況は変わっていない。ことによると、ひどくなっているかもしれない。そのなかで、学力調査の結果が改善傾向にあるのは、ひとえに学校現場ががんばっているからに他ならないというのが、私たちの実感である。諸外国に比べると、格差是正に費やされる国費の額はきわめてお寒いのが日本の実態である。もし現場が手をゆるめると、学力格差がもっと拡大していくおそれが多分にある。

学力格差の是正は世界各国の共通課題である。現時点の日本に、そして世界に、何が起こっているのか。それを教育社会学の観点から探究したのが本シリーズである。15年以上にわたって学力格差の問題を追いかけてきた監修者は、2014年度に科研費を獲得し、5年間にわたる総合的な研究プロジェクトに着手した（科研費基盤研究（A）「学力格差の実態把握と改善・克服に関する臨床教育社会学的研究」、研究代表：志水宏吉、課題番号：26245078）。本シリーズは、その成果を4巻本にまとめたものである。参加した研究分担者は18人、協力した大学院生は20人以上にのぼる。

本シリーズの特徴をあげると、以下のようになる。

1）教育社会学という学問分野の最新の問題意識に立つものであること。
2）その結果として、学力格差研究の最先端を行くものであること。
3）「家庭」「学校」「統計」「国際比較」という複合的視点を有していること。
4）3～4年にわたる定点観測的な経時的調査研究にもとづいていること。
5）現状分析にとどまらず、積極的に格差是正の提案・提言を行っていること。

各巻の主題は、以下の通りである。

第1巻＜統計編＞『日本と世界の学力格差』では、各種の学力データの分析を通して、日本と世界における学力格差の現状の総合的な把握を試みる。本書は3部構成である。第Ⅰ部では、これまでの学力研究のレビューを通して、現時点の日本の学力研究の到達点と課題を明らかにする。第Ⅱ部ではPISA・TIMSS（Trends in Inter-national Mathematics and Science Study）といった国際学力調査から、日本の学力実態を論じる。そして第Ⅲ部では、ある自治体で実施された学力調査から、国際調査ではわからない日本の学力格差の実態について分析を行う。

第2巻＜家庭編＞『学力を支える家族と子育て戦略』では、就学前後4年間

（5～8歳）の追跡調査を通して、子どもたちの学力を支える家庭の力の諸相を明らかにする。具体的には、大都市圏の子育て世帯を対象にしたインタビュー調査と訪問調査をもとに、各家庭が自ら有する資源や資本を活用しながら展開する子育て戦略が、子どもとの相互作用を通じてどのように実現しているのか、さらにはそれが学力とどう結びついているのかを検討する。

第3巻＜学校編＞『学力格差に向き合う学校』では、対象校における3年間にわたるフィールド調査をもとに、子どもたちの学力の変化について検討する。対象となるのは、都市部の同一自治体に所在する、異なる社会経済的背景の地域を持つ2つの中学校区の学校（各1小学校、1中学校）、計4校である。子どもたちの家庭背景をふまえた上で、彼ら、とりわけ低学力層の学校経験や学力形成の動態を捉え、学力格差の拡大・縮小のダイナミクスを解明する。

第4巻＜国際編＞『世界のしんどい学校』では、世界の学校現場において学力格差の問題がどのように解決されようとしているのかという課題にアプローチする。対象となるのは、東アジアの3カ国（韓国、香港、シンガポール）とヨーロッパの4カ国（イギリス、フランス、ドイツ、オランダ）、計7カ国の「しんどい」地域（低所得層や移民が多く居住する地域）に立地する七つの小学校である。各小学校での教師たちの奮闘ぶりとその背後にある各国の政策の特徴に焦点が当てられる。

各巻の中身は、数年にわたって展開された、用意周到な学術調査・研究にもとづくものであるが、幅広い層の読者に読んでいただきたいと考え、できるかぎり平易で、ていねいな記述を心がけた。

現代の学力格差研究の決定版として、自信をもって世に送り出すものである。

志水 宏吉

はじめに

「まずデータを見て、現状を把握することから始めませんか？」この10年、私が学力格差に悩む、学校現場や教育委員会の人々に繰り返し提案してきたことである。一口に学力の格差と言っても、すべての学校・地域が等しく学力の格差に悩んでいるわけではない。厳しい家庭環境に育つ子どもたちが多く集まってくる学校・地域もあるし、逆に、そうした子どもたちがほとんどいない学校・地域もある。学力格差の状況は、その学校が立地する「文脈」によって、大きく変わるのである。だから現状を知らずして、まともな対策が取れるはずもない。まず自校や自分たちの住む地域の実態を知り、そこから対策を考えるべきである。こうしたことを繰り返し訴えてきた。

何を当たり前のことをと思われるかもしれないが、その当たり前のことがほとんどできないのが日本の学校教育の現状である。全国学力・学習状況調査をはじめとして、学力調査だけはどこの学校・自治体でも行われるようになってきた。しかし一方で、学力調査の結果を、子どもたちの家庭環境と結びつけて分析する学校・自治体は稀である。そもそも全国学力・学習状況調査自体、学力と家庭環境を結びつけた分析は、4年に1度の保護者調査でしか行っておらず、毎年度行われている本体調査では、単に都道府県の平均点が公表されるだけである。このような状況で、日本の学力格差が縮小したとしたら、それこそ奇跡であろう。

実はこうした「お寒い」状況は、（とくに計量的な）教育研究もそれほど変わらない。正直なところ、日本の計量的な学力格差研究の水準は、世界標準と比べると、すでに数十年は遅れてしまっている。これは一つには私たち教育研究者の怠慢もあるだろうが、そもそも学力格差に関するデータを蓄積するということをしてこなかった、日本社会それ自体の問題でもある。

本書は、データをもとに学力格差にアプローチする書籍である。限られたデータをもとにした分析ではあるが、日本と世界の学力格差研究の現状（第Ⅰ部）、日本と世界の学力格差の実態（第Ⅱ部）、ある自治体の学力データを用いた新たな分析（第Ⅲ部）を行っている。せめて、ここに掲載されている日本の学力格差の実態を知った上で、学力格差にどう立ち向かうかという議論を始めてほしいと思う。

私は計量的な教育研究を行っているが、人を相手にする教育という営みにおいて、数値ですべてがわかるなどとは露ほども思わない。しかし（一部の人々がそうであるように）、まったく数値を見ずに、自分の個人的な経験だけを頼りに教育を語るのも愚かなことである。本書が、学力格差問題に立ち向かおうとする人々にとって、現状を把握する助けとなるものになれば幸いである。

川口 俊明

シリーズ・学力格差
第１巻〈統計編〉

日本と世界の学力格差

国内・国際学力調査の統計分析から

目次

第Ⅱ部　国際学力調査を利用した日本の学校教育の分析

第Ⅲ部　X市のデータを利用した学力格差の実態分析

序章

川口 俊明

生まれ育った生育環境の違いによって、子どもたちの学力には大きな差が生じる。これが、いわゆる学力格差である。日本にも他国と同じく、学力格差が存在するということを知っているという人は、この20年でずいぶん増えたと思う。しかし、それでは日本の学力格差の実態についてどれほど調査・研究が進んだかといえば、諸外国の水準と比べるとまだ心許（こころもと）ないというのが実態である。なぜなら2019年現在ですら、子どもたちの学力と家庭環境の関連を調べることが、なかなか日本の学校や教育委員会に認めてもらえないという現状があるからだ。

2000年代に行われた学力低下論争や、その後2007年に再開された全国学力・学習状況調査の影響もあって、たしかに学力調査を行う学校や自治体は増加した。しかし、そうして得られた学力テストの点数が子どもたちの家庭環境をはじめとする社会的な要因とどのように関わっているか、公に検討する自治体・学校はいまだに少数派である。むしろ目立つのは、学校ごとの平均点の高低が学校・教員の頑張りを表しているという主張の方であり、学力調査の平均点の低い学校・教員にペナルティを与えることで学力を向上させようという議論すら行われている。

本書の主題は、学力の格差である。私たちは日本にも明らかな学力格差が存在するし、その実態を多くの人が認識し、状況を変えるためのさらなる調査・研究が行われなければならないと考えている。本書はその手始めとして、これまで日本の学力格差研究で何がわかってきたのか、また何がわからないままになっているのかという点を整理する。さらに、TIMSS・PISA といった国際学力調査や、私たちの研究グループが実施した学力パネル調査の分析を通し、日本の学力格差研究に、いくつか新しい知見を付け加えることを目指したい。

1. 日本の学力格差研究の現在

はじめに日本の学力格差研究のこれまでの流れについて、簡単にまとめておこう。ここでは 2000 年以降の動きを中心に、そこに存在する三つの流れについて解説する。断っておくが、2000 年以前に学力格差に注目した日本の研究がまったく存在しなかったというわけではない。たとえば関西の研究者を中心とする、同和地区児童生徒の低学力問題については、一定の研究の蓄積が存在する（髙田 2008）。しかし全国的に見れば、こうした研究は例外的な存在だったことも事実である。

2000 年以前の学力格差研究が低調だった理由は、いくつか考えられる。第一に、そもそも肝心の学力調査自体が、あまり行われていなかったという点である。1956 年から 10 年ほど行われていた全国学力テストが日本教職員組合の強い反発にあって終了したことに象徴されるように、日本では学力テストに伴って学校ごとの平均点競争が起こったり、学校が点数で序列化されたりすることを警戒する人が少なくない。そのため、1970 年から 2000 年にかけて、大規模な学力調査それ自体が存在しないという状態が続いていたのである。第二に、子どもたちの生まれ育った家庭環境によって学力に差が生じるということを主張すること自体が「差別」という考え方が、日本の教育界で広く共有されていたという事情がある（苅谷 1995）。今現在でも、子どもたちの家庭環境について質問することは日本の学校現場ではタブーの一つとされており、たとえば「家庭にある本の冊数」や「家族構成」といった国際学力調査で行われているような設問であっても、質問紙で尋ねようとすればクレームがつくことは珍しくない。そのため学力格差に関心を持つ研究者であっても、容易にはデータが入手できないという状況は、今も続いている。第三に、高度経済成長期以後の日本で、そもそも学力形成や学力格差の問題は、それほど深刻ではないものとして周辺化されていたということが考えられる（志水 2009）。「一億層中流」とさえ呼ばれた日本社会において、学力の格差というテーマの現実味が薄く、世間はもちろん、研究者ですら関心を失っていたのかもしれない。

こうした状況に変化が見られたのは、2000 年頃に起こった学力低下論争である。この論争で頭角を現したのが、学力低下のみならず、学力格差に関心を寄せる教育社会学領域の研究者たちであった。苅谷や志水といった研究者は、過去に同和地区の低学力実態を把握するために行われた調査を再び 2000 年代に実施することを通して、学力が低下しているのみならず、学力の格差が拡大していると主張し、学力低下論争に大きなインパクトを与えたのである（苅谷ほか 2002; 苅谷・志水編 2004）。折しも、格差社会論が流行したこともあって、学力格差は一気に注目を集めた。その中で、教育社会学の研究者たちを中心とした、学力格差研究の第一の波が作られてきたのである。

学力格差に関心を寄せる、教育社会学領域の研究者たちは、その後も日本の学力格差について、研究を積み重ねていった。中でも有名なものは、お茶の水女子大学が実施する JELS（Japan Education Longitudinal Study）であろう。日本の学力格差を幼少期から成人期に渡って追跡するという意図のもとに設計された JELS は、学力格差が就学前からどのように変化していくのか、といった学力格差の拡大という分析を可能にしている。JELS 以外にも、この間、関西を中心に、教育社会学の研究者たちを中心とした独自の学力調査の分析と、学力格差の実態把握が行われてきた▶1。

こうした教育社会学の研究は、日本の教育行政にも一定の影響を与えている。とくに、全国学力・学習状況調査において 2013 年から「保護者に対する調査」が実施されたことは、これまでの日本の状況を考えれば、画期的と言ってもよい出来事であった。この調査では、全国から抽出された保護者を対象に年収・学歴・家族構成・普段の子育ての様子など、センシティブな情報が多数収集され、それらと子どもの学力テストの点数の関連が示されたのである（お茶の水女子大学 2014）。

ところで、ここまで見てきた教育社会学領域の研究者たちの活動は、自分たちのできる範囲で独自にデータを収集し、その成果を世に問うというスタンスの研究が多かった。これに対して、2000年前後から現在に至るまで、日本全体の学力格差の状況がわかる学力調査が定期的に実施されている。それが、TIMSSやPISAといった国際学力調査である。

国際学力調査というと、マスメディアなどではしばしば日本の平均点や順位だけに焦点が当たりがちである。しかしこれらの調査は、学力の水準のみならず、学力格差の実態についても検討している。具体的には、いずれの調査も、児童生徒に対して家庭にある本の冊数を尋ねたり、両親の職業や学歴を尋ねたりすることで家庭環境指標を得ており、家庭環境と学力の関連について検討可能な設計になっているのである。保護者本人に学歴や年収を尋ねている訳ではないから、精度という課題はあるものの、2000年前後の時期から現在に至るまでの日本の学力格差の変化を知ることができる貴重な調査である。その意味では、こうした国際学力調査は、学力格差研究の第二の波を作っていると言えるだろう（須藤 2010; Matsuoka 2014）。

なお初期のTIMSSやPISAでは、日本は児童生徒に家庭環境について尋ねる質問を回答させていない。おそらくここには、家庭環境について児童生徒に尋ねるのはタブーであるという日本の学校現場の配慮が働いていたのであろう。ただ、こうした状況は少しずつ変わりつつあり、2003年頃からは家庭環境に関する質問にも答えるようになっているほか、最新のTIMSS2015では、日本が保護者調査に参加し、保護者に学歴について回答してもらっている。こうした変化を見るかぎり、家庭環境について質問することはタブーという状況も、少しずつ変わってきているようである。

教育社会学の学力格差研究、国際学力調査による学力格差研究に加えて、ここ数年に表れた第三の動きが、因果推論の隆盛と、それに伴う教育経済学者たちを中心とした学力格差の研究である。教育社会学の学力格差研究は、どちらかといえば現状の実態把握に主眼があり、教育政策の効果の測定といった視点は弱かった。そのため取得するデータも、一時点のスナップショットを見るためのデータが多く、同じ個人を追跡する調査（これをパネル調査と呼ぶ）はあまり行われてこなかった。これは、国際学力調査も同様であり、幅広い国の事情を把握することで、どのような国の学力が高いかはわかるものの、どのような政策を行えば学力が高まるのかという問題は二の次となっていた。

これに対して、教育政策の効果に関心を持つ教育経済学領域の研究者たちは、どのような政策・実践が学力を高めるのか、という因果関係の特定に関心を持っている。そこでかれらが利用する手法の一つが、パネル調査である。同一個人を追跡していけば、たとえば勉強時間が増えたことで本当に学力が向上するのかどうかといった、因果関係を推測することが可能になる。近年、こうした視点からの学力格差研究が増加しつつある。中でも有名なものは、慶應義塾大学による JCPS（Japan Children Panel Survey: 日本子どもパネル調査）であろう（赤林ほか編 2016）。この調査は、同一個人を長期間にわたって追跡するパネル調査になっている。他にも、教育経済学者が関わっている埼玉県学力学習状況調査は、家庭環境に関する指標こそ劣るものの、教育委員会が主導する学力パネル調査としては類を見ない規模・精度の調査が行われている。

以上のように、この 20 年間で学力格差に関する日本の研究は、大きな盛り上がりを見せているように思われる。一方で、残念ながら日本の学力格差研究については、その到達点も課題も、研究者を含め、それほど多くの人に知られていないように私たちは感じている。そこで本書では、ひとまず日本の学力研究の到達点と、それが諸外国のそれとどのように差があるのかという問題を、広く一般の読者に知ってもらうことを目標としている。さらに、そこで示された課題のうち、いくつかについて、私たちで改善ができるものについては、改善を試みることにした。本書は、日本の学力格差研究の現在と、これからに向けた私たちからの問題提起である。本書の問題意識が、少しでも多くの方の目に止まり、今後の学力格差研究の在り方に関する議論が盛り上がることを期待している。

2. 本書の概要

以下、本書の概要を述べる。本書は大きく分けると 4 部に分かれている。まず、第Ⅰ部では、日本の学力研究がこれまでに何を明らかにしてきたのか、また、それが世界の研究とどのように異なっているのかという点について、システマティックレビューという方法を用いて明らかにする。システマティックレビューという言葉は聞き慣れないかもしれないが、要するに、職人芸的に先行研究を選ぶのではなく、機械的に選び出す方法のことである。文献を精査する時間はかかるが、人による偏りが少なくなるため、とくにメタ・アナリシスの分野などで注目されている手法である。このシステマティックレビューの考え方を用いて、第1章では日本を対象とした、これまでの学力研究をレビューする。また第2章では英語で報告された研究を対象に、ここ10年の学力研究のレビューを行う。こうした作業を通して、日本の学力格差研究の到達点と、その課題について議論を行っていく。

第Ⅱ部では、国際学力調査であるTIMSS・PISAを利用し、日本の学力実態と、それが諸外国と比べてどのように異なるのか、という点について検討する。しばしば日本に生きる私たちは、日本の社会や教育制度が当たり前だと思いがちである。しかし日本の当たり前は、必ずしも世界の当たり前ではない。TIMSSやPISAといった調査を利用することで、この点について確認したい。具体的には、第3章ではTIMSSをもとに、複数の国の教育制度・文化を比較しつつ、国際的にみた日本の位置について確認を行う。実は日本の教育制度には、他国と比べるとかなり独特な要素がいくつもある。普段、このことを私たちは意識していないが、国際比較調査は、こうした独自性を認識するよい機会をくれる。第4章では、PISAを利用して、日本と諸外国の学校間格差に関する検討を行う。日本の高校教育が階層性を持つことは知られているが、その階層性が格差とどのように結びついているのか、また、それが他国とどのように異なるのか検討することが第4章の目的である。第5章では、学力格差の拡大・縮小という観点から、日本を含めた複数の国の学力の変動について検討を行う。

第Ⅲ部では、私たちの研究グループが関西のX市で行った3年間の学力調査のデータをもとに、学力に関するいくつかの分析を展開する。すでに触れたように、学力格差研究における保護者に対する調査は重要であると言われながら、日本で利用可能なデータは少ない。ここでは、こうした保護者に対する調査や継続的な学力調査から、私たちが何を知ることができるのか、という点について検討を行う。具体的には、第6章で学力パネル調査からわかる学力格差の変化について検討を行う。ここでは潜在曲線モデルという統計技法に基づき検討を行う。第7章では、進路期待について学力の変化に伴ってどのような影響が見られるのかという点を検討する。第8章では、社会関係資本という概念に基づき、社会関係資本と学力の関連について検討する。第9章では、多重対応分析という統計技法によって、日本の子育て空間の特性について議論を行い、子育ての格差や学力格差の構造について検討を行う。

最後に補論として、本書ではフリーの統計ソフトであるRによる、TIMSSとPISAの分析方法について述べる。Rは社会科学でも注目を集めており、TIMSSやPISAの分析を簡便にするパッケージがいくつか公開されている。この章を設けたのは、一人でも多くの人にTIMSSやPISAを身近に感じてほしいと考えたからである。TIMSSやPISAについては、毎回の調査ごとに平均点の高低や各国の順位ばかりがマスメディアで報道されているように思う。しかし、TIMSSやPISAの価値とは、それだけではない。何よりも知ってほしいことは、国際学力調査のデータはインターネット上に公開されており、誰でも自由に分析できるという点である。それを可能にしているのは、(日本ではまだまだ一般的ではない)国際学力調査の背後にある数々のテスト技術である。残念ながら日本では、学力格差に関わる研究者たちといえど、TIMSSやPISAを支えるテスト技術とその意義について知っている人々が少ない。補論を設けた理由は、TIMSSやPISAのデータに実際に触れてみることで、そこで使われている技術を知り、日本で行われているテスト(たとえば全国学力調査)の問題点について実感してほしかったからである。

以上のような私たちの試みが、はたしてどの程度成功するのかはわからない。ただ本書をきっかけに、日本の学力研究の現状が一人でも多くの方に伝わり、その改善のために何ができるのかということを考える方が一人でも増えることになれば、編者にとっては望外の喜びである。

❖注

▶1　日本の学力格差研究のレビューについては、川口（2011, 2019）も参照されたい。

❖参考文献

赤林英夫・直井道生・敷島千鶴編（2016）『学力・心理・家庭環境の経済分析』有斐閣。

苅谷剛彦・清水睦美・志水宏吉・諸田裕子（2004）『調査報告「学力低下」の実態』岩波ブックレット。

苅谷剛彦・志水宏吉編著（2004）『学力の社会学』岩波書店。

川口俊明（2011）「日本の学力研究の現状と課題」『日本労働研究雑誌』No.614，pp.6-15.

川口俊明（2019）「日本の学力研究の動向」『福岡教育大学紀要』68（4），pp.1-11.

Matsuoka, R, 2014, "Disparities between schools in Japanese compulsory education: Analyses of a cohort using TIMSS 2007 and 2011, "*Educational studies in Japan: international yearbook*, 8, pp.77-92.

中西啓喜（2017）『学力格差拡大の社会学的研究』東信堂。

お茶の水女子大学（2014）『平成 25 年度全国学力・学習状況調査（きめ細かい調査）の結果を活用した学力に影響を与える要因分析に関する調査研究』お茶の水女子大学。

須藤康介（2010）「学習方略が PISA 型学力に与える影響」『教育社会学研究』86，pp.139-158.

第Ⅰ部

学力研究のシステマティックレビュー

第Ⅰ部では、日本の学力研究の現状と課題について考えるため、学力研究のシステマティックレビューを行う。詳細については第1章に詳しいが、近年「エビデンス」を重視する政策が行われるようになる中、「エビデンス」の根拠として「研究の質」が重視されるようになっている。そこで行われるのが、複数の研究の成果を数量的に統合する、メタ・アナリシスと呼ばれる統計技法である。システマティックレビューとは、その前段階として、前提となる論文をシステマティックに収集してレビューする技法である。

一般的なレビュー方法では、どの資料を収集するのかという根拠や、その並べ方がどうしても職人芸になってしまうという問題があった。システマティックレビューでは、こうした職人芸による部分をできるだけ減らし、誰が行っても同じような結果になるように、レビューを行う方法である。

なぜシステマティックレビューが重要なのかという点を、この言葉に関連の深いエビデンスという概念とともに説明しておこう。そもそもエビデンスという概念は、医学・医療の現場に端を発する。医学分野において「エビデンスに基づく医療」(Evidence-based medicine: EBM) という用語がはじめて登場したのは、1991年のGuyatt論文であった。その後、先進諸国の財政難が深刻化する中、効果のない医療に税金を投入すべきではないという考え方とともに、「エビデンスとその活用」への着目が世界的に高まり、1993年のコクラン共同計画 (Cochrane Collaboration) ▶1とよばれる大規模な世界的なネットワークの設立へと繋がっていく。コクラン共同計画とは、質の保証された頑健なデータに基づく情報を管理し、誰もがアクセスできるように共有し、伝達することを可能にする知識マネジメントのネットワークのことである (岩崎2017、傍点は筆者による)。

エビデンスという概念は、やがて教育研究者の間でも注目されるようになり、教育政策にも適用されていくようになる。その契機となったのが、1996年の英国教員養成研修局（Teacher Training Agency: TTA）年次講演会でのハーグリーブズ（D.H. Haegreaves）による問題提起であったとされる（岩崎 2017; 惣脇 2010）。その後の英国では、エビデンスという概念が教育政策の立案において重視されるようになった（惣脇 2010）。医学分野におけるEBMという用語の初登場が1991年であったことを鑑みると、教育分野においても、それほど時を俟たずして、エビデンスという新しい概念の導入と、その後の急速な進展がみられたと考えてよいだろう。

さらに世界的な動向を見てみると、上述したコクラン共同計画の影響を受け、ノルウェーを本拠地とするキャンベル共同計画（Campbell Collaboration）▶2が1999年に開始された（岩崎 2017）。これは、教育、刑事司法、社会福祉の三つの領域において、質の高い研究成果を活用する事を目的に設立された非営利団体である。質の保証されたレビューを管理し、伝播に努めることを目的としている。ここでいう質の保証されたレビューが、システマティックレビューである。職人芸的なレビュー方法では、人によってレビュー結果が異なってしまう。それでは誰もが納得する質の高いエビデンスを生み出すことはできない。そこで、誰でも同じような結果を出せる機械的なレビュー方法、すなわちシステマティックレビューが求められるようになったのである。

第Ⅰ部では、日本の文献と，英語で執筆された文献をそれぞれターゲットに、システマティックレビューによる研究の総括を試みる。もっとも、英語で執筆された学力格差研究に関しては、それこそすでに膨大な量が存在する。これを要約するのは容易ではないので、ここでは直近の10年間に絞ってレビューを行っている。ごく限られた範囲の比較だが、それでもそれぞれの研究の傾向については、ある程度伝えることができると考えている。それでは、日本の学力格差研究の現在と、それが英語で執筆された諸外国のそれとどのように異なるのかという点について、見ていくことにしたい。

❖注

▶1　https://www.cochrane.org/（最終閲覧日 2019.10.15）を参照のこと。詳細は岩崎（2017）に詳しい。

▶2　https://campbellcollaboration.org/（最終閲覧日 2019.10.15）を参照のこと。詳細は岩崎（2017）に詳しい。

❖参考文献

岩崎久美子（2017）「エビデンスに基づく教育研究の政策活用を考える」『情報管理』vol.60, no.1, pp. 20-27.

惣脇 宏（2010）「英国におけるエビデンスに基づく教育政策の展開」『国立教育政策研究所紀要 第 139 集』pp.153-168.

第1章

学力研究のシステマティックレビュー
国内編

藤井 宣彰

1. はじめに

従来日本では、データの制約から階層に着目して学力格差の規定要因を探る研究はあまり行われてこなかった。しかし近年、国際学力調査PISAやTIMSS、国や自治体による学力調査が行われるようになり、ある程度の研究の蓄積がなされてきている。そこで本稿では、これまで日本語で行われてきた学力格差研究の知見を整理し、日本の学力格差研究の到達点と今後の課題を探ることを試みる。

研究の知見を整理することは、近年の「エビデンス」重視の流れの中で、特に重要になってきている。近年、医学分野のみならず教育分野においても「エビデンス」が重視されている。そこでは、一つ一つの研究成果だけをもとに判断するのではなく、複数の研究成果を統計的に統合し、その結果を基に判断を下すことが重視されている。そして、この複数の研究成果を統合するときに重要とされているのが、システマティックレビューやメタアナリシスといった考え方である。

本章では、日本の学力研究のシステマティックレビューを行う。本章でいうシステマティックレビューとは、一般に行われる職人芸的な文献レビューとは異なり、機械的な手順で対象文献を選び出すレビュー手法である。こうした方法をとることで、日本の学力研究の現在の到達点と限界を知り、今後の課題を見いだすことが本章の目的となる▶1。

以下、システマティックレビューの概要について説明した後、国内文献を対象にした学力格差に関するシステマティックレビューを行う。

2. システマティックレビューについて

システマティックレビューとは、レビューする文献を機械的に網羅していく系統的なレビュー方法のことである。これに対して伝統的な文献レビューはナラティブレビューと呼ばれ、対象文献を主観的に選定する方法である。伝統的な文献レビューの方法では、偏った結果の文献のみを収集する可能性がある。それに対してシステマティックレビューは、研究テーマや文献選択基準を規定し、文献を網羅的に検索して文献を選択し、統合するため、収集文献に偏りが生じないとされている（牧本 2013）。

システマティックレビューが重視されるのは、研究成果を偏りなく統合していく必要性が生じているからである。近年、EBPM（Evidenced Based Policy Making: 証拠に基づいた政策立案）という言葉が流行しているが、システマティックレビュー、あるいはメタアナリシスは、この EBPM と関連の深い言葉である。はじめに、システマティックレビュー、あるいはメタアナリシスという言葉について説明する。

学力格差に限らず、世界ではさまざまな研究が行われ、日々その成果が発信されている。しかし、一口に学力格差の研究といっても、就学前から成人まで対象は幅広いし、その方法も研究ごとに異なっている。さらによく似た対象・方法であっても相異なる知見が見いだされることもある。そのためいかに優れた研究といえど、一つの研究の成果だけに拘って判断を行うのは危険なことである。異なる水準の研究を同じ枠組みの中で評価し、成果を統合して利用するにはどうすればよいだろうか。ここで利用される統計手法が、メタアナリシスである。メタアナリシスとは、複数の異なる研究成果を統計的に統合する手法のことで、より強固な研究成果とすることができる。そのため、メタアナリシスに基づいた研究成果は、EBPM の指針として利用されるようになってきている。

ここで、メタアナリシスと関連の深い用語についていくつか説明しておこう。まず、「エビデンスのレベル」という言葉である。日本でもしばしば「エビデンス」という言葉を聞くようになったが、「エビデンス」にも信頼性の高いものから低いものまでさまざまにレベル付けがなされている。たとえば国立教育政策研究所（2012）は、米国医療政策研究局のレベル付けを**表 1-1** のように紹介している。表 1-1 の数字はエビデンスのレベルを示しており、数字が小さいほどエビデンスとしてのレベルが高いとされている。レベル 4 が「専門家委員会のレポートや意見」「権威者の臨床研究」というのはわかりやすいだろう。「専門家が言っていること／やっていること」に耳を傾ける必要はあるが、「エビデンス」としてのレベルは低い。それではレベルの高いエビデンスとは何か。レベル 1 のところをみると、「RCT のメタアナリシス」「少なくとも一つの RCT による」とあるように、RCT を利用することがエビデンスとして重要であることがうかがえる。それでは、RCT とは何だろうか。

RCT（Randomized Controlled Trial: 無作為化比較試験）とは、無作為割付け（random allocation）によって実験群と統制群に二分割し、介入やプログラムを実施した後に、両者の間に表れた差を影響・効果として評価する研究デザインのことである。これだけではわかりにくいので、**図 1-1** で説明しよう。今、朝ご飯を食べたかどうかが学力に影響を与えるかどうかを検討したいとする。このとき、単純に学力調査で朝ご飯を食べている児童と食べていない児童の成績を比較して、前者が高かったから、朝ご飯と学力に関連があると考えてよ

表 1-1　エビデンスの分類

レベル	内容
1a	RCT のメタアナリシスによる
1b	少なくとも一つの RCT による
2a	少なくとも一つのよくデザインされた非無作為化比較試験による
2b	少なくとも一つの他のタイプのよくデザインされた準実験的研究による
3	よくデザインされた非実験的記述的研究による。 比較試験、相関研究、ケースコントロール研究など
4	専門家委員会のレポートや意見、権威者の臨床経験

出典：国立教育政策研究所（2012，p.241 をもとに著者が作成）

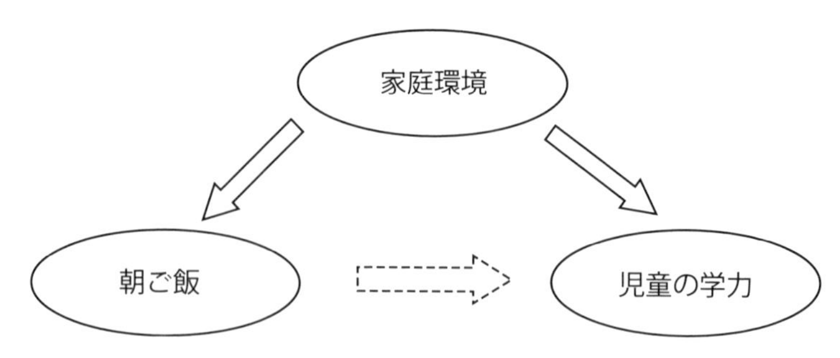

図 1-1　家庭環境／朝ご飯／児童の学力の関連（仮の図）

いだろうか。答えは No である。一般には、朝ご飯を食べている児童の家庭は、保護者が教育熱心である傾向があるだろう。そのため、朝ご飯と学力のあいだに何の関連もなくても、朝ご飯を食べた児童の方が成績が高いというデータが得られる可能性がある（図 1-1）。

しかも、一口に家庭環境といっても、その中身は、家庭の経済力、両親の学歴、両親の教育熱心さ、まわりに住んでいる人々……など、無数に考えられる。このすべての要因を考慮して調査を行うことはおそらく不可能であろう。そこで考え出された手法の一つが、RCT である。RCT ではサイコロを振るようにランダムに児童を二つの集団に分割する。ランダムに分割したのだから、二つの集団はさまざまな面でよく似通っていると見做すことができる。ここで、片方には朝ご飯を今より積極的に食べてもらい（実験群）、もう片方は比較のために今まで通り過ごしてもらう（統制群）のである。その後、前者の成績が向上し、後者の成績が低下するのであれば、朝ご飯を積極的にとらせることが学力の向上に役立つと判断することができる。

もっとも RCT が難しい場合も少なくない。とくに教育研究の場合、朝ご飯をとらせることの効果が知りたいからといって、片方のグループのみ朝ご飯を積極的にとらせることを良しとしない人も多いだろう。そこで、RCT よりも基準の緩い方法がとられることも少なくない。表 1-1 のレベル 2、あるいはレベル 3 のところにある「非無作為化比較試験」「準実験的研究」「比較試験」などの手法は、こうした RCT が難しい場合に利用される研究手法のことである。

RCT は強力な手法だが、そこにはいくつか弱点もある。たとえば RCT は実験の規模を大きくすることは難しく対象が小さくなりがちである。また対象が異なれば、RCT の結果が異なることもある。そのため、一つの RCT の結果を過剰に信じるべきではなく、複数の研究結果を総合的に扱う必要が出てくる。

メタアナリシスとは、こうした手法の一つである。メタアナリシスとは、過去に行われた同じテーマに関する複数の独立した研究結果を統合する統計的分析のことである。メタアナリシスでは、一つの論文を一つのケースとみなして分析を行う。サンプルサイズを大きくして統計的検出力を高めること、複数の論文の結果が一致しないときに不確実性を解決することが目的である。文献を検索して入手し、まとめるという作業が必要となるが、金銭的な負担はあまり必要なく、エビデンスとしての地位が高いという利点がある（野口 2012）。

さて、システマティックレビューとは、各種の研究成果を統合していく過程で行われる総合的な文献レビューの総称である。メタアナリシスを行う場合、そこには多様な文献が含まれうる。このとき、研究者が恣意的に文献を選択してしまうと、メタアナリシスの結果は当然歪んでしまう。また、各種の研究にはレベルが存在するのだから、異なるレベルの研究成果を混ぜてメタアナリシスで統合することにも問題がある。そのため、できるだけ恣意性を排除して、先行研究をレビューする必要が生じてくる。システマティックレビューとは、こうした一連の文献探索の手続きを指している。

3. システマティックレビュー作成のプロセス

それでは、学力研究のシステマティックレビューを行う。野口（2012, pp.47-80）によれば、システマティックレビューの文献調査では、おおまかに PICO と呼ばれるテーマの定式化を行い、試験的に検索し、論文を見て PICO を修正し、使える outcome を探す、という手順を繰り返すことになる。PICO は、Patient、Intervention、Comparison、Outcome の頭文字であり、「何の患者が」「どのような治療や介入を受けて」「対照群と比べて」「どうなるか」を示したものである。

日本の学力格差研究をレビューするのであれば、PICO は、「階層の低い子どもが」「学校教育や家庭環境の違いによって」「階層の高い子どもに比べて」「学力が高く／低くなる」と読み替えることができるだろう。

文献収集の手順としては、次のような手順をとった。まず、日本の研究を網羅しているサイトとして、CiNii を対象に研究結果を検索した。その際、キーワードとして「学力格差」「学力＋階層」「学力＋階級」「学力＋同和」「学力＋家庭」「学力＋ジェンダー」「学力＋マイノリティ」で 1980 年から 2019 年 4 月までの論文を対象に検索を行い、収集できた論文をリスト化した。その上で、何らかの学力を従属変数として扱っている計量研究で、かつ小学校から高校までを対象としている研究を分析対象に研究成果を絞り込んでいった。また、学力を対象としていても、各大学の紀要など、全国レベルの学会誌に掲載されていないものは対象外とした。なお、全国レベルの学会誌であっても、招待論文など査読を経ているかどうか不明なものがあったが、厳密に査読論文か招待論文かを判別することが困難であったため、今回は区別せずに分析対象とした。最後に、レビュー論文のように過去の調査研究をまとめて報告しているようなものについても分析対象外としている。

以上の手順を行った結果、分析対象となった研究は、**表 1-2** のとおりである。ここでは、キーワードを入力した際の検索結果が多い順に並べている。もっとも多いのが「学力＋家庭」で 491 件、もっとも少ないものが「学力＋階級」で 10 件となる。ただし、もっとも基準をクリアした論文が多いものは「学力＋

表 1-2　文献の検索結果

検索したキーワード	基準をクリアした論文	検索結果の合計
学力＋家庭	4	491
学力格差	5	197
学力＋階層	8	166
学力＋同和	0	79
学力＋ジェンダー	2	22
学力＋マイノリティ	0	22
学力＋階級	0	10
合計	15 ※	

注：※検索したキーワード間の重複を除いた数。
出典：CiNii の検索結果をもとに著者作成。

階層」の8件であり、「学力＋家庭」は4件に留まっている。このように、検索結果の多さは基準をクリアした論文の数とは必ずしも関連していない。これは「学力＋家庭」のような一般的な言葉の場合、学術論文ではない教育雑誌の特集が多くヒットしてしまうためである。

一見してわかるとおり、基準をクリアした論文の数は15本とかなり少ない。もっとも多い「学力＋階層」ですら8件に留まっている。1980年から2019年までのほぼ40年近い期間を対象に、学力格差に関する研究をかなり広い範囲で検索したにもかかわらず、である。かなり広い範囲を検索しているため、分析結果をメタアナリシスで統合することはできないが、そもそもこの程度の数であればメタアナリシスを行うまでもなく、レビューできてしまう。この結果が示しているのは、学力調査の点数が児童生徒の家庭環境とどのように繋がっているかを検討した論文は、日本にはまだまだ蓄積されていないということなのである。

個別のキーワードについて検討しておくと、「学力＋階層」をキーワードとする論文が多い（検索結果が166本、基準をクリアした論文が8本）一方で、よく似た用語である「学力＋階級」をキーワードとする論文は非常に少ない（検索結果が10本、基準をクリアした論文が0本）。学力格差研究において、階級よりも階層の方が好んで使われていることがうかがえる。また、「学力＋家庭」が400件を超える一方で、「学力＋ジェンダー」「学力＋マイノリティ」の検索結果はいずれも22本と、かなり少ない傾向にある。子どもたちの学力と家庭環境に繋がりがあることが議論される一方で、学力とジェンダー／マイノリティといったテーマは、あまり議論されていないようである。

最後に、「学力＋同和」については、検索結果は79本と多いものの、基準をクリアした論文は0本であった。同和地区の児童生徒の低学力問題については、学力格差が一般に議論されるようになる学力低下論争以前からの研究の蓄積がある。にもかかわらず、今回の文献レビューで基準をクリアした論文がなかったことはやや意外な結果であった。おそらく同和地区の低学力に関する調査が行政調査として行われていたこと、発表の媒体が全国レベルの学術誌ではなく大学紀要などを中心としていたことなどが影響していると思われる。

続いて、個別のテーマについて見ていこう。**表1-3**は、収集した個別文献のリストである。これを見ると、『教育社会学研究』に掲載されている論文がもっとも多く、続いて『教育学研究』になっている。日本の教育研究において、学力と格差を扱ってきた研究者が、教育社会学会に集中していることを示す結果となっている。また、雑誌も教育社会学関連領域のものがほとんどで、ほぼすべての執筆者が教育社会学関連領域の研究者であることも、学力格差に関する教育社会学者の存在を示していると言える。それ以外の領域の論文は、教育工学の１本のみである。

それでは収集した文献の内容について検討してみよう。文献について検討すると、いくつか興味深い点がわかる。まず、利用しているデータについてみてみると、執筆者あるいは執筆者を含む研究グループが、独自に実施・入手した学力調査を利用しているものが1、5、6、7、11、13、14、15の８本でもっとも多い。続いて、国際学力調査であるPISAのデータを利用したものが2、4、9、10、12の５本である。それ以外は、TIMSSを利用したものが８の１本、全国学力・学習状況調査を利用したものが３の１本となっている。

PISAとTIMSSはともに二次分析可能な学力データではあるが、両者の利用頻度には大きく差がついている。これは、PISAが生徒質問紙から両親の学歴・職業などの情報を得ることが可能であるのに対し、TIMSSでは家庭にある本の冊数くらいしか、家庭環境を示す変数が存在しないため、分析に利用しづらいことに要因があると思われる。学力研究を行う場合のハードルとして、そもそも学力データ、家庭環境に関するデータの両者を同時に得ることが難しいことが指摘されているが、この問題が裏付けられていると言えるだろう。TIMSSに関しては2015年の保護者調査に日本が参加しており、両親の学歴・職業に関する変数が得られるようになっている。そのため、TIMSSを利用した分析が、今後増える可能性はある。

なお、全国学力・学習状況調査を利用したものは３の１本だけだが、これは都道府県別の平均点と各都道府県の社会経済状況が関連していることを示している。2019年以降、全国学力・学習状況調査の個票データの貸与が可能になっているため、今後、こうしたデータを利用した分析も増えていく可能性がある。

次に、分析手法について検討する。ほとんどの研究は、一時点の学力と家庭環境の関係を分析するものになっている。例外は、同一個人を追跡するパ

表 1-3　収集した文献リスト

	著者	論文名	掲載誌	掲載年月日		
		学力＋ジェンダー（2 本）				
1	伊佐夏実, 知念渉	理系科目における学力と意欲のジェンダー差	日本労働研究雑誌	2014	56(7)	84-93
2	古田和久	学業的自己概念の形成におけるジェンダーと学校環境の影響	教育社会学研究	2016	83	13-25
		学力＋家庭（4 本）				
3	中川博満	2008 年 4 月に行われた全国学力・学習状況調査結果の正準相関分析	日本教育工学会論文誌	2010	33(4)	393-400
4	近藤博之	社会空間と学力の階層差	教育社会学研究	2012	90	101-121
5	垂見裕子	香港・日本の小学校における親の学校との関わり	比較教育学研究	2015	51	129-150
6	数実浩佑	学力格差の維持・拡大メカニズムに関する実証的研究	教育社会学研究	2017	101	49 － 68
		学力＋階層（8 本）				
7	志水宏吉	学力格差を克服する学校	教育学研究	2006	73(4)	336-349
8	須藤康介	授業方法が学力と学力の階層差に与える影響	教育社会学研究	2007	81	25-44
9	須藤康介	学習方略が PISA 型学力に与える影響	教育社会学研究	2010	86	139-158
10	多喜弘文	社会経済的地位と学力の国際比較	理論と方法	2010	25(2)	229-248
4	近藤博之	社会空間と学力の階層差	教育社会学研究	2012	90	101-121
11	中西啓喜	パネルデータを用いた学力格差の変化についての研究	教育学研究	2015	82(4)	583-593
12	鳶島修治	読解リテラシーの社会経済的格差	教育社会学研究	2016	98	219-239
6	数実浩佑	学力格差の維持・拡大メカニズムに関する実証的研究	教育社会学研究	2017	101	49 － 68
		学力格差（5 本）				
7	志水宏吉	学力格差を克服する学校	教育学研究	2006	73(4)	336-349
13	川口俊明	学力格差と「学校の効果」	教育学研究	2006	73(4)	350-362
14	川口俊明, 前馬優策	学力格差を縮小する学校	教育社会学研究	2007	80	187-205
11	中西啓喜	パネルデータを用いた学力格差の変化についての研究	教育学研究	2015	82(4)	583-593
15	耳塚寛明	小学校学力格差に挑む　誰が学力を獲得するのか	教育社会学研究	2007	80	23-39

出典：CiNii の検索結果をもとに著者作成。

ネル調査の2件（6と11）である。パネル調査の2件は、いずれも独自データを利用しているが、子どもの学力格差に注目しており、初期に形成された学力格差がその後も継続していくことを指摘している。また、パネル調査を含め、すべての調査において、各種のSES指標（両親の学歴、年収、職業など）と学力のあいだに関連があることが指摘されており、高SESの児童生徒の学力が、低SES児童生徒のそれに比べて高いことが繰り返し確認されている。さらに、PISAを利用した研究10では、こうした学力格差が、個人内だけではなく、学校間にも存在しており、高SESで高学力の高校と低SESで低学力の学校に二極化していることも指摘されている。また、ジェンダーに関する研究は2本のみだが、いずれも国語（あるいはPISAの読解リテラシー）において、女子の方が男子を上回る傾向があることを示している。

学力格差を克服する「効果のある学校」に関する研究は、2006年、2007年にそれぞれ2本（7と13）、1本（14）あったものの、直近の10年では研究は見られない。学力格差に関する教育研究の関心は、学力格差の克服というテーマではなく、学力格差の実態把握へとシフトしているようである。エビデンスのレベルの高い研究を求めるEBPMの流れの中で、学力格差研究の力点も、より詳細な学力格差の把握という方向へ向きつつあるということかもしれない。

4. 考察

本章では、学力研究のシステマティックレビューを行った。結果として明らかになったのは、日本の学力格差研究の蓄積が、まだそれほど進んでいないという点である。その理由は、やはり自由に扱えるデータが少ないという点にあるように思われる。独自データを利用したものが多いという現状は、データにアクセスできるかどうかが学力研究を行えるかどうかを左右するということであり、研究の裾野を広げるという点からすれば、あまり好ましいものとは言えない。二次分析に利用できる国際学力調査としては、TIMSSとPISAがあるが、PISAを利用したものが多い理由も、学力と家庭環境の関連を把握でき、かつ自由に利用できるデータがそれしかないという点が大きいのだろう。誰でも自由に利用できる、学力と家庭環境に関するデータを蓄積していくことが求められていると言える。

もう一つの知見は、日本の学力格差に関する分析は、ほとんどが家庭環境の問題に集中しており、ジェンダーやエスニシティといった問題とあまり接続していないという点である。とくに続く第２章で見ていくように、諸外国の学力研究は、家庭環境だけでなく、エスニシティ概念と絡んだ分析が行われることが多い。現在の日本の状況を踏まえれば、今後、こうした外国にルーツを持つ人々が増加していくことが予想される。学力とエスニシティに関する分析は、今後の日本の学力格差研究の課題であろう。

本章の課題としては、日本語の文献に絞っているという点が挙げられる。ここ数年の傾向として、学力格差に関する研究が英語で執筆されることが増えている。これは大学改革の中で、英語で書くことが重視されていることに加え、近年の学力研究で強い影響力を持つ教育経済学の研究者たちはもともと英語で執筆することが多いことも影響しているように思われる。今回はこうした研究の知見には触れていないので、今後、日本を対象にした学力研究のシステマティックレビューという形であらためて整理を行うことにしたい。

❖注

▶1　システマティックレビューではない、日本の学力研究のレビューについては、たとえば川口（2019）を参照されたい。

❖参考文献

赤林英夫・直井道生・敷島千鶴編（2016）『学力・心理・家庭環境の経済分析』有斐閣。
苅谷剛彦・清水睦美・志水宏吉・諸田裕子（2004）『調査報告「学力低下」の実態』岩波ブックレット。
苅谷剛彦・志水宏吉編著（2004）『学力の社会学』岩波書店。
川口俊明（2011）「日本の学力研究の現状と課題」『日本労働研究雑誌』No.614，pp.6-15.
川口俊明（2019）「日本の学力研究の動向」『福岡教育大学紀要』68（4），pp.1-11.
国立教育政策研究所編（2012）『教育研究とエビデンス』明石書店。
牧本清子編（2013）『エビデンスに基づく看護実践のためのシステマティックレビュー』日本看護協会出版会。
Matsuoka, R, 2014, "Disparities between schools in Japanese compulsory education: Analyses of a cohort using TIMSS 2007 and 2011, "*Educational studies in Japan: international yearbook*, 8, pp.77-92.
中西啓喜（2017）『学力格差拡大の社会学的研究』東信堂。
野口善令（2012）『はじめてのメタアナリシス』健康医療評価研究機構。
お茶の水女子大学（2014）『平成25年度全国学力・学習状況調査（きめ細かい調査）の結果を活用した学力に影響を与える要因分析に関する調査研究』お茶の水女子大学。
須藤康介（2010）「学習方略がPISA型学力に与える影響」『教育社会学研究』86，pp.139-158.

第2章

学力研究のシステマティックレビュー
国際編

末岡 加奈子

1. はじめに

本章では、学力研究に関する今日的な世界の動向を俯瞰することを目的に、「諸外国における学力研究」をレビュー（またはシステマティックレビュー）[▶1]する。第1章で既に述べられているように、公刊されている信頼性の高い諸研究を再検討する作業を通じて、そこで用いられている研究方法や動向、また、見出された知見から示唆を得ようというものである。

本研究プロジェクト（その成果は全4巻の本シリーズ）は、本書の冒頭にも述べられているように、社会階層や社会的属性に起因すると考えられる子どもたちの学力格差とその是正策に関する知見を、広く国内外に視野を拡げ探求することを目的としている。さらに、それを教育研究に携わる研究者や学生・院生のみならず、教育に関わりや関心をもつ幅広い読者層に伝えることも重要な役割であると捉えている。教育実践者をはじめとし、日々の教育活動に従事するすべての関係者に「教育の結果」を伝えることも、教育研究者としての重要な責任と役割だと考えているからである。

以下では、まず研究論文を収集する作業を行い（第2節）、次に収集した研究のデザインを概観し（第3節）、最後にまとめと考察を行う（第4節）。

2. 諸外国における学力研究の収集

文献の抽出は、次のような条件で行った。まず、抽出にはERIC▶2というデータベースを用いた。教育分野における研究成果の情報検索のためのプラットフォームで、米国教育省教育科学機関によって運営され、オンライン上で誰もが無料で利用できる。ここでは、対象を査読付き学術ジャーナルに絞り、英語で執筆された論文のみに焦点をあてた。この際に用いたキーワードは、“meta-analysis or systematic review” AND “academic achievement” AND “socioeconomic status or socio-economic status or ses” である。

なお、検索の際に、キーワードの順序が変われば結果が異なることには留意されたい。例えば本件では、“academic achievement” と “socioeconomic status or socio-economic status or ses” の順序を逆にすると、該当文献が著しく減少した。本章のテーマにおいては、'academic achievement'（学業達成）を重要な従属変数とすることから、これを優先するとともに、可能な限りより多くの文献を検討対象とすることを目的に、この順序で行った。発刊時期については、統計分析の手法においては日進月歩で進展がみられることから、最新の動向に着目することを目的に過去約10年間に焦点をあて、2010年以降に

表 2-1　検索結果一覧

初等教育段階		中等教育段階		初等・中等両方を横断するもの	
Elementary education（初等教育）	22件	Secondary education（中等教育）	38件	Elementary secondary education（初等中等教育）	32件
Primary education（初等教育）	1件	Junior high schools（中学校）	12件	Middle schools（初等中等学校）	14件
Grade 1（1年生）	2件	Grade 9（9年生）	1件		
Grade 2（2年生）	1件	Grade 10（10年生）	1件		
Grade 3（3年生）	2件	Grade 11（11年生）	1件		
Grade 4（4年生）	2件				
Grade 5（5年生）	2件				
Grade 6（6年生）	4件				
Grade 7（7年生）	2件				
Grade 8（8年生）	6件				
計44件		計53件		計46件	

出典：著者作成。

絞った。

このような条件で探索したのち、義務教育段階における学力格差に着目するという理由から、対象を初等教育および中等教育に厳選した。その結果、**表2-1**のとおり計143件が該当した（最終閲覧日2019.05.26、日本語表記は筆者の訳による）。内訳は、初等教育段階が44件、中等教育段階が53件、両方を横断するものが46件であった。

次にこの結果から、それぞれの検索結果に重複して含まれていた文献を除外し、さらに、検索キーワードの条件を満たしてはいるが、本プロジェクトの目的である「階層と学力格差」とはやや関連が弱い文献を検討対象から除外した。その結果、計37件の文献が最終的に対象とされた。以下では、これらについて検討していくことにしよう。

3. 諸外国における学力研究のレビュー

3.1 対象文献が掲載されたジャーナル

検討対象とした37件の論文を、掲載ジャーナルごとに整理したものが**表2-2**である。ジャーナルの種類は計22種にのぼり、多岐にわたっていることがわかる。このうち複数の文献が掲載されているものは7種、なかでも多いのは *Comparative Education Review*▶3 の6件、*Oxford Review of Education*▶4 の4件であった。

まず、*Comparative Education Review* に掲載された6件の内訳をみてみると、次のようなことがわかる。分析対象とされたデータはカンボジア（1件）、チリ（2件）、メキシコ（1件）、中国（1件）、チリの研究者の分析による70カ国のPISA2009データ（1件）となっている。カンボジアデータの分析は、カンボジア人研究者によるものではなく、世界銀行に所属する研究者（当時）によるものである。また、チリの研究者による分析が6件中3件と半分を占めており（同一著者は含まれていない）、チリは非英語圏ではあるが英語での活発な研究成果の発表が窺える。

他方の *Oxford Review of Education* に掲載された4件の内訳は、イングラ

表 2-2　掲載ジャーナル一覧

ジャーナル名	論文掲載年
International Review of Education	2010
Review of Research in Education	2010
Roeper Review	2010
Economics of Education Review	2010, 2011（2 件）
Oxford Review of Education	2010, 2015, 2017（2 件）
Education Policy Analysis Archives	2011
Educational Research and Reviews	2011
Health Education & Behavior	2011
Africa Education Review	2012
American Sociological Review	2012
Journal of School Public Relations	2012
Child Development	2013
Review of Educational Research	2013, 2017
Asia Pacific Education Review	2014, 2017
Educational Review	2014, 2015, 2017
Global Education Review	2014, 2018
Chinese Education & Society	2015
Comparative Education Review	2015（2 件），2016, 2018（2 件）, 2019
Education Leadership Review of Doctoral Research	2015
Education Leadership Review	2016
Large-scale Assessments in Education	2016
Review of Education	2016

出典：著者作成。

ンド（1件）、オーストラリア（1件）、オランダ（1件）、チェコ（1件）であった。こちらも、オランダとチェコは非英語圏である。少なくともこれら二つのジャーナルでは、英語圏以外の多様な国・地域からの研究が多く掲載されていることがわかる。

また、これら二つのジャーナルに続いて掲載が多かったのが *Economics of Education Review* および *Educational Review* で、ともに3件の論文が掲載されている。前者は経済学の観点から教育を捉えたものであり、教育への費用対効果等、政策との関連が推察される。これについては、後の3.3項でもう少しふれることにしよう。

3.2 分析データの国・地域

各研究論文で分析対象とされたデータを、単一国内か、あるいは複数国の横断データかで分類したものが**表2-3**である。各国内での全国学力テストの類や大規模プロジェクトのコホートデータ等を分析した論文は30件で、アジア、北米、南米、オセアニア、アフリカと、多様な国・地域からの論文が抽出された。また、複数国のデータを分析したものは7件確認され、これにはPISAやTIMSSデータを活用した分析、またOECD加盟国やEU加盟国等に焦点を絞り収集した論文のメタ・アナリシス及び特定プロジェクトの分析等が含まれる。

それでは詳細を見ていくことにしよう。まず、単一国内での学力テスト等のデータを分析した30件の内訳をみてみると、16カ国からの研究にのぼることがわかる。最多は米国の9件であった。続いて、イングランド4件、オランダ、チリ、中国が各2件、それ以外は1件ずつである。日本を対象とした、日本人研究者による論文も1件抽出された（Matsuoka 2017）。このように分類すると、次のような特徴が浮かび上がってくる。

まず、「人種」という単語（'race' またはその形容詞 'racial'）が含まれている研究が複数あるということである。論文タイトルおよび要旨の両方にこの単語が含まれているものが2件（McKown 2013; Mickelson, etc. 2013）、タイトルには含まれていないが要旨のみに関連の記述があるものが1件確認された（Colgren & Sappington 2015）。いずれも米国の研究者による米国内のデータを分析したものである。同様に、イングランドの研究でも「人種」と学力格差の関連に着目したものが1件あったが（Parsons & Thompson 2017）、30件中、英米の2カ国以外では確認されなかった。

この背景には、米国におけるアフリカン・アメリカン、イングランドにおいては旧植民地のアフリカ諸国やカリブ海諸国からの大規模な移住、という歴史的文脈が大いに関わっていることが推察される。イングランドにおける集団ごとの学力分析では、「ホワイトブリティッシュ」「ブラックカリビアン」等、「ホワイト」「ブラック」という表現が多用されている（ハヤシザキ 2019）こと

表 2-3　分析対象データの国・地域別一覧

論文タイトル	著者	分析データの国・地域	ジャーナル名、発行年
		単一国のデータ	
Effects of Year-Round Schooling on Disadvantaged Students and the Distribution of Standardized Test Performance	Graves, Jennifer	米国カリフォルニア州	*Economics of Education Review*, 2011
Social Equity Theory and Racial-Ethnic Achievement Gaps	McKown, Clark	米国	*Child Development*, 2013
Linking Strengths: Identifying and Exploring Protective Factor Clusters in Academically Resilient Low-Socioeconomic Urban Students of Color	Morales, Erik E.	米国	*Roeper Review*, 2010
Closing the Achievement Gap Means Transformation	Colgren, Chris; Sappington, Neil E.	米国	*Education Leadership Review of Doctoral Research*, 2015
The Effects of Poverty on Academic Achievement	Lacour, Misty; Tissington, Laura D.	米国	*Educational Research and Reviews*, 2011
School's Strategic Responses to Competition in Segregated Urban Areas: Patterns in School Locations in Metropolitan Detroit	Gulosino, Charisse; Lubienski, Christopher	米国デトロイト	*Education Policy Analysis Archives*, 2011
New Technology and Digital Worlds: Analyzing Evidence of Equity in Access, Use, and Outcomes	Warschauer, Mark; Matuchniak, Tina	米国	*Review of Research in Education*, 2010
Effects of School Racial Composition on K-12 Mathematics Outcomes: A Metaregression Analysis	Mickelson, Roslyn Arlin; Bottia, Martha Cecilia; Lambert, Richard	米国	*Review of Educational Research*, 2013
Social Justice Alert: Future Innovators and Leaders Fall Behind in Academic Achievement	Kim, JoHyun; Watkins, Sandra; Yoon, Seung Won	米国、イリノイ	*Education Leadership Review*, 2016

Do Some Schools Narrow the Gap? Differential School Effectiveness Revisited	Strand, Steve	イングランド、インナー・ロンドン	*Review of Education*, 2016
Out-of-School-Time Study Programmes: Do They Work?	Pensiero, Nicola; Green, Francis	イングランド	*Oxford Review of Education*, 2017 ▶[4]
Ethnicity, Disadvantage and Other Variables in the Analysis of Birmingham Longitudinal School Attainment Datasets	Parsons, Carl; Thompson, Trevor	イングランド、バーミンガム	*Educational Review*, 2017
Social Mobility or Social Reproduction? A Case Study of the Attainment Patterns of Students According to Their Social Background and Ethnicity	Collins, Matthew; Collins, Gemma; Butt, Graham	イングランド、バーミンガム	*Educational Review*, 2015
Who Benefits from Homework Assignments?	Ronning, Marte	オランダ	*Economics of Education Review*, 2011
Non-Promotion or Enrolment in a Lower Track? The Influence of Social Background on Choices in Secondary Education for Three Cohorts of Dutch Pupils	Kloosterman, Rianne; de Graaf, Paul M.	オランダ	*Oxford Review of Education*, 2010 ▶[4]
Against All Odds: Outstanding Reading Performance among Chilean Youth in Vulnerable Conditions	Vera, Gabriela Gomez; Valenzuela, Juan Pablo; Sotomayor, Carmen	チリ	*Comparative Education Review*, 2015 ▶[3]
Educational Achievement of Indigenous Students in Chile: School Composition and Peer Effects	Canales, Andrea; Webb, Andrew	チリ	*Comparative Education Review*, 2018 ▶[3]
How Father's Education and Economic Capital Impact Academic Performance--An Analysis Based on the Mediating Effect and Moderating Effect	Baoyan, Yang; Minggang, Wan	中国	*Chinese Education & Society*, 2015

"Poorer Children Study Better": How Urban Chinese Young Adults Perceive Relationships between Wealth and Academic Achievement	Kim, Sung Won; Brown, Kari-Elle; Kim, Edward J.; Fong, Vanessa L.	中国、大連	*Comparative Education Review*, 2018▶[3]
Parental Involvement in Norwegian Schools	Paulsen, Jan Merok	ノルウェー	*Journal of School Public Relations*, 2012
The Educational Performance of Immigrant Children at Czech Schools	Hána, David; Hasman, Jirí; Kostelecká, Yvona	チェコ	*Oxford Review of Education*, 2017▶[4]
School Context and the Gender Gap in Educational Achievement	Legewie, Joscha; DiPrete, Thomas A.	ドイツ、ベルリン	American Sociological Review, 2012
Are School-SES Effects Statistical Artefacts? Evidence from Longitudinal Population Data	Marks, Gary N.	オーストラリア	*Oxford Review of Education*, 2015▶[4]
Determination of Marginalized Youth to Overcome and Achieve in Mathematics: A Case Study from India	Srikantaiah, Deepa; Eichhorn, Melinda; Khan, Masarrat	インド、ムンバイおよびバンガロール	*Global Education Review*, 2018
Shadow Education and Inequality in Lower Secondary Schooling in Cambodia: Understanding the Dynamics of Private Tutoring Participation and Provision	Marshall, Jeffery H.; Fukao, Tsuyoshi	カンボジア	*Comparative Education Review*, 2019▶[3]
Evaluating the Effects of Programs for Reducing Achievement Gaps: A Case Study in Taiwan	Sung, Yao-Ting; Tseng, Fen-Lan; Kuo, Nien-Ping; Chang, Tien-Ying; Chiou, Jia-Min	台湾	*Asia Pacific Education Review*, 2014
Inequality of Effort in an Egalitarian Education System	Matsuoka, Ryoji	日本	*Asia Pacific Education Review*, 2017
Student Engagement and Academic Performance in Mexico: Evidence and Puzzles from PISA	Weiss, Christopher C.; García, Emma	メキシコ	*Comparative Education Review*, 2015▶[3]
Academic Achievement of Girls in Rural Schools in Kenya	Mungai, A. M.	ケニア	*Africa Education Review*, 2012

Influence of Parental Education and Family Income on Children's Education in Rural Uganda	Drajea, Alice J.; O'Sullivan, Carmel	ウガンダ	*Global Education Review*, 2014
複数国におけるデータ／研究			
Academic Interventions for Elementary and Middle School Students with Low Socioeconomic Status: A Systematic Review and Meta-Analysis	Dietrichson, Jens; Bøg, Martin; Filges, Trine; Klint Jørgensen, Anne-Marie	OECD 加盟国および EU 諸国内での論文レビュー	*Review of Educational Research*, 2017
Are Socioeconomically Integrated Schools Equally Effective for Advantaged and Disadvantaged Students?	Montt, Guillermo	PISA2009 データ	*Comparative Education Review*, 2016[3]
Context Factors and Student Achievement in the IEA Studies: Evidence from TIMSS	Caponera, Elisa; Losito, Bruno	TIMSS 2011 データ 28 カ国の 8 年生	*Large-scale Assessments in Education*, 2016
The Relationship between Low-Income and Minority Children's Physical Activity and Academic-Related Outcomes: A Review of the Literature	Efrat, Merav	7 論文のレビュー[5]	*Health Education & Behavior*, 2011
Do Inequalities in Parents' Education Play an Important Role in PISA Students' Mathematics Achievement Test Score Disparities?	Martins, Lurdes; Veiga, Paula	PISA2003 データから EU15 カ国[6]	*Economics of Education Review*, 2010
Variations in Reading Achievement across 14 Southern African School Systems: Which Factors Matter?	Hungi, Njora; Thuku, Florence W.	南部アフリカ 14 カ国[7]	*International Review of Education*, 2010
Education and Intergenerational Mobility in Singapore	Ng, Irene Y. H.	シンガポール、フィンランド	*Educational Review*, 2014

出典：著者作成。

からも推察されるように、米国同様に生物学的な「人種」を指標とすることが一般的なようである。

このような生物学的な「人種」による集団の区分ではなく、より社会学的な用語である「エスニシティ」「エスニック・マイノリティ」▶8 集団間における学力格差に着目した研究は数多くみられる。少なくとも要旨で明確に言及しているものだけでも、9件確認された（Srikantaiah etc. 2018; Collins etc. 2015; Sung etc. 2014; Canales & Webb 2018; Efrat 2011; McKown 2013; Parsons & Thompson 2017; Strand 2016; Kim etc. 2016）。このうち2件は、「人種」と「エスニシティ」の両方を含んでおり（McKown 2013; Parsons & Thompson 2017）、一つは米国、他方は英国の研究である。

今日、国境を自由に越える労働者や、移民・難民というステイタスでの人の移動は実にダイナミックかつ流動的である。それに伴って、ある特定の社会への新しいエスニック集団の流入が、既存の社会階級構造もしくは社会階層構造にいかなる影響を及ぼすのかは、古くて新しい世界的な関心事となっている。少子高齢化に伴って外国人労働者の受け入れを促進しようとしているわが国においても、「エスニシティ」というこれまで日本では耳目を集めることのなかった観点が、今後の日本社会において「格差」をみる上での重要な鍵の一つになることを、ここであらためて指摘しておきたい。

次に、複数国を横断するデータを分析した論文についてみてみよう。7件中、PISAデータを用いたものが2件（Montt 2016; Martins & Veiga 2010）、TIMSSデータを用いたものが1件確認された（Caponera & Losito 2016）。Martins & Veiga（2010）は、PISA2003データからEU15カ国分を抽出し、各国生徒の数学のスコアと社会経済的不平等との関連について、国ごとの特徴的な要因を分析したものである。PISA実施後、論文がジャーナルに掲載されるまで実に7年を費やしている。同様に、PISA2009データを用いたMontt（2016）では、多様な社会経済的背景の生徒が混在した学校において、学校教育による学業成績への「効果」が、生徒の社会経済的ステイタスの違いによってどのように媒介されるのかが分析されている。これもやはり、PISA実施7年後の2016年に論文が掲載されている。いずれも、長い年月を費やして精緻な分析が行われた労作であることが窺えよう。

また、Dietrichson etc.（2017）はデンマークの５人の研究者による共著で、2000 ～ 2014 年の間に OECD および EU 加盟国で実施された研究をレビューし、SES[▶9]［低］の小中学生への効果的な介入策を特定することをめざした研究である。換言すれば、社会経済的不利を抱える子どもへの格差是正を実現するための効果的な施策を、広く対象を拡げ各国の異なる文脈の中から示唆を得ようとしたものである。ここでは研究論文の選定基準として、処置群・対照群が設定された研究であること、かつ標準化テストによって算数・数学またはリーディングが測定された実証研究であることが条件となっている。その結果、計 101 件が分析対象とされた典型的なメタ・アナリシスであり、うち 76% は RCT（ランダム化比較試験）[▶10]を用いたものである。

3.3 研究目的

先の第２節で記したような方法とキーワードで文献探索を実施していることから、本章の目的と大きく乖離した文献は抽出されていない。しかしながら、最終的に対象とされた 37 件においても、それぞれ似て非なる研究目的が設定された上で分析が行われている。そこで、研究目的ごとに対象文献を整理したものが**表 2-4** である。

研究目的ごとに論文をみてみると、家庭・地域・学校 SES と学力や学業達成との関連を分析した論文、およびこの観点からレビューしたものが最多で 20 件を占めた。これは今日の日本においても耳目を集めるようになったが、世界的には既に定番のテーマとなっている。SES 指標を用いた調査分析は、医学、社会学一般、教育社会学等、さまざまな分野で広くみられる。

次に多いのが、プログラムや政策の介入効果、あるいは制度の違いが学力に与える影響を検証しようというもので、これには９件が該当した。3.2 項で紹介したような Dietrichson etc.（2017）に加え、Sung etc.（2014）では、台湾における学力格差縮小に向けた教育政策の検証が行われている。これは、2004 ～ 2010 年に高校入試を受けた生徒のデータを用いて、SES、エスニシティ、学校区などを変数とした時系列分析を行うことで、格差の現象とその変化の傾向を精査したものである。

表 2-4 研究目的による分類

研究目的	著者
（1）家庭・地域・学校 SES の学力への影響やそれに起因する差異に関する研究（20 件）	Martins & Veiga（2010）　Warschauer & Matuchniak（2010）Gulosino & Lubienski（2011）　Lacour & Tissington（2011）Legewie & DiPrete（2012）　Mungai（2012）　McKown（2013）Mickelson etc.（2013）　Drajea & O'Sullivan（2014）Baoyan & Minggang（2015）　Collins etc.（2015）　Marks（2015）　Caponera & Losito（2016）　Montt（2016）　Strand（2016）Hána etc.（2017）Matsuoka（2017）　Parsons & Thompson（2017） Canales & Webb（2018）　Kim etc.（2018）
（2）プログラムや政策の介入効果、また制度の違いが学力に与える影響をみた研究（9 件）	Kloosterman & de Graaf（2010）　Efrat（2011）　Graves（2011）　Ng（2014）　Sung etc.（2014）　Kim etc.（2016）Dietrichson etc.（2017）　Pensiero & Green（2017） Marshall & Fukao（2019）
（1）および（2）を両方含む研究（2 件）	Hungi & Thuku（2010）　Ronning（2011）
(3) 困難を克服するための決定要因に関する研究　(6 件)	Morales（2010）Paulsen（2012）　Colgren & Sappington（2015）Vera etc.（2015）　Weiss & García（2015）Srikantaiah etc.（2018）

出典：著者作成。

また、小学校での宿題がテストの点数に与える影響を子どもの SES の違いがいかに媒介するかを検証した Ronning（2011）では、学級全体に宿題を与える学級では、誰にも宿題が与えられない学級よりも学級内での学力格差が大きいことが示された。この要因として、SES［低］の子どもは家庭で宿題を見てもらえる機会が乏しいことから、少なくともオランダの文脈においては、元々存在する不平等が、宿題という機能を通じてさらに拡大されるという懸念が指摘された。

さて、ここで 3.1 項の最後でふれた *Economics of Education Review*（教育経済学研究）に掲載されている論文 3 件とは、Graves（2011）、Ronning（2011）、Martins & Veiga（2010）である。本ジャーナルは、教育という営みを経済学の観点で捉えた論文を掲載する専門誌であるが、ここに掲載された 3 件の論文は表 2-4 を確認すると、研究目的が（1）または（2）、Ronning（2011）にいたっては（1）と（2）の両方を含んだものである。SES による学力への影響や政策の介入効果を検証した論文がこういった専門誌に掲載されることの背景には、経済的観点からみた学力分析へのニーズの高まりがあると考えてよいだろう。

3.4 その他の研究論文

最後に、本作業の中で除外した論文の中から二件を紹介しておこう。この二件はいずれも、本章のテーマと近い問題関心のもとに分析が行われたレビュー論文であるため検索結果として抽出されたが、厳密に「学業達成」を従属変数としていないことから対象外としたものである。社会的文脈の違いと格差や学力調査のあり方をみる上で興味深いので簡単に紹介しておきたい。

1）Jugovic, Ivana & Doolan, Karin, 'Is There Anything Specific about Early School Leaving in Southeast Europe? A Review of Research and Policy,' *European Journal of Education*, 2013.

クロアチアの研究者による本論文は、国際的な研究の遡上から漏れることの多い南東欧諸国（ボスニア・ヘルツェゴビナ、クロアチア、モンテネグロ、セルビア、スロベニア）における、学校からの早期離脱に関する諸研究をレビューしたものである。これらの国々における早期離脱の様相を欧州全体の文脈と比較し、その位置づけや違いについて検討が行われている。

その結果まず、すべての国でロマの子どもの早期離脱について焦点があてられていることが挙げられた。さらに、早期離脱のリスク要因は国によって異なり、例えばボスニア・ヘルツェゴビナでは、SES［低］かつ大家族で、自宅と学校の距離が3km以上であることが、女子生徒への早期離脱のリスク要因であることなどが挙げられた。しかしいずれの国の研究も、生徒個人または家庭の特性に焦点があてられており、早期離脱を形成するより広範な社会的文脈にはふれられていないことが指摘されている。ソ連崩壊後に独立した多くの東欧諸国は今日では各国の独自色を強め、異なった文脈で社会が形成されている。いかなる要因がどのような違いを生んでいくのか、今後のさらなる研究が待たれるところである。

2）Khavenson, T. E., 'The Quality of the Responses of Schoolchildren to Questions Concerning Family Socioeconomic Status,' *Russian Education*

& Society, 2018.

ロシアの研究者による本論文は、質問紙調査における「家庭の社会経済的ステイタスに関連する質問」への子どもの回答の質について、1990 ～ 2015 年までの 16 の研究をレビューしたものである。親の「教育レベル」「職業」「雇用形態」といった、家庭 SES を示す代表的な質問項目への子どもの回答の正確さを、「子どもの年齢」「学力」「家族構成」との関連で分析したものである。その結果、高校生は概して親の教育レベルや職業について正しく認識できていたが、小中学生については注意が必要であることが指摘された。学力テストと合わせた子どもへの質問紙調査を実施する際の「経験上の不安」が、あらためて数値をもって示されたと言えよう。いずれも、教育社会学分野における本書のテーマと類似の問題関心を有する研究である。

4. おわりに

本章では、諸外国における階層と学力格差を中心的なテーマとした学力研究のレビューを行った。日本への示唆を含めて、次の三点に整理する。

一点目に、英語で執筆された論文だけに焦点をあて最終的に 37 本の論文に対象を絞ったが、それでもなお、実に多様な国・地域からの研究が抽出されたことである。これは、階層と学力格差というテーマがいかに世界中で共通の関心事となっているかを示している。また、ジャーナルの種類も計 22 種と多岐にわたり、このテーマでの論文を掲載している専門誌が多くあることが再確認された。教育社会学分野のわずか一つの側面に焦点をあてたレビューではあったが、世界中で数多くの専門誌が関心をもって研究成果のエビデンスを取り上げ、広く伝える役割を果たしていることが確認された。

さらに、表 2-3 で示した Dietrichson etc.（2017）にみられるように、SES［低］の小中学生への効果的な介入策を探求することを目的に、分析対象を OECD 及び EU 加盟国にまで拡げたメタ・アナリシスが確認された。デンマークの 5 人の研究者による労作である。教育効果を問うことへの社会からの要請は、世界中で共通の関心事となっていることが窺える。

二点目に、PISA や TIMSS といった世界的な学力テストのデータはもとより、国内での大規模なコホートデータや学力データを用いた研究群が散見された。これは、各国において統計的分析を前提とした計画的なエビデンスの蓄積が行われていることを意味しており、データの収集も長期にわたるものが多い。

例えば、Kloosterman & de Graaf（2010）では、1989年、1993年、1999年にそれぞれオランダのセカンダリースクールに入学した生徒のコホートデータを用いて、SES［高］かつ学業達成が低い生徒にとっては、原級留置の制度が有利に働くのではないかという仮説に基づいた分析が行われた。前期中等教育から分岐型学校体系を採用する同国での、家庭背景と学業達成との因果を学校制度との関連で検討したものである。長期にわたる大規模なデータの蓄積と、それらを活用した研究の長い歴史が窺える。このように、表2-4で分類した⑵に該当する各種のプログラムや施策の介入効果、また制度の違いによる効果を検証し政策的示唆につなげようとするものは、一般に、大規模かつ精緻なデータセットが必要となる。

ここでみたように、諸外国の学力格差に関わる研究は、研究の規模が大きく長期にわたるものが多い。そのため、単独著者ではなく複数で研究を進めることが多い。しかし、中には単独著者の研究もある。例えばStrand（2016）は、社会的にもエスニシティも極めて多様なインナー・ロンドンの小学校57校、6000人以上の児童の３年間の連続データを用い、格差を縮小する学校効果について検証している。こういった大規模かつ長期にわたるデータの蓄積は、言うまでもなく容易ではない。このような研究が単独で実施できるのは、研究者が分析に利用可能なデータが蓄積・公開されていることが前提となる。日本と異なり、社会の「インフラ」としてのデータの蓄積・公開が整備されているということの証左であろう。

最後に、分析に用いる変数の多様性である。なかでも重要なのは、日本ではまだ馴染みのない「エスニシティ」概念である。上述のオランダのKlooster-man & de Graaf（2010）も、エスニシティ概念を含む'Social background'という表現を用いて、家庭背景との関連で子どもの学業達成をとらえている。要するに、これまで日本の学力研究で定番であった変数＜性別＞＜世帯年収＞＜親学歴＞＜家庭の本の冊数＞等だけでは、社会文化的に多様な社会における格差や不平等の現状把握は困難であることを意味している。3.2項で述べたように、これは今後の日本社会における多様性を考えるうえで不可避の概念であり、この観点での研究や実践が先行している諸外国に学ぶ意義や必要性は高い。

しかし同時に、このような分析を実施する上での困難も容易に想像される。エスニシティ概念を含む「家庭背景」のデータ収集の為には、分析対象となるすべての子ども及び保護者の出身ルーツという、きわめてセンシティブな「個人情報」を正しく回答してもらう必要がある。さらに、分析に関与する学校や研究プロジェクトチームは、その個人情報を適切に管理しなければならない。この個人情報が「どの程度センシティブか」ということも社会的文脈によって大きく異なり、これ自体が差別を誘引するような文脈においては、情報収集及び蓄積自体が困難となる。即ち、社会がオープンであることが前提として求められるのである。

例えばオランダでは、小学校入学時の書類には必ず、「親の出生地」や「親の学歴」を記載する欄が設けられている。地域によっては、在籍児童のほぼ100％が「エスニック・マイノリティ」の学校もあり（末岡 2019a,b）、このような情報は日常の教育実践においてすべての子どもへの必要な支援を行うための必須データである。この情報収集がタブーであっては、必要な特別支援を提供することも、不利克服対策を講じることもできない。

以上のように、本章では37の研究論文を対象として検討を行った。ここで抽出された各論文の中には、インターネット上で容易に入手できるものもあるので、興味・関心のある読者の皆さんは、ぜひ入手されて熟読頂ければと思う。本章を通じて、各国の教育研究者がそれぞれ異なる文脈のもとでどのような問いを立て、「学力問題」に向き合っているのか、その一端でも示すことができたなら幸甚である。

❖注

▶1　「レビュー」および「システマティックレビュー」という言葉の定義や詳細については、1章を参照。

▶2　ERIC(Institute of Educational Sciences)　https://eric.ed.gov/（最終閲覧日 2019.07.06）

▶3　*Comparative Education Review*：比較教育研究。1957年創刊、年4回発行。教育および教育研究関連の世界的なジャーナル238種のうち、ランキング71位。

▶4　*Oxford Review of Education*：オックスフォード教育研究。年6回発行。教育および教育研究関連の世界的なジャーナル238種のうち、ランキング114位。

▶5　カナダ2件、米国イリノイ1件、米国ジョージア1件、米国カリフォルニア1件、米国・縦断調査データ2件。

▶6　ノルウェー、スウェーデン、フィンランド、イングランド、アイルランド、スペイン、ポルトガル、ギリシャ、オーストリア、ベルギー、オランダ、ルクセンブルグ、イタリア、ドイツ、フランス。

▶7　SACMEQ (Southern and Eastern Africa Consortium for Monitoring Educational Quality) 対象国：ボツワナ、ケニア、レソト、マラウィ、モーリシャス、モザンビーク、ナミビア、セイシェル、南アフリカ、スワジランド、タンザニア、ウガンダ、ザンビア、ザンジバル。

▶8　「民族」あるいは「民族性」と訳されることもあるが、日本語への適訳がないためカタカナ表記されることが多い。言語、文化、宗教、帰属意識等を共有する集団のこと。

▶9　Socio-economic Status（社会経済的地位）の略。教育社会学分野における階層と学力・学業達成の関連のみならず、医学分野では疾患・健康状態との関連を検討する際等に使用される重要な指標。通常、親の教育歴や職業が変数として用いられる。

▶10　詳細は、1章を参照のこと。

❖参考文献

ハヤシザキカズヒコ（2019）「イングランド　格差是正は至上命題！　現場に次々とムチうつ保守政権」（ハヤシザキカズヒコ・園山大祐・シム チュン・キャット編著）『世界のしんどい学校』（志水宏吉監修）明石書店, pp.76-80.

岩崎久美子（2017）「エビデンスに基づく教育研究の政策活用を考える」『情報管理』vol.60, no.1, pp. 20-27.

三菱総合研究所（2018）『平成29年度文部科学省委託調査「教育改革の総合的推進に関する調査研究」エビデンスに基づく教育政策の在り方に関する調査研究 報告書』株式会社三菱総合研究所。

中澤渉（2018）『日本の公教育』中公新書。

惣脇 宏（2010）「英国におけるエビデンスに基づく教育政策の展開」『国立教育政策研究所紀要』第139集, pp.153-168.

惣脇 宏（2011）「教育研究と政策――RCTとメタアナリシスの発展」『国立教育政策研究所紀要』第140集, pp.55-70.
末岡加奈子（2019a）「オランダ　社会文化的多様性への学校教育の終わりなき挑戦――すべての子どものもてる能力を最大限に」（ハヤシザキカズヒコ・園山大祐・シム チュン・キャット編著）『世界のしんどい学校』（志水宏吉監修）明石書店, pp.125-141.
末岡加奈子（2019b）「オランダ　ロッテルダムの未来を担う子どもたち――移民・難民集住地区の小学校の取り組み」（ハヤシザキカズヒコ・園山大祐・シム チュン・キャット編著）『世界のしんどい学校』（志水宏吉監修）明石書店, pp.280-297.
津谷喜一郎（2000）「コクラン計画とシステマティック・レビュー――EBMにおける位置付け」『公衆衛生研究』49(4), pp.313-319.
津谷喜一郎（2003）「エビデンスを調べる――systematic reviewの現状」『臨床薬理』34(4), pp.210-216.
百合田真樹人・香川奈緒美・小田郁予（2018）「Gender Equity and Equality in Public School System：学校教育の組織における社会的・文化的に形成された性に基づく格差とその課題」『独立行政法人教職員支援機構』pp.1-8.

第Ⅱ部

国際学力調査を利用した日本の学校教育の分析

第Ⅱ部では、国際的な学力調査であるTIMSS・PISAを利用して分析を行っていく。その際、TIMSSとPISAの概要について簡単に説明しておこう。

はじめに、TIMSS調査の概要について述べる。TIMSS（Trends in International Mathematics and Science Study）は、国際教育到達度評価学会（IEA）の国際共同研究の一つとして実施されてきた、数学と理科に関する国際調査である。調査は第4学年（日本では小学校4年生）と、第8学年（日本では中学校2年生）を対象に実施されている。最新のTIMSS2015では、第4学年の調査で50の国と地域から約27万人が、第8学年の調査では40の国と地域から約25万人が調査に参加している。調査内容は、いわゆる数学（算数）と理科の問題である。出題されている問題について知りたい場合は、国立教育政策研究所のホームページなどに問題が公開されているので、そちらを参照するとよい。

TIMSS調査は、1995年から開始され、以後4年おきに実施されている。日本は初回であるTIMSS1995から調査に参加している。ただ、現在のような形（第4学年と第8学年の調査）になったのは、TIMSS2003からであり、それ以前のTIMSSでは対象学年が異なっているなど現在とは異なるところもある。

調査は、基本的には対象となった国・地域の中から、最初に学校を抽出し、続いて対象となった学校の中から学級を抽出するという多段階抽出で行われている。また、数学・理科の学力調査の他に、対象となった児童生徒に対する質問紙調査、および対象となった児童生徒を担当している教員に対する質問紙調査、学校長に対する質問紙調査、保護者に対する質問紙調査から構成されている。

学力調査の点数については、項目反応理論（IRT）と呼ばれるテスト理論によって設計され、初回のTIMSS1995の参加国の平均点を500点として、得点が調整されている。そのため以後のTIMSSの点数も相互に比較可能である。

TIMSSは、関連するデータのほとんどすべてが、IEAのホームページ上で公開されている▶1。ここでは、調査の意図から調査設計、あるいは個票データまでが入手可能である。SPSSやSASといった統計ソフトを利用した分析方法についても、マニュアルが公開されている。TIMSS調査の詳細な設計に関しては、Technical Reportを参照するとよい。

続いてPISA調査の概要について述べる。PISA（Programme for International Student Assessmen）は、経済協力開発機構（OECD）が、教育インディケータ事業の一環として実施している調査である。その目的は、各国の子どもたちが将来生活していく上で必要とされる知識や技能が、義務教育終了段階である15歳時点において、どの程度身についているかを測定することとされている。日本では、高校1年生を対象に7月頃に調査が実施されている。

PISAは2000年より3年サイクルで調査が行われており、2019年現在、PISA2015までのデータが公開されている。調査には、OECD加盟国以外も参加しており、PISA2015の場合、72の国と地域から約54万人が参加している（うちOECD加盟国が37カ国）。 調査内容は、おもに読解リテラシー（Reading Literacy）、数学リテラシー（Mathematics Literacy）、科学リテラシー（Scientific Literacy）の3領域である。各調査サイクルでは、調査時間の2/3を中心領域（Main Domain）にあて、残りの領域については概括的な状況を調べることになっている。中心領域は2000年が読解、2003年が数学、2006年が科学……と繰り返されており、最新のPISA2018では読解リテラシーが中心領域になっている。各回の得点は、はじめて中心領域になったときのOECD平均を500点として、項目反応理論によって調整されている。それぞれのリテラシーの内容については、国立教育政策研究所のホームページに問題例が載っているため、そちらを参照するとよい。なお、PISAは2015年からCBA（Computer-Based Assessment）に移行している。そのため、いわゆる紙ベースのテストを想像すると、その内容に面食らうかもしれない。

PISAもTIMSSと同じように、まず対象となる国・地域から学校を抽出し、その後生徒を抽出するという多段階抽出が採用されている。学力調査だけでなく、調査対象となった生徒、および学校長には質問紙調査が実施される。

PISAについても、そのデータのほぼすべてをOECDのウェブサイトから入手可能である[▶2]。ここには、設計方針・質問紙はもちろん個票が含まれる。さらに、PISA2015に関しては、ウェブ上で簡単な集計を行うことも可能になっている。PISAについては、分析方法を示したマニュアル（PISA Data Analysis Manual）も存在しており、Technical Reportが難解すぎるという場合は、こちらを読むのもよいと思われる。

以下、第Ⅱ部では、TIMSS・PISAデータを用いて、各国の比較分析を行っていく。その際、いずれの調査も、数十を超える国・地域が参加しているため、すべての国・地域を分析すると、分析結果が煩雑になりすぎるし、焦点がぼやけてしまう。そのため今回は、10の国と地域に分析対象を絞った。具体的には、日本、ドイツ、イギリス、フランス、オランダ、香港、韓国、シンガポール、フィンランド、アメリカの10カ国である。

これらの国・地域を選んだ理由の一つは、日本の教育政策を考える上で、これらの国・地域の事情が参考になると考えたからである。アメリカやイギリスは、しばしば日本の教育政策に影響を与えてきた国であり、その在り方に言及する論者は少なくない。また、フィンランドは、PISA2000や2003の好成績により、一躍学力世界一の国として注目を浴びたこともある。ここにヨーロッパからドイツ・フランスを、アジアからシンガポールや香港、韓国を加え、日本の学力格差の現状に関して、国際的な視点から見つめてみようというのが、第Ⅱ部の目的となる。

そして、これらの国を選んだもう一つの理由は、私たちの研究グループである「国際班」が分析対象とした国・地域だからというものである。国際班の分析は、各国の事情をエスノグラフィックな手法で描いたものだ（ハヤシザキ他編 2019)。こうした分析は、それぞれの地域の固有の事情を知るには便利だが、一方で、相互に比較するときの指標が曖昧になりがちである。そこで、TIMSS・PISAという国際学力調査の数値を使って、それぞれの国・地域の位置付けを明確にしようと考えたのである。第3章から第5章の分析については、数値を追うだけでなく、すでに刊行されている『世界のしんどい学校――東アジアとヨーロッパにみる学力格差是正の取り組み』と併せて読み込むと、それぞれの国・地域の事情が透けて見えて、興味深いと思われる。

❖注

▶1　IEAのWebサイト（https://nces.ed.gov/timss/）を参照（最終閲覧日2019.10.15）
▶2　OECDのWebサイト（https://www.oecd.org/pisa/data/）を参照（最終閲覧日2019.10.15）

❖参考文献

ハヤシザキカズヒコ・園山大祐・シム チュン・キャット編著（2019）『世界のしんどい学校』（志水宏吉監修）明石書店。

第３章

TIMSS2015データを用いた10カ国の教育比較

末岡 加奈子

1. はじめに

本章では、TIMSS2015 のデータを用いて諸外国の教育や学校の特徴を概観し、各国における学校教育の全体像を描くことを試みる。本研究プロジェクトの一環で既に刊行されている『世界のしんどい学校』（志水宏吉［監修］明石書店 2019）では、アジアからシンガポール、香港、韓国、欧州からイングランド、フランス、ドイツ、オランダが抽出され、計七つの国と地域（以下、7カ国と表記）における格差是正に関連する施策や、小学校での参与観察及びインタビューをもとにした日常のいきいきとした教育活動の様子が描かれた。そこでは、施策の類似点や相違点が明らかにされ、各国の教育制度の歴史と違いに関連して、格差是正という目的は同じでありながらもそこへ至るプロセスにはさまざまなアプローチがあることが再確認された。

多喜（2010）も指摘するように、生徒の出身階層と学力の関連を学校教育がどのように媒介しているかを検討する上で、各国の教育制度の違いを認識しておく必要がある。制度の違いが日常の教育実践に与える影響も大きい。ぜひこういったことを念頭に置きながら、本章を読み進めて頂きたい。

本章で対象とするのは、上記7カ国にアメリカ大陸からはアメリカ合衆国

（以下、アメリカと表記）、PISA 調査で一躍有名になった北欧のフィンランド、そして日本を加えた計 10 カ国である。上述した『世界のしんどい学校』や、本書の第 4 章および第 5 章のより深い理解に資することを目的に、ここでは学校質問紙（校長回答）、教師質問紙、保護者質問紙調査のデータを用いて、学校教育の全体像の比較を行う。以下、本章で用いる方法と対象データについて述べ（第 2 節）、各国の状況について概観（第 3 節）した後、考察を加えることにする。

2. 方法と対象データ

本章で取り扱うデータは、現時点で結果が公開されている最新の TIMSS 2015 の中でも、先述した 10 カ国の小学校調査で得られたデータである。現在、TIMSS 小学校調査の対象者は、「9 歳以上 10 歳未満の大多数が在籍している隣り合った 2 学年のうちの上の学年の児童」と定義されていることから、日本においては 4 年生となる。各国で学年が多少異なるが、便宜上「G4」（または「第 4 学年」）と表記されており、本章でもこれに倣って表記する。

PISA や TIMSS 等の国際学力調査への参加については、各国それぞれのポリシーがあるようで、ここで取り上げる 10 カ国も例外ではない。例えばフランスは、小学校調査は TIMSS2015 からはじめて参加し、中学校調査は TIMSS1995 の 1 回のみ、それ以降は参加していない。フィンランドは、TIMSS2011 から参加し今回で 2 回目であるが、中学校調査で国際比較可能なデータが収集されているのは、TIMSS2011 のみである。

また、世界には前期中等教育から分岐型学校体系を採用している国が決して少なくない。本章でとりあげる中では、ドイツ、オランダ、香港、シンガポールがそれに該当する。アメリカも、分岐型ではないが多様な初等・中等教育の形態が存在する。このような国では、前期中等教育段階での学校内での学力のばらつきが小さい一方で、学校間の差が大きい。こういった理由や、中学校調査では有効データが収集されていないケースもあることから、本章では各国間での比較が容易な小学校に焦点をあてた。

なお、保護者質問紙ではイングランドとアメリカから分析可能な有効データが得られておらず、該当部分が欠損していることをあらかじめご了承頂きたい。また、本来は TIMSS の分析では、sample weights 等を利用して母集団全体の傾向を分析することが望ましいが、今回はおおよその傾向を探ることを目的に、weights を利用せず、学校・担当教師・保護者質問紙の単純な回答傾向を分析した。また、学校質問紙は調査対象として抽出された学校の校長が、教師質問紙は抽出された小学 4 年生を担当している教師が回答したものである。そのため、必ずしも正確に対象国の学校や教師像の全体を反映したものではないことを断っておく。

データの入手については、TIMSS の公式ホームページからダウンロードを行った。また、分析に使用する統計ソフトは、無料でダウンロードできる「R」を用いた。本章で使用したバージョンは「R version 3.6.0 for Windows」(2019 年 04 月 26 日更新）である。それぞれの導入方法については、補論を参照されたい。

3. 学校教育事情の各国比較

本節では、実施された質問紙調査のうち学校質問紙（校長回答)、教師質問紙、保護者質問紙調査のデータを用いて、10 カ国の学校教育事情を概観する。まず、3.1 項では学校質問紙と教師質問紙データを用いて「学校からの視座」を、次に、3.2 項では保護者質問紙データを用いて「家庭からの視座」を提示する。

3.1 学校からの視座

ここでは、私たちが当たり前だと思っている事柄が、実は世界的には必ずしもそうではないという事例を取り上げる。具体的には、校長の経験年数と学歴、子どもたちの使用する第一言語、そして小学校 4 年生を担当する各国の教師が日常の教育活動で抱えている困難、といったものである。たとえば日本では、大学を卒業後に教師になり、担任→学年主任→教頭→校長といった具合に徐々に職階を上っていくことが一般的である。また、学校内の教育活動は、授業を含めてほぼすべて日本語で行われ、子どもが日本語の読み書きができることが前提となっている。小学校では、授業中に子どもが寝て困ったり、授業妨害をして困ったりすると感じる教師はそれほど多くないだろう。しかし、こうした学校に対する一般的なイメージは、あくまで「日本の学校」に対するものである。

図3-1は、各国の小学校長の経験年数（勤務校を問わない）を示したものである。比較対象国の中では、日本の校長の経験年数が群を抜いて短いことがわかる。日本以外の国ではすべて、「16年以上」の経験者が一定の割合を占めるが、日本においてはゼロである。他方で、1～5年と6～10年の者をあわせた経験年数「10年まで」が96%を占める。日本では、長い教師経験を積んだ教師が校長に着任することが一般的であることから、校長としての年数は必然的に短くなるが、他国では必ずしもそうではないことを意味している。

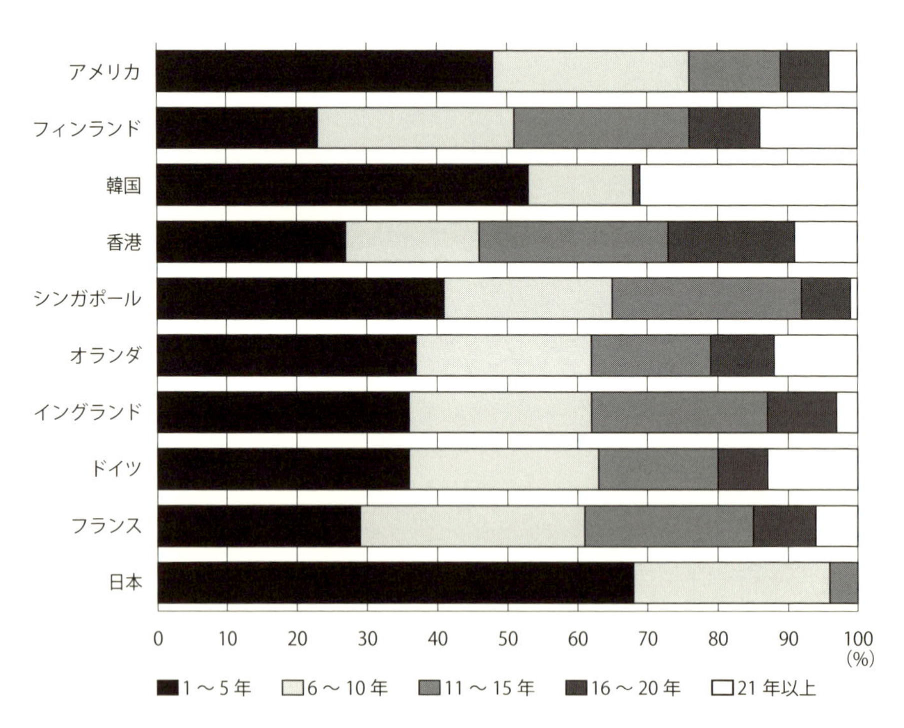

図3-1　各国の学校における校長の経験年数
出典：TIMSS2015データより著者作成。

校長経験年数が長い傾向にあるのは香港、続いてフィンランドである。経験年数 11 年以上の校長は香港では 54%、フィンランドでも 49% と全体の約半数を占めており、両国に比較的若い段階で校長に着任するシステムが存在することを示唆している。両国ともさまざまな経験年数の校長がそれぞれ一定の割合で存在することから、若い段階で校長に着任するシステムが一定期間にわたり機能していることが推察される。

一方で、どの国とも異なった特徴を有するのが韓国である。経験年数 10 年までの校長が 68% を占める一方で、21 年以上校長を勤める割合も 31%にのぼり、経験年数の浅い校長と熟練の校長だけで 99%、すなわち小学校のほとんどを占めていることがわかる。この不均衡の背景には何らかの国家的な政策が関係していることが推察され、別途調査が必要である。

次に、**図 3-2** で示される校長の最終学歴を見てみよう。

まず注目されるのは、「高学歴」の傾向である。アメリカとフィンランドでは、大学院修士課程以上がそれぞれ 98%、93% を占め、これに続くのがドイツ（87%）、韓国（81%）、香港（69%）、シンガポール（58%）、イングランド（56%）である。アメリカではさらに、博士課程以上の小学校長が 9%を占めることは特筆に値する。大学院修士課程以上の割合が少ないのはオランダ、フランス、日本であり、なかでも日本が最も少なく 10%未満である。日本では 90% 以上の校長が「大卒」の最終学歴であり、校長学歴の多様性が小さく、どの国とも類似性を有していないことがわかる。

また、フィンランドとイングランド以外の欧州 3 カ国では、「大学を終わっていない」校長も一定程度の割合を占める。これは、教員養成機関が高等教育のなかでも「4 年制大学」とは異なるトラックの「高等職業訓練」に位置付いているなど、学校体系の違いに起因するものと推察される。同様に、国によって大学院の制度も異なっており、1 年制の修士課程を有する国も存在する。したがって、このデータから校長が受けた「教育のレベル」を単純に比較できないことには留意されたい。

以上二つの質問項目からは、小学校長の着任システムや制度は各国固有の文脈に応じて多様であることがわかる。次に、「日本の当たり前」と「世界の当たり前」が異なる事例として、子どもたちの第一言語を取り上げよう。

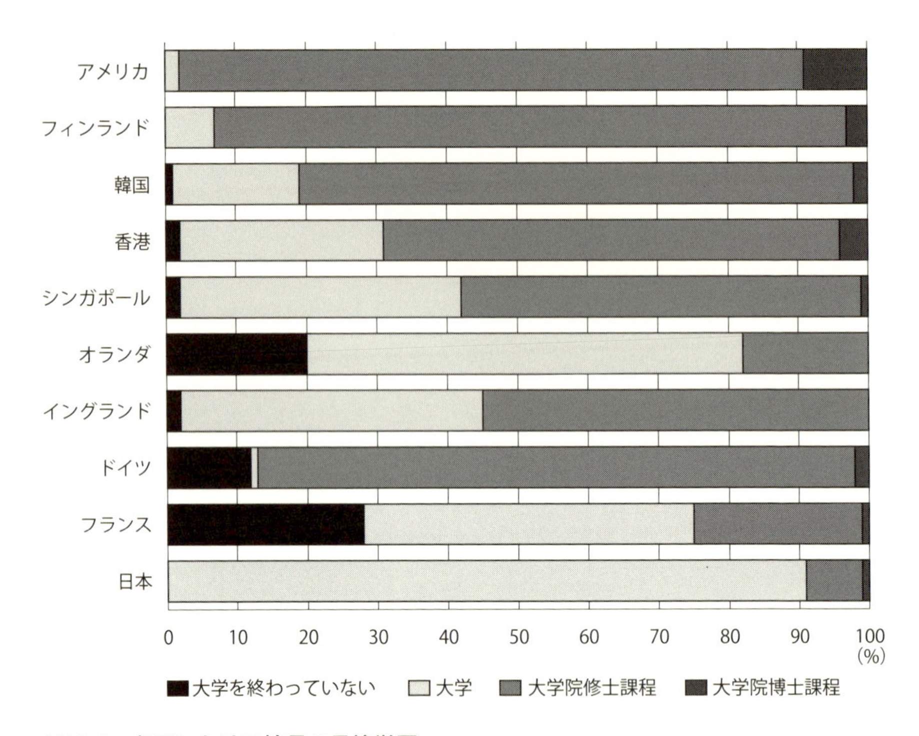

図 3-2　各国における校長の最終学歴
出典：TIMSS2015 データより著者作成。

図 3-3 は、各国の学校における在籍児童の「第一言語と TIMSS 試験言語が一致する割合」について校長が回答したものである。一見して、国によって大きな違いがあることがわかる。

まず、子どもの使用言語の観点から学校内の多様性をみた際に、ばらつきがきわめて小さいのが日本と韓国である。日本では 146 校すべての校長が、各学校での児童の第一言語と TIMSS 試験言語（日本語）が一致する割合は「90% 以上」と回答した。韓国でも同様に（試験言語は韓国語）、149 校中 146 校の校長がこのように回答している。続くフィンランドではこの割合が 85% とやや小さくなる。スウェーデンとの対岸や国境を接する地域では第一言語がスウェーデン語の市民がいることや、また移民の影響もあるだろう。

なお、香港は児童の第一言語と TIMSS 試験言語が一致する割合が高いが、

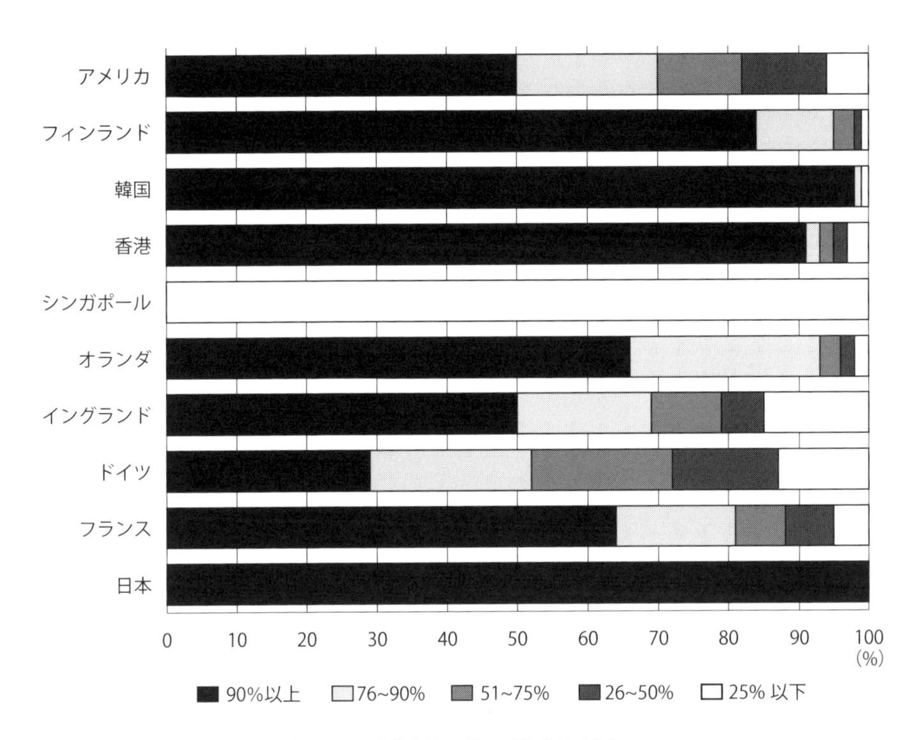

図 3-3　児童の第一言語と TIMSS 試験言語が一致する割合
出典：TIMSS2015 データより著者作成。

これは先の３カ国とは事情が異なる。香港では公用語が英語と中国語のため２種類の試験言語が準備されており、校長回答による「児童の第一言語と試験言語との一致」は英語と中国語のそれぞれが考えられる。したがって、各学校における文化的同一性は高いとは限らない▶1。もっとも、母語で試験を受けているという点では、少なくとも上の４カ国では試験言語による不利を受けている児童が少ないと言うことはできる。

他方で、フィンランドを除く欧米諸国では、児童の使用言語のばらつきが大きい。すなわち、算数や理科の試験を受検する時点で既に言語による不利を受けている児童が多いことを意味しており、これが最も顕著なのはドイツである。ドイツ語を第一言語とする児童の割合が「90% 以上」の学校は国全体のわずか 29% に留まり、「76 ～ 90%」が 23％、「51 ～ 75%」が 20％、「26 ～ 50%」

が15%、「25%以下」が13%と、国内での学校間のばらつきもきわめて大きい。イングランド、アメリカ、フランス、オランダでも同様の傾向が見られる。

最後に、上記のいずれの国とも異なる事情を有するのがシンガポールである。177校すべての校長が、児童の第一言語とTIMSS試験言語が一致する割合は「25%以下」と回答している。換言すれば、各学校において75%以上の児童は英語が第一言語ではないことを意味しており、シンガポールという都市国家特有の事情がここに大きく現われている。多民族国家としての独立の歴史に関連して、現在に至っても二言語政策が続いているようである（シム 2019）。なお、保護者質問紙調査は多言語対応となっている。

一般に、その国の国語以外の言語を第一言語とする児童生徒の成績は低くなりがちである。そのため、各国の子どもたちの言語的な多様性を考慮せずに学力調査のスコアを単純比較することは無意味である。そこで、子どもたちの使用言語と算数到達度の関連についてみておこう。

図3-4の各グラフを見てみると、各国における児童の「第一言語と試験言語の一致度」と算数到達度の関連は、一様ではないことが明らかである。

まず、イングランド以外の欧州4カ国（フランス、ドイツ、オランダ、フィンランド）では、子どもの第一言語と試験言語の一致度が高い学校の方が、一致度が低い学校よりも算数到達度が高い。端的に言えば、移民の背景をもつ児童の割合が高い学校では、算数到達度が低い傾向にある。このスコア差が最も大きいのはフランスで、フランス語を第一言語とする児童の割合が「90%以上」の学校と「50%未満」の学校では、実に45点の差が確認された。ドイツでも同様に、33点の開きが確認される。先述したように、ドイツにおいてはドイツ語を第一言語とする児童の割合が90%以上の学校は国全体のわずか3割にも満たない。近隣のトルコや東欧諸国等、文化的に多様な移民が従来から多いことに加え、近年ではとくにシリアやアフリカ等からの移民も多い。直近のメルケル政権では大規模な移民・難民受け入れを表明したことから、この点は深刻な国家的課題として捉えられよう。欧州経済を牽引するドイツにおいて、国を支える市民への国語（ドイツ語）教育に関する施策がいかなる展開を見せるのかは、注視すべき点であろうと思われる。

一方で、欧州の中では上の4カ国と全く異なる特徴を示しているのがイング

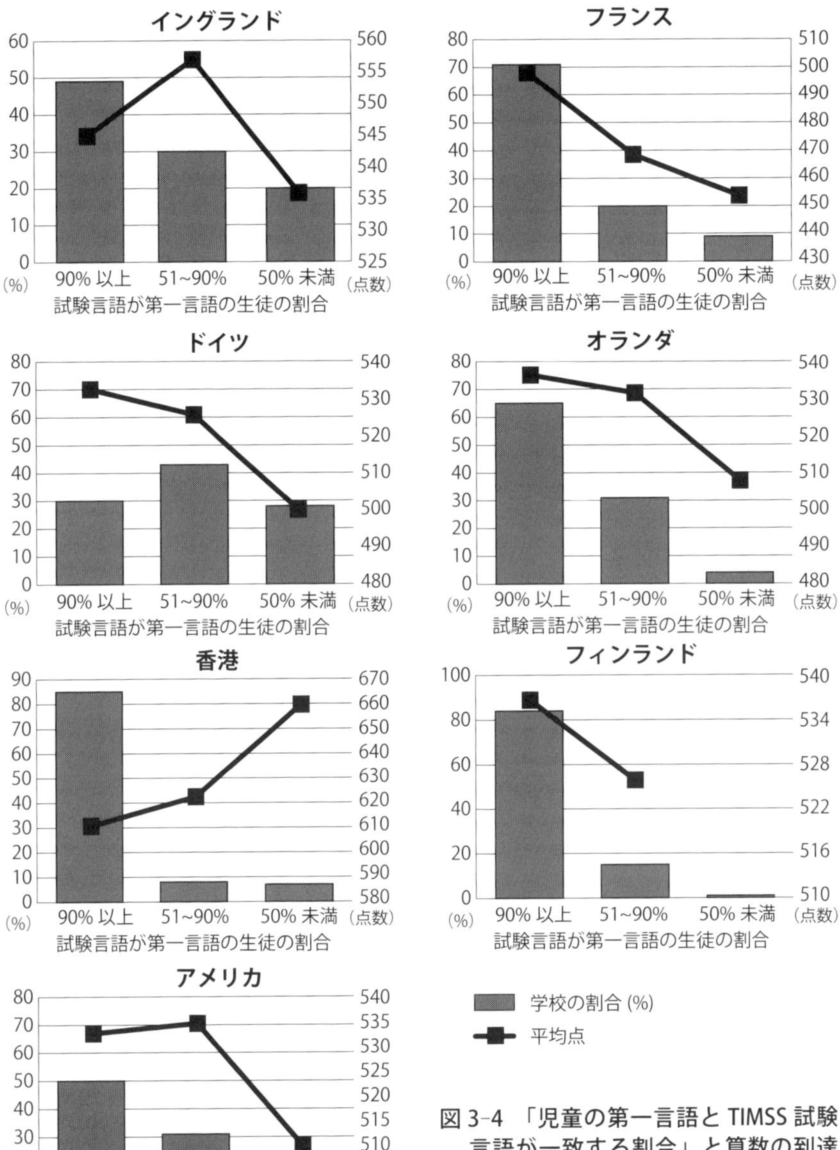

図 3-4　「児童の第一言語と TIMSS 試験言語が一致する割合」と算数の到達度

出典：Exhibit 5.3: Schools with Students Having the Language of the Test as Their Native Language から筆者作成、グラフを見やすくするため縦軸の目盛りは個別調整した。

ランドである。英語を第一言語とする児童が「51 ～ 90%」の学校群で算数到達度が最も高く、「90% 以上」の学校群より 12 点高い。換言すれば、移民の背景をもつ子どもが一定程度の割合で在籍する学校群で学力が最も高いということになる。イングランドでは、エスニシティ別の学力が中華系、インド系、バングラディッシュ系の順に高いことが示されており（ハヤシザキ 2019）、このこととの関連が推察されよう。アメリカでも同様に、程度は小さくわずか 2 点差であるものの、英語を第一言語とする児童が「51 ～ 90%」の学校群で最もスコアが高い。

ここまでもまた、解釈に注意を要するのが香港である。香港では、試験言語として英語と中国語の両方が準備されていることは先に述べたが、算数到達度のスコアを見る限り、各学校における児童の第一言語と試験言語の一致度が低くなるほど、高得点を示す傾向が顕著である。試験言語との一致度が「90% 以上」の学校（120 校）よりも、「50％以下」の学校（6 校）の方が 50 点も平均点が高い。対象となった学校数をふまえると、試験言語との一致度が低い学校は特殊な学校である可能性は否定できないが、しかしながら、試験言語との一致度が「51 ～ 90%」の学校も合わせると 9％に上ることから、特殊事例として無視できない数字である。この要因については、別途さらなる検討が必要である。

さて、教師質問紙の分析からも、「日本の当たり前」が必ずしも「世界の当たり前」ではないことは窺える。ここでは、「保護者からの圧力（**図 3-5**）」「寝不足の児童（**図 3-6**）」「混乱を起こす生徒（**図 3-7**）」について検討してみよう。

まず、図 3-5 を見てみると、各国で状況はさまざまであることがわかる。子どもの成績について保護者からの圧力が「非常に高い」「高い」の合計が顕著に小さいのが日本（20%）、続いてフィンランド（23%）であった。両国ともに、「低い」「非常に低い」の合計も小さく、「どちらでもない」という「中程度」が 7 割程度を占めていることがわかる。

一方で、保護者からの強い圧力を感じている割合が高いのがイングランド（56%）と韓国（55%）で、これにシンガポール（52%）が続く。TIMSS1995 ～ TIMSS2015 までの 20 年間の 4 年生の算数到達度の推移では、本書の第 5 章で示されているように、イングランドの上昇率は群を抜いている。また、韓国とシンガポールのスコアは一貫して高い。政府や市町村による教育施策のあり方に加えて、教師が保護者からの強い圧力に日々晒されるような、そういった風土があるのかもしれない。

上の二つのグループとは異なった傾向がみられるのが、アメリカとフランスである。保護者からの圧力が「高い」「中程度」「低い」の三つのどのカテゴリーも、概ね３割程度となっている。すなわち、子どもの学力向上に関する保護者からの圧力には、両極端なケースが一定程度存在する。オランダでは、「非常に低い」と回答した教師は170人中１人もいなかった。

次に検討するのは、教室内のようすである。教師が本調査対象の４年生を指導する際に抱える困難について、二つの質問項目を取り上げた。

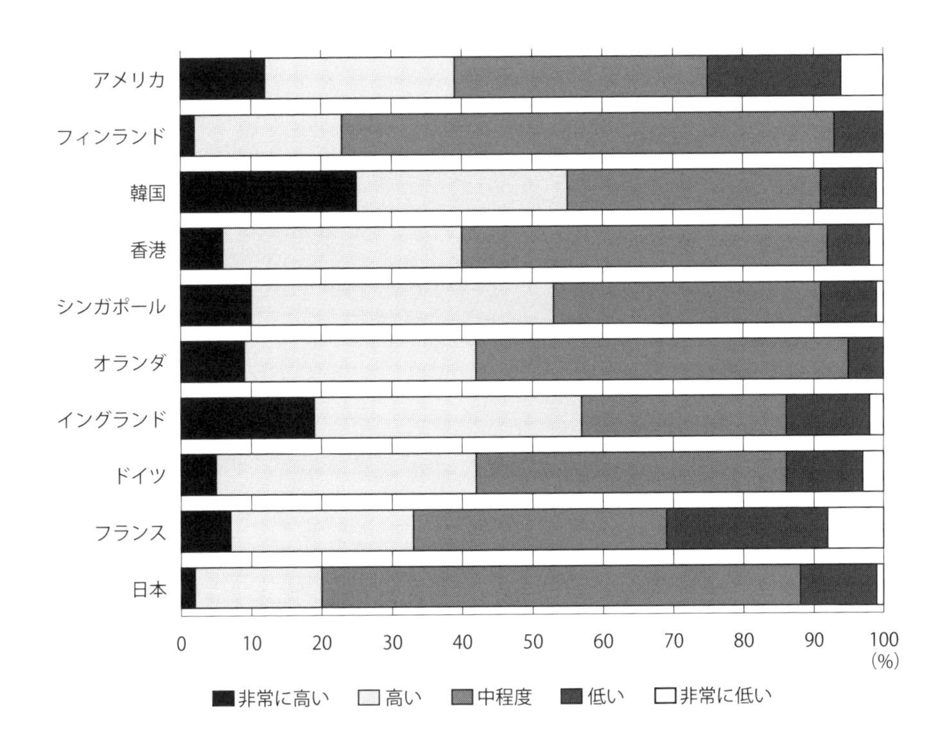

図3-5 「あなたの学校では、次のそれぞれの特徴がどの程度あると考えられますか。——学業水準を高く保つように学校に求める保護者からの圧力」

出典：TIMSS2015データより著者作成。

図3-6は、寝不足の児童に対して教師が感じる制約を尋ねたものである。最も苦慮しているのがフランスであり、「かなりある」「非常にある」の合計が85%に上る。アメリカでも同様の傾向が見られ（78%）、イングランドでも69%の教師がそう感じている。

他方で、この割合が最も低いのは日本（32%）である。韓国もこれに続いて41%となっており、他の8カ国と比較すると、少なくとも教師の主観においては、日本と韓国では寝不足の子どもへの対応に苦慮することは少ないようである。

それでは、「混乱を起こす児童」についての回答結果はどうだろうか（図3-7）。

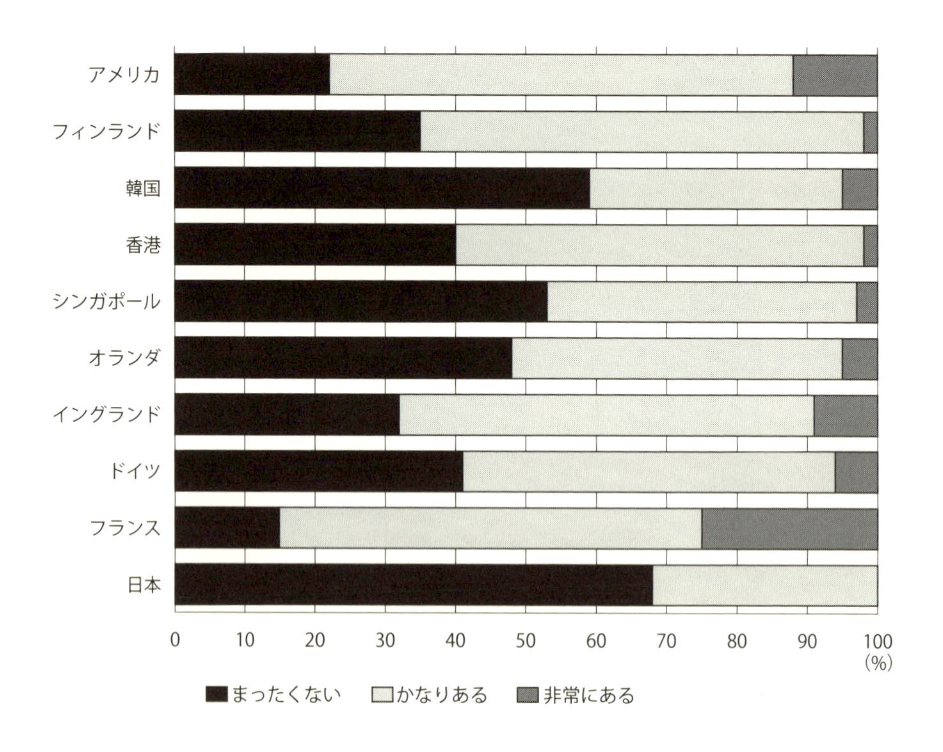

図3-6 「あなたの考えでは、調査対象学級を指導する際に、次のことについてどのくらい制約がありますか。——寝不足の児童」

出典：TIMSS2015 データより著者作成。

「混乱を起こす児童」への制約が「かなりある」「非常にある」と回答した教師は、他国では大多数を占めるが、日本では「全くない」が多数を占め、これが 67% にものぼる。「非常にある」と回答した教師は 293 名中わずか 8 名であった。もちろんこれは教師の主観による回答であり、この数値をもって日本の子どもが実際に「おとなしい」かどうかはわからない。しかしながら、少なくとも日本の教師たちは、他国の教師ほど混乱を起こす児童への対処に苦慮していない、ということは言えるだろう。

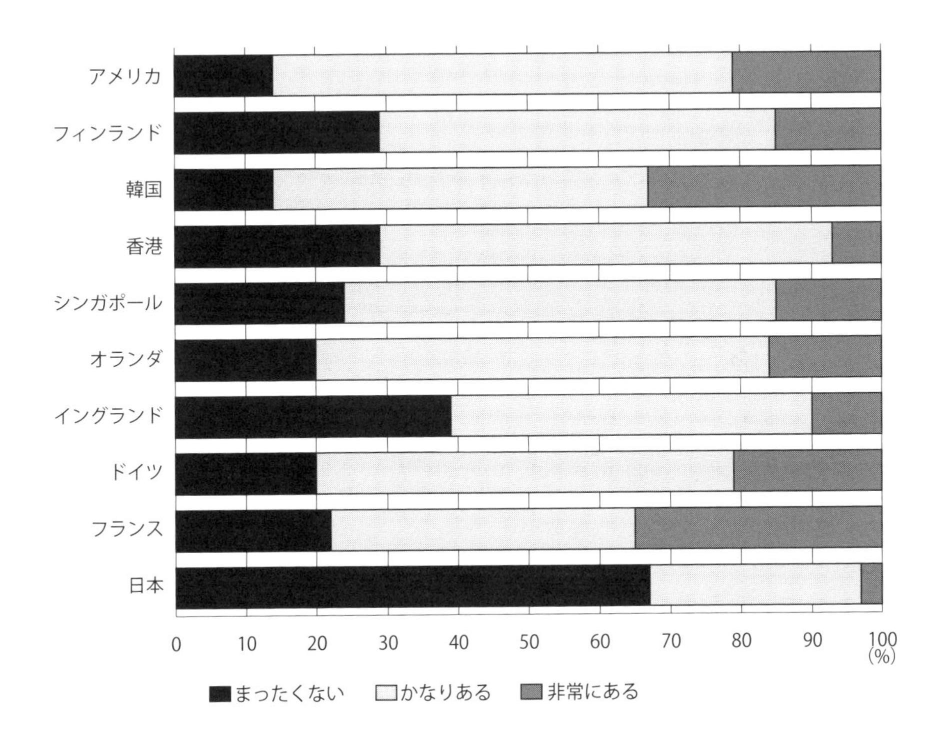

図 3-7 「あなたの考えでは、調査対象学級を指導する際に、次のことについてどのくらい制約がありますか。——混乱を起こす児童」

出典：TIMSS2015 データより著者作成。

3.2 家庭からの視座

次に、保護者質問紙を用いて、子どもの教育に関する保護者の意識や態度の違いについて検討する。ただし、アメリカ・イングランドはデータが欠損しているため、ここでは残りの８カ国を比較する。主に、宿題に関する項目及び子どもへの学歴期待に焦点をあてて見ていく。

次の二つのグラフは、子どもが宿題をする頻度と、家族が宿題を手伝う頻度についての保護者の回答結果である。

図 3-8 は子どもが宿題をする頻度について尋ねたものである。まず、ひときわ目を惹く結果がオランダであり、「宿題がない」「週１日未満」「1～２日／週」の合計が 92% を占める。あくまで保護者の回答だが、オランダの小学４年生は宿題がほとんどなく、対象の８カ国中特殊なケースとなっている。本書の２章で取り上げた Ronning（2011）によれば、少なくともオランダの文脈においては、宿題という機能を通じて元々存在する不平等が拡大する懸念が示されている。こういった見方が全国の学校関係者の間で共有されているかどうかは定かではないが、通塾の習慣のない社会において学校関係者が宿題の位置づけをどのように捉えているのか、今後の調査における検討課題といえよう。

オランダを除く他のすべての国では一定程度の宿題が課されており、「毎日」と「3～４日／週」の合計が大多数を占めた。最も多いのが日本で、香港がそれに続き、両国では「毎日」がそれぞれ 93%、79% を占めた。いかに多くの小学４年生が、放課後の余暇にも宿題に時間を費やしているかがおわかり頂けるだろう。ドイツとフランスにおいては回答傾向が類似しており、「毎日」「3～４日 / 週」の合計が約 90% であることから、概ね週の半分くらいは宿題があるようだ。

続いて、**図 3-9** を見てみよう。どのくらいの頻度で、家族が子どもの宿題を手伝うか保護者に尋ねたものである。図 3-8 で見たように、課される頻度にもともと違いがあるため、家族が手伝う頻度もそれに伴ってばらつきが生じるのは当然のことといえるが、特殊なケースを示したのはオランダだけであったことをふまえると、課される頻度が同程度であっても、家族が手伝うか否かはさまざまであることがわかる。

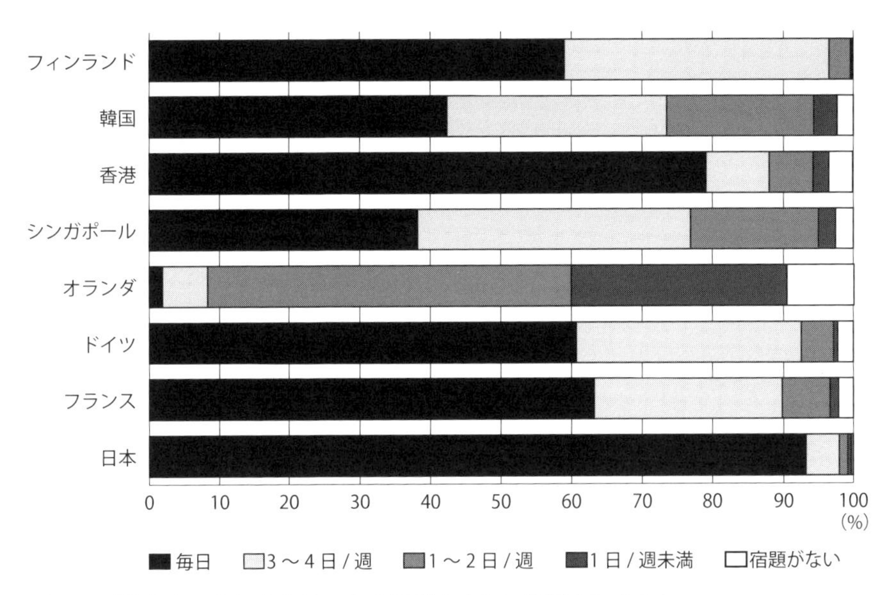

図 3-8 「あなたのお子さんは、およそどのくらい宿題をしますか」

出典：TIMSS2015 データより著者作成。

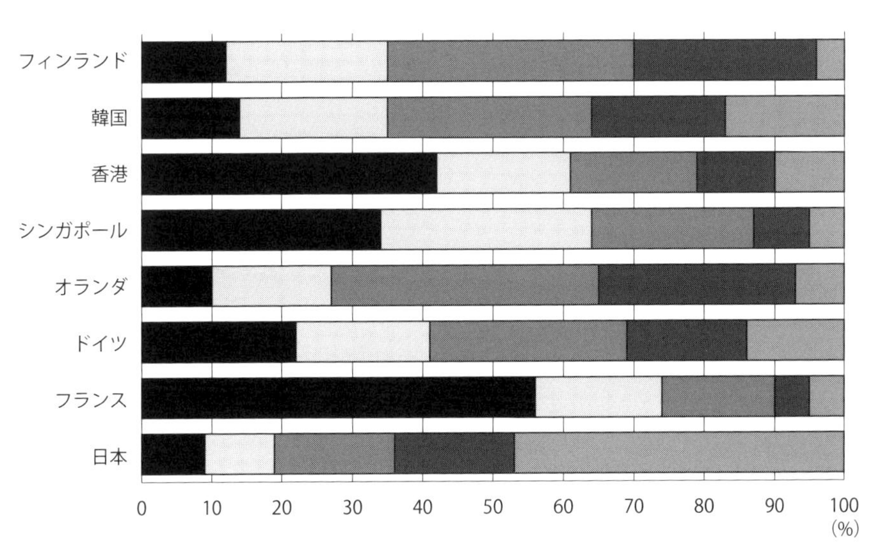

図 3-9 「あなたや家にいる他の人は、次のことをどの程度行いますか。――子供の宿題を手伝う」

出典：TIMSS2015 データより著者作成。

フランスでは56%の家族が、香港でも40%を超える家族が子どもの宿題を毎日手伝うと回答している。「3～4回／週」と合わせると、フランスで74%、シンガポールで64%、香港で62%の家族が、週の半分以上は宿題を手伝っていることになる。

日本について見てみよう。先の質問と合わせると、子どもが「毎日」宿題をすると答えた保護者が93%を占めるにもかかわらず、手伝う頻度が極端に少ない。手伝う頻度が「毎日」と回答した保護者はわずか9%であり、「全くあるいはほとんどしない」「1回／週未満」の合計が64%を占めている。保護者が忙しく時間がとれないためか、宿題への関心が低いのか、あるいはまた、宿題は子どもが自分でするものという前提があるのだろうか。3.1項の図3-5で示したように、子どもの成績について教師が感じる保護者からの圧力も、「非常に高い」「高い」の割合が最も小さいのが日本（20%）であった。

ここで興味深いのが、宿題に対する保護者の行動と算数到達度の関連である。**表3-1**を見てみよう。灰色の網掛け部分が、各国内で高い割合を占める多数派である。

先の質問では、フランス、シンガポール、香港では6～7割の家族が週の半分以上は宿題を手伝っており、日本ではこれが顕著に低いことを確認した。表3-1で算数のスコアとの関連を見てみると、次のようなことがわかる。まず、国全体の平均点が高いシンガポール、香港、韓国のアジア三カ国では、高得点層の子どもの多くは家族が宿題を手伝う頻度が高い。シンガポールにおいては、毎日または週の半分程度宿題を手伝う家庭で550点以上を獲得している子どもは全体の68.8%、同様に香港では66.9%、韓国ではやや少ないが52%を占める。次にヨーロッパ4カ国をみてみると同様に、ドイツ、オランダ、フィンランドにおいては週の半分程度、フランスにおいては毎日宿題を手伝う家庭の子どもが、各国内での多数派を占める高得点層であることがわかる。ここでは因果関係を追究することはできないが、少なくとも言えることは、多くの国では、一定程度宿題を手伝ってもらう家庭の子どもの多くは、各国内での高得点層であるという事実である。

他方で、これとは全く異なる特徴を示すのが日本である。国内の多数派は、週に1回未満しか宿題を手伝わない家庭で、かつ550点以上の高得点を獲得す

表 3-1 「家族が宿題を手伝う頻度」×算数到達度（5 分割）

（単位：%）

	400点未満	400～475点	475～550点	550～625点	625点以上	400点未満	400～475点	475～550点	550～625点	625点以上
	日本					フランス				
毎日	0.1	0.9	2.7	3.4	1.7	9.0	17.8	19.8	8.7	0.9
1～4回/週	0.2	1.8	7.6	11.3	5.9	3.7	8.9	13.1	7.2	0.9
1回/週未満	0.1	1.4	9.8	27.1	25.9	0.6	2.0	3.7	2.9	0.9
					(n=4239)					(n=4067)
	ドイツ					オランダ				
毎日	1.5	5.6	10.0	4.8	0.5	0.2	1.9	4.9	2.6	0.0
1～4回/週	1.2	7.5	20.9	14.9	2.4	0.2	5.9	22.5	22.9	3.3
1回/週未満	0.1	1.7	9.9	14.7	4.4	0.2	1.7	11.5	19.0	3.2
					(n=2368)					(n=1039)
	シンガポール					香港				
毎日	0.5	2.1	5.6	11.6	14.2	0.1	0.9	5.7	17.2	17.9
1～4回/週	0.5	2.6	6.9	16.5	26.5	0.1	0.7	4.9	14.7	17.1
1回/週未満	0.2	0.7	1.3	3.3	7.6	0.0	0.2	2.0	7.1	11.4
					(n=6135)					(n=3201)
	韓国					フィンランド				
毎日	0.0	0.4	2.0	5.9	5.8	1.0	3.8	5.3	1.8	0.2
1～4回/週	0.1	1.4	7.9	20.0	20.3	1.4	9.0	24.7	19.4	3.7
1回/週未満	0.0	0.6	4.2	13.4	17.7	0.1	1.7	8.6	14.3	4.9
					(n=4416)					(n=4705)

出典：TIMSS2015 データより著者作成。

る子どもである。この層が 53% と、全体の半分以上を占めている。少なくとも日本では、家族が宿題を手伝わなくても算数で高得点を獲得する（できる）小学４年生が国内で多数派であるという事実である。通塾等の学校外学習との関連が推察されるが、この点も、７カ国中特殊な事例であるといってよいだろう。

最後に、保護者による子どもへの学歴期待をみてみると、次のようなことがわかる（**図 3-10**）。まず、韓国、香港、シンガポールのアジア３カ国では、大学学部レベルと修士または博士課程を期待する保護者が大半を占めており、高

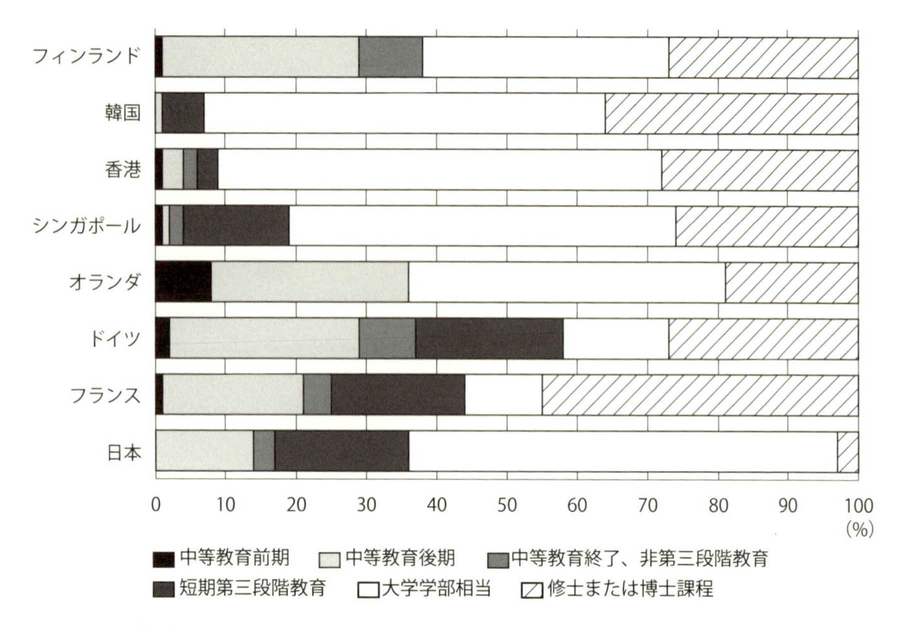

図 3-10 「あなたの子どもには、どの程度の学歴を期待しますか？」
出典：TIMSS2015 データより著者作成。

学歴志向性がきわめて高い。韓国ではこの層が 94%、香港でも 90% を占める。他方で、この層が最も少ないのがドイツ 42%、続いてフランスが 56% である。ただしフランスは、「修士または博士課程」への期待が 8 カ国中最も高く、45% を占める。韓国でも修士または博士課程への期待が 36% を占めるが、フランスの 45%には及ばない。

さて、このような修士または博士課程への学歴期待をもつ高学歴志向性が著しく低いのが日本で、わずか 3%である。他のアジア 3 カ国とは全く異なる傾向を有する。ただし、大学学部レベルをあわせると約 60%であることから、日本社会における実際の高等教育進学者の割合とおおむね一致する結果となっている。本調査は小学校 4 年生の保護者であることから、日本において、分岐型教育体系を採用する欧州諸国と同様に「非大学」を期待する保護者が約半数を占めることは、大変興味深い。著しい高学歴志向である他のアジア諸国との違いは、注目に値するといってよいだろう。

4. 考察とまとめ

本章では、学校質問紙、教師質問紙、保護者質問紙調査のデータを用いて 10 カ国の学校教育のようすを俯瞰した。おもに、日本が他国と比べて独特な回答傾向を示した設問を取り上げたが、そこで明らかになったのは次のようなことである。

まず、私たちが描く「校長像」である。小学校長の最終学歴では、アメリカ、フィンランド、ドイツ、韓国において大学院修士課程以上の校長が大多数を占めた。これに続く香港でも約 7 割、イングランドとシンガポールにおいても約 6 割である。これに対して日本では、「大卒」が 92% と圧倒的多数を占める。校長の経験年数においても、日本では「10 年まで」の校長が 96% を占めたが、日本以外の国ではすべて「16 年以上」の経験者が一定の割合を占める等、世界を見渡せば小学校長へ至る経緯もさまざまであることが明らかになった。

また子どもの学業や学歴に関する点では、保護者から子どもへの学歴期待において、日本は他のアジア 3 カ国とは著しく異なる特徴を示した。韓国、香港、シンガポールは超高学歴志向である。フランスにおいても修士または博士課程への進学期待が 45% に及ぶなど、諸外国では、日本に比べはるかに高学歴を志向するトレンドが読み取れる。子どもの学業成績に対する保護者から教師へのプレッシャーも、イングランド、韓国、香港を始めとし、各国の教師は日々多大なプレッシャーを感じながら教育活動を行っていることが質問紙調査から明らかになった。

さらに、「寝不足の児童」や「混乱を起こす児童」に対して教師が抱える困難や、宿題に対する保護者の行動等、学習活動に関連する観点においても、日本はどの国とも類似性を有していない。宿題に対する保護者の行動と算数到達度の関連では、端的に言えば、「小学校 4 年生時点での学力上位層は、保護者が宿題を見なくても学力が高い」と言えそうだ。あるいはそこには、宿題というものに対する「宿題観」の違いが根底にあるのかもしれない。

他にも本章では、諸外国ではいかに多くの子ども達が家庭言語とは異なる言語で学校教育を受けているかということを再確認した。ほとんどの子どもが自分の第一言語で日常の学校生活を送り受験できるのは、おおよそ日本と韓国だけであった。子どもの第一言語と学力到達度の関連は、図 3-4 で示したように、学校現場における「移民・難民の背景をもつ子ども」の割合が高い国において大きな課題となっている。また同時に、その関連は一様でないことも明らかになった。本書の 5 章でも同様に、日本では移民第一世代の学力到達度が著しく低いことが指摘されていることを鑑みても、わが国が今後直面する言語・文化・社会経済的に多様な社会における「異文化の背景をもつ子どもへの教育」が、国家的重要課題の一つとなることは言を俟たないだろう。

本章を通じて、私たちの眼前にある「当たり前」は世界の中では極めて風変わりなのかもしれない、というおぼろげな感覚があらためて数値で示された。本章で検討した質問項目は、TIMSS で準備された質問紙調査のうちのほんの一部である。本書の補論でも紹介されているように、このようなデータは誰もが無料でアクセスし活用できるように公開されている。さらなる分析は機を改めることとして、本章が、こういった公開データを用いて世界の現状を知ることができる喜びを、読者の皆さんと共有する契機になったならば幸甚である。

❖注

▶ 1　TIMSS2015 Encyclopedia Hong Kong（http://timssandpirls.bc.edu/timss2015/encyclopedia）（最終閲覧日 2019.07.12）

❖参考文献

国立教育政策研究所編（2017）『TIMSS2015 算数・数学教育――理科教育の国際比較』明石書店。

R Core Team, 2019, R: A language and environment for statistical computing. R　Foundation for Statistical Computing, Vienna, Austria. https://www.R-project.org/（最終閲覧日 2019.08.12）

Ronning, 2011, 'Who Benefits from Homework Assignments?, '*Economics of Education Review*.

サリー・トムリンソン（植田（梶間）みどり訳）（2008）「イギリスにおける移民とマイノリティの教育」ジークリット・ルヒテンベルク［編］山内乾史［監訳］,『移民・教育・社会変動　ヨーロッパとオーストラリアの移民問題と教育政策』明石書店, pp.32-47.

シム チュン・キャット（2019a）「シンガポール――落ちこぼれをつくらない都市国家の教育戦略」ハヤシザキカズヒコ・園山大祐・シム チュン・キャット編著『世界のしんどい学校』（志水宏吉監修）明石書店。

シム チュン・キャット（2019b）「シンガポール――世界トップレベルの学力を誇るシンガポールのしんどい学校」（ハヤシザキカズヒコ・園山大祐・シム チュン・キャット編著）『世界のしんどい学校』（志水宏吉監修）明石書店, pp.144-168.

多喜弘文（2010）「社会経済的地位と学力の国際比較――後期中等教育段階における教育と不平等の日本的特徴」『理論と方法』25(2), pp.229-248.

第４章

階層による学校間格差の国際比較

学力・職業観・学習姿勢・学習習慣

垂見 裕子

1. 問題設定

多くの読者は「受験」や「偏差値」というものを通して、日本の高校では学力レベルが似通った生徒が学校ごとにかたまっている（つまり、学校ごとの学力のばらつきが大きい）ことを、実感あるいは認識しているかもしれない。しかし、学力の高い生徒が集まる学校と、学力の低い生徒が集まる学校が高校段階で存在することは、他国の教育制度と比較してみると決して当たり前ではないことが見えてくる。さらに、日本の高校では学力レベルのみならず、家庭環境が似通った生徒が学校ごとにかたまっている（階層による学力の学校間格差が大きい）ことが明らかにされている（中西・中村・大内 1997; 垂見 2013; 松岡 2019）。つまり、学力（偏差値）の高い学校には家庭環境の恵まれた生徒が多く通い、学力（偏差値）の低い学校には家庭環境の厳しい生徒が多く通っているのである。高校受験という学力で選抜を行う制度が、結果として学校間の家庭環境格差を大きくしているのである（多喜 2010; 松岡 2019）。他国の教育制度と比較することにより、日本の高等学校がどの程度階層化されているのか、つまり学力レベルが似た生徒を学校ごとに集約させることで、生徒の家庭環境や意欲や学習習慣も学校ごとに大きく異なっているのか、それらの学校間格差は他国に比べて日本で顕著に大きいのかを明らかにするのが本章の目的である。

本章ではPISA2015データを用いて、本研究国際班の対象7の国・地域（フランス、ドイツ、香港、韓国、オランダ、シンガポール、イギリス）、及びフィンランド、アメリカ、日本の学力格差の構造を概観し、比較する。本章では、どの国で学力格差が最も大きいのかを検討するのではなく、学校ごとのばらつきや階層による学校間格差がどの程度なのかを国際比較を通して明らかにする。PISAの学力調査の結果（ランキング）はメディアでも取り上げられ広く知られているが、生徒質問紙で踏み込んで尋ねている家庭環境に関わる質問項目や、生徒の意欲や動機や学習習慣に関する質問項目についてはあまり知られていない。自制心ややり抜く力などの非認知能力が高い程学力が高いことや（Duckworth et al., 2007）、学習習慣が定着している程学力が高いこと（金子2004）が実証されているが、これらと階層の関連を複数の国で比較した知見は少ない。

よって、本章では次の二点の課題を明らかにする。（1）学校ごとの学力のばらつきと、階層による学校間学力格差は、10の国・地域でどの程度異なるのか。（2）生徒の職業観・学習姿勢・学習習慣の学校ごとのばらつきと、階層による学校間格差は10の国・地域でどの程度異なるのか。比較をする上では、特に日本の学校間格差の相対的な度合に着眼する。なお本研究が対象としている国・地域間の比較であるため、発展途上国等、他の国を比較対象に入れた場合は知見が異なってくることに留意が必要である。

2. データと変数

PISAは、学力のテストスコアや生徒質問紙に含まれている家庭環境や学習に対する意識や態度に関する質問項目が、参加したすべての国・地域で共通尺度を用いているため、対象国・地域の学力格差の程度や構造を比較する上で有益なデータである。本章では2015年データを用いる。2015年調査では、72の国・地域から約54万人が参加し、筆記型調査からコンピュータ使用型調査に移行した。本章で扱う10の国・地域のPISA2015年調査の生徒及び学校のサンプルサイズ**表4-1**に示す。なお、紙面の都合上、本章では国・地域名は次

表 4-1 10 の国・地域の PISA2015 年調査の生徒及び学校のサンプルサイズ

	FIN	FRA	DEU	HKG	JPN	KOR	NLD	SNG	GBR	USA
生徒数	5,882	6,108	6,522	5,359	6,647	5,581	5,385	6,115	14,157	5,712
学校数	168	252	256	138	198	168	187	176	550	177

出典：PISA2015 より著者作成。

のように略す［フィンランド＝ FIN、フランス＝ FRA、ドイツ＝ DEU、香港＝ HKG、日本＝ JPN、韓国＝ KOR、オランダ＝ NLD、シンガポール＝ SGP、イギリス＝ GBR、アメリカ＝ USA］。

本章ではまず学力と社会階層（socio-economic status: 以下 SES と略す）の関連を見ていくが、それぞれの変数は以下のように構成されている。学力は、2015 年調査の重点分野が科学リテラシーであったため、科学リテラシー（理科）を用いる（PISA2009 の OECD 諸国の生徒の平均が 500、標準偏差が 100 になるように標準化された値である）。本稿では学力以外に、その生徒の将来の学力や学歴に影響を及ぼすことが予想される「職業観」「学習姿勢」「学習習慣」にも着目するが、これらの変数に関しては分析の際に説明する。

社会階層（SES）は、PISA 調査の生徒の社会経済文化的背景（Economic Social Cultural Status: ESCS）指標を用いる。ESCS は、「保護者の学歴」、「保護者の職業」、「家庭の所有物」（勉強机やテレビ等の家財の有無や数量、及び家庭にある本の冊数など）に関する質問項目を合成して作成された指標である。保護者の学歴と職業に関しては、保護者が二人の場合、高い方の値を用いている（OECD 諸国の生徒の平均が 0、標準偏差が 1 になるように標準化された値である）。

3. 各国・地域の教育システムによる PISA サンプルの相違

PISA データを用いて比較分析するにあたり、各国・地域の教育システムの違いから来る PISA サンプルの相違点を三点確認する。第一に PISA は調査対象者を学年ではなく、「15 歳児」と定義しているため、国・地域により調査対象者の在籍学年が異なる。これは、国・地域により初等教育の開始年齢や留年の制度が異なるためであり、データ分析、結果を解釈する上で留意が必要である。**図 4-1** は、それぞれの国・地域の PISA 参加者（15 歳児）の学年の内訳である。数値が入っているカテゴリーがそれぞれの国・地域で 15 歳児が正規に在籍する学年である。日本では PISA 参加者 100％が正規学年（高校１年）に在籍しているが、フランス、ドイツ、香港、オランダ、アメリカでは、その割合がそれぞれ 73％、47％、67％、55％、74％にとどまり、これらの国・地域では同じ 15 歳児でも在籍学年が多岐にわたることがわかる。例えば香港では、PISA 参加者は 7 年生、8 年生、9 年生、10 年生、11 年生に在籍している。

第二に、国・地域により教育段階の年数が異なるため、15 歳児が在籍する教育段階も異なる。**図 4-2** は、各国・地域の生徒が在籍する学校段階の割合を示している。日本では PISA 参加者は全員高校生であるが、フィンランド、ドイツ、オランダのように中学生が主である国もある。この相違は学校間格差

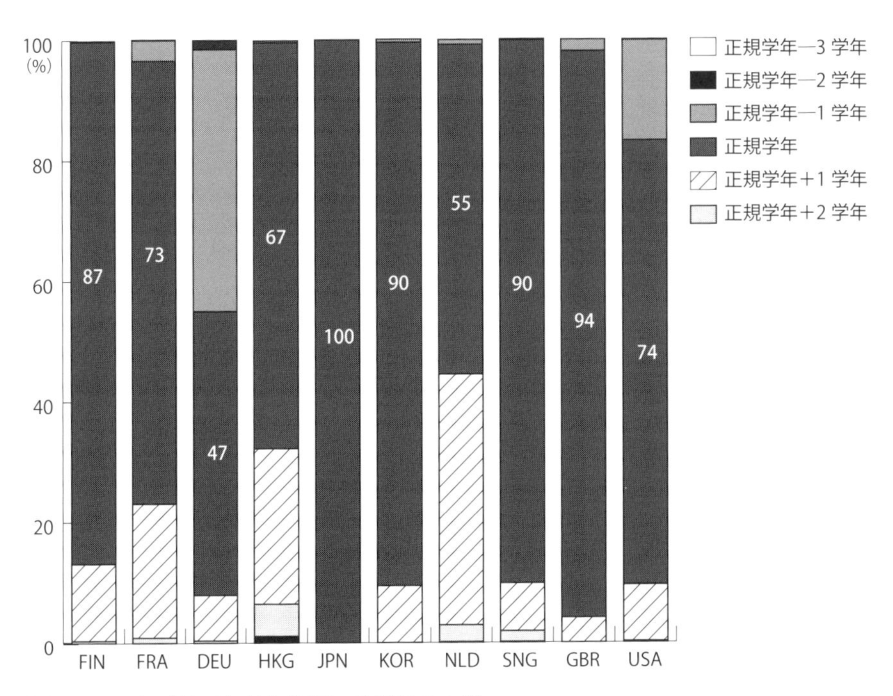

図 4-1　PISA 参加者（15 歳児）の学年の内訳
出典：PISA2015 より著者作成。

を解釈する上で、重要となる。例えばPISAデータにおける日本のSESによる学校間格差は、高校の入り口（高校1年次の6月）で測っているため、選抜の結果（高校入試が家庭背景による選抜をどの程度ともなっているか）と解釈できるが、PISAデータにおけるフィンランドのSESによる学校間格差は、中学校の出口で測っているため、学校の環境（同じ学校に通う生徒の家庭的背景、そこから生まれる規範）が生徒の学力にどのような影響を与えるかというピア・エフェクト（個人が集団仲間から受ける影響）と解釈する方が妥当であろう。

第三に、国・地域により専門学科・職業学校の生徒の割合が異なる。**図4-3**は、各国・地域の生徒が在籍する学校種の割合を示している。香港やシンガポールではPISA参加者の100％が普通科に在籍しているが、日本、オランダ、フランスでは、その割合はそれぞれ76％、75％、83％に留まり、専門学科・

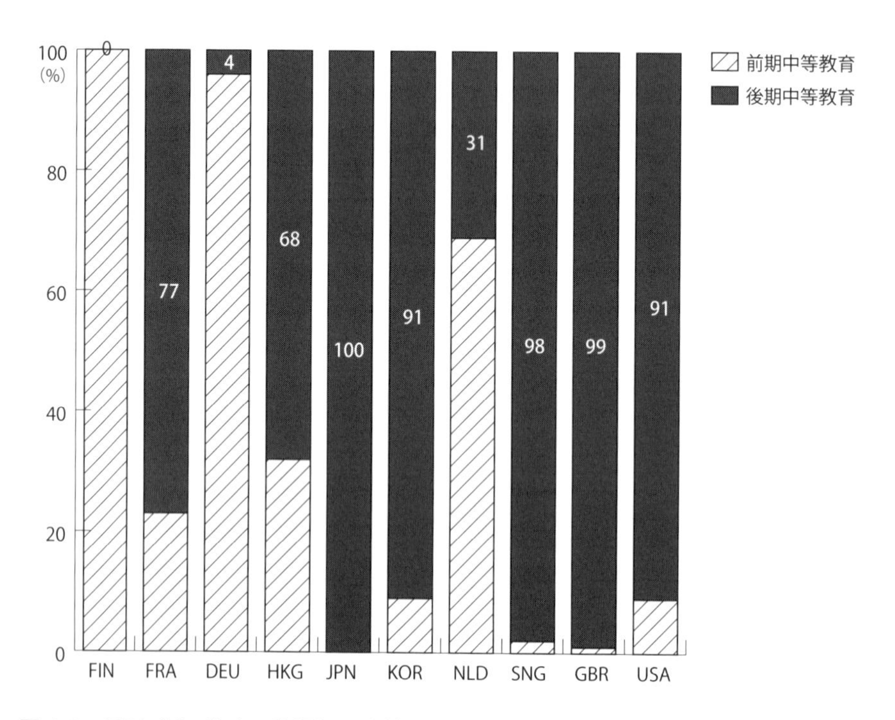

図4-2　PISA参加者（15歳児）の学校段階の内訳
出典：PISA2015より著者作成。

職業学校に在籍している生徒が多いことがわかる。これらの相違は、将来考えられる職業の相違に影響を及ぼすと考えられる。国際比較をする上では、以上の３点（国・地域による学年内訳、学校段階内訳、学校種内訳の相違）に留意する必要がある。

4. SES の分散、学力の分散、SES による学校間・学校内学力格差

次に、マルチレベル分析（HLM：階層線形モデル）と呼ばれる統計手法を用いて、各国・地域の教育制度における学校間格差の比較を行う。マルチレベル分析とは、「階層的なデータ」、つまりまず集団といった単位からサンプルを抽出し、次にその集団内部の人からサンプルを集めたデータを適切に分析するた

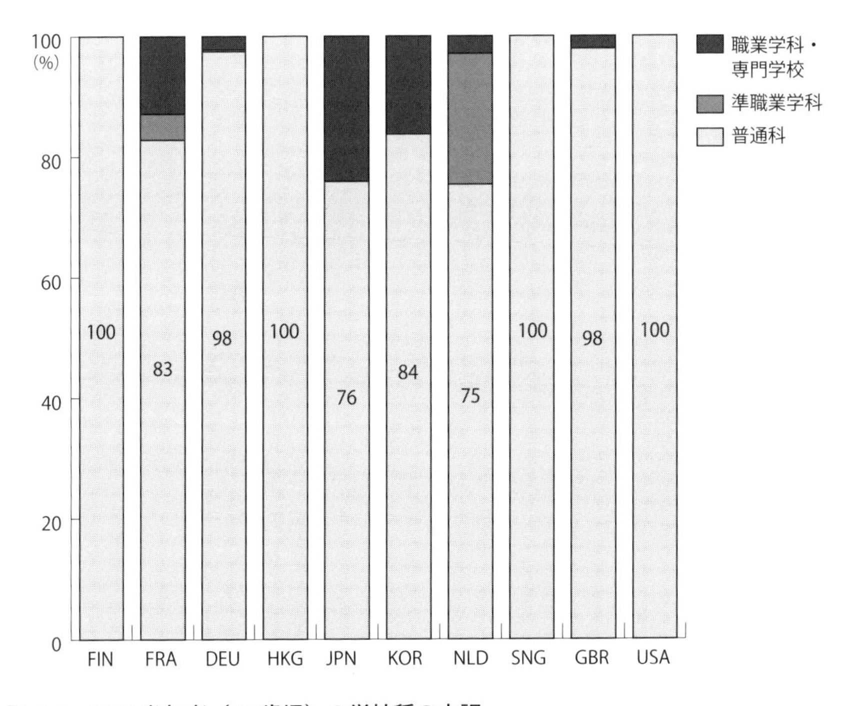

図 4-3　PISA 参加者（15 歳児）の学校種の内訳
出典：PISA2015 より著者作成。

めの手法である。PISA データはまず学校が抽出され、次にそれぞれの学校から一定数の生徒が抽出されているが、同じ学校に通う生徒は共通の文脈のもとにおかれているために様々な特性が似通っている。そのような学校内の類似性を無視して統計的検定を行うと、焦点を当てる要因（本章の場合は SES）の影響力を過大に推定してしまうため、マルチレベル分析を用いる必要がある。

マルチレベル分析を用いる理由はもう一点ある。本章では、生徒の学力や家庭環境がどの程度学校ごとに異なるのかという学校間格差に焦点を当てるため、学力格差を学校内格差と学校間格差に分けて捉える必要がある。SES による学校内学力格差とは、生徒が通う学校の中において、家庭環境の恵まれた生徒と厳しい生徒の学力にどれほどの違いがあるかということである。言い換えれば、生徒自身の家庭環境によってもたらされる学力格差である。一方、SES による学校間学力格差とは、家庭環境が同一の二人の生徒の内、一人が家庭環境の恵まれた生徒が多く通う学校、もう一人が家庭環境の厳しい生徒が多く通う学校に通った場合に、二人の学力にどれほど違いがあるかということである。つまり、生徒がどの学校に通うかによる学力格差である。本章は、学校ごとのばらつきや格差に注目するため、マルチレベル分析を用いる意義が高い。

まず**図 4-4** は、各国・地域の SES のばらつき（分散）の大きさを示すとともに、その SES の分散を学校間・学校内に分けて示している。棒グラフは SES の全分散を示しているため、社会全体として SES のばらつきが大きいのは、米国、ドイツ、香港、シンガポール、イギリスであり、日本、韓国はこれらの国・地域と比べて、比較的社会の中の SES のばらつきが小さいことがわかる。一方、折れ線グラフで示しているのは ICC（Inter-Class Correlation：全分散の内、学校間に占める割合）であり、ICC が大きい場合は、SES のばらつきの内学校間に占める割合が大きい、換言すればどの学校に通うかにより、周囲の生徒の SES が大きく異なることを示す。逆に ICC の値が小さい場合は、どの学校に通っても周囲の生徒の SES はあまり変わらない。SES の全体的なばらつきが大きい国程、ICC が高いという傾向は見られない。例えばイギリスとフランスを比べると、社会における SES のばらつきはイギリスの方が大きいが、学校ごとの SES の差異（教育システムがどれだけ SES により分断されているか）はフランスが顕著に大きい。また日本は社会における SES のばらつきが対象

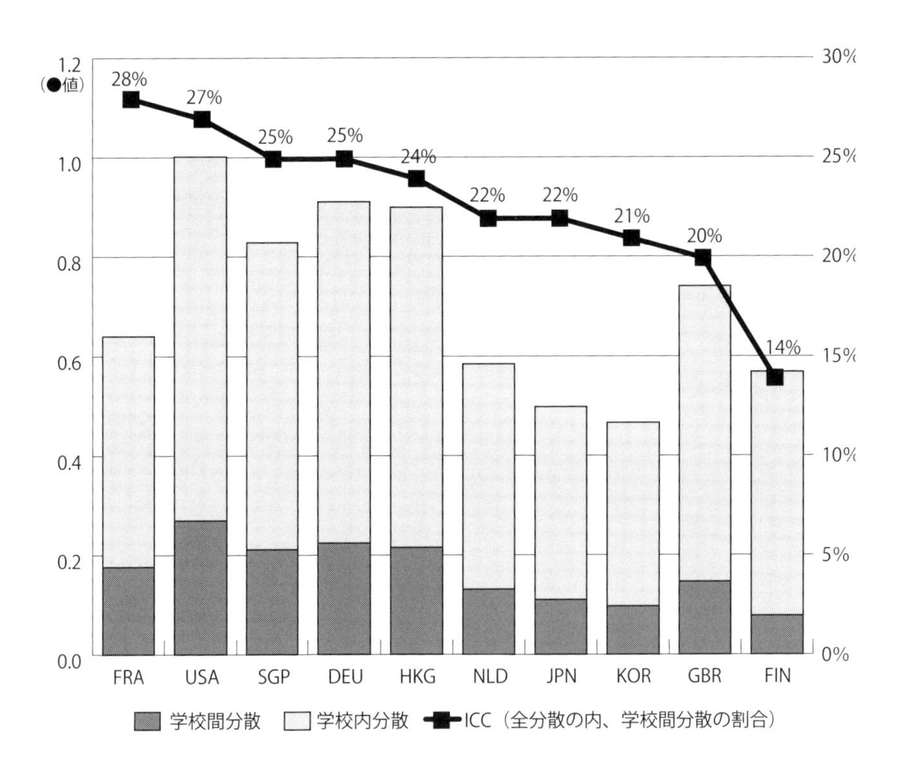

図 4-4　SES の全分散・学校間分散・学校内分散
出典：PISA2015 より著者作成。

国・地域の中では小さいが、ICC の値は他の対象国・地域と大きく異ならない（例えば香港の SES のばらつきは日本の倍近くあるが、ICC の値は香港が 24%、日本が 22%と、さほど変わらない）。

次に、学力の分散、また学校間・学校内の学力の分散を見てみる（**図 4-5**）。学力のばらつきはシンガポールで最も大きく、香港で最も小さい。学力に関しても、全体のばらつきが大きい程、ICC の値が高いという傾向は見られない。折れ線グラフは ICC（学力の分散の内、学校間に占める割合）を示しており、ヨーロッパ諸国は概してアジア諸国・地域に比べて ICC が大きいことが見てとれる。しかし、ヨーロッパ諸国の中でイギリス、フィンランドは小さく、アジア諸国・地域の中で日本は大きい。つまり他のアジア諸国・地域と比べて、

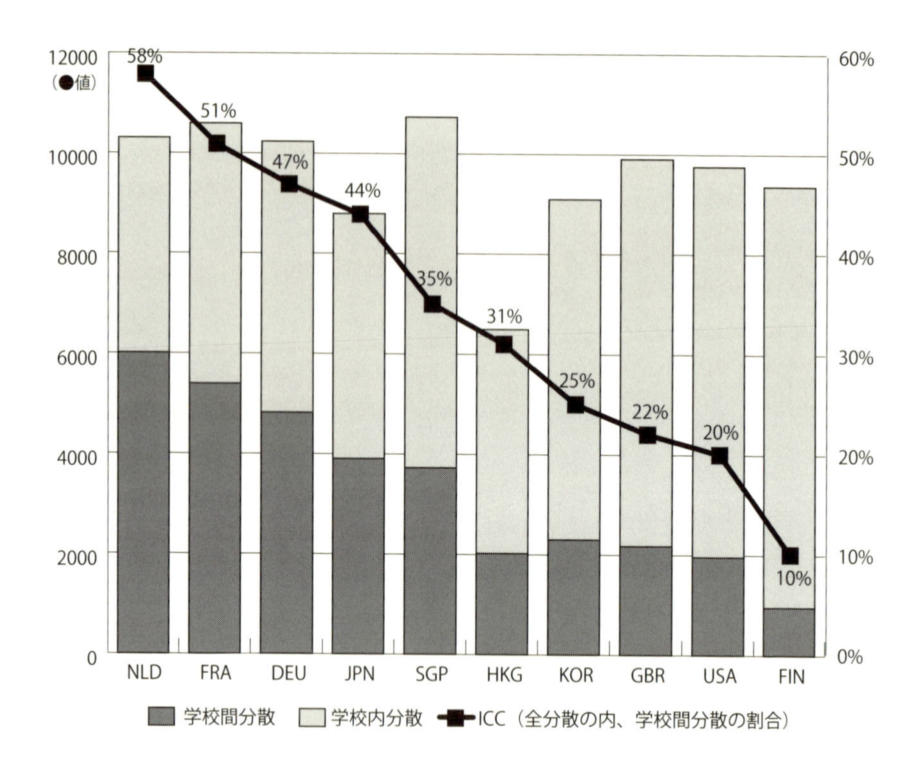

図 4-5　学力（理科）の全分散・学校間分散・学校内分散
出典：PISA2015 より著者作成。

日本は学校ごとの学力の違いが大きいということである。例えば日本と韓国では、学力の全体的なばらつきは同程度だが、ICC の値は日本が 44%、韓国が 25% と、高校段階での学校ごとの学力の違いは日本の方が顕著に大きい。

次に、社会階層による学力格差を学校間、学校内に分けて確認する。**図 4-6** は、学力（理科）を従属変数（結果）としたマルチレベル回帰分析を行った時の、学校レベルの SES と生徒レベルの SES の係数の大きさを示している。前者は SES による学校間格差、つまり同じ SES の二人の生徒が、学校 SES（SES の学校平均値）が一単位異なる学校に通った場合の点数差、後者は SES による学校内格差、つまり同じ学校に通う二人の生徒が SES が一単位異なる場合の点数差を現す。グラフは SES による学校間学力格差の大きさでソートしてお

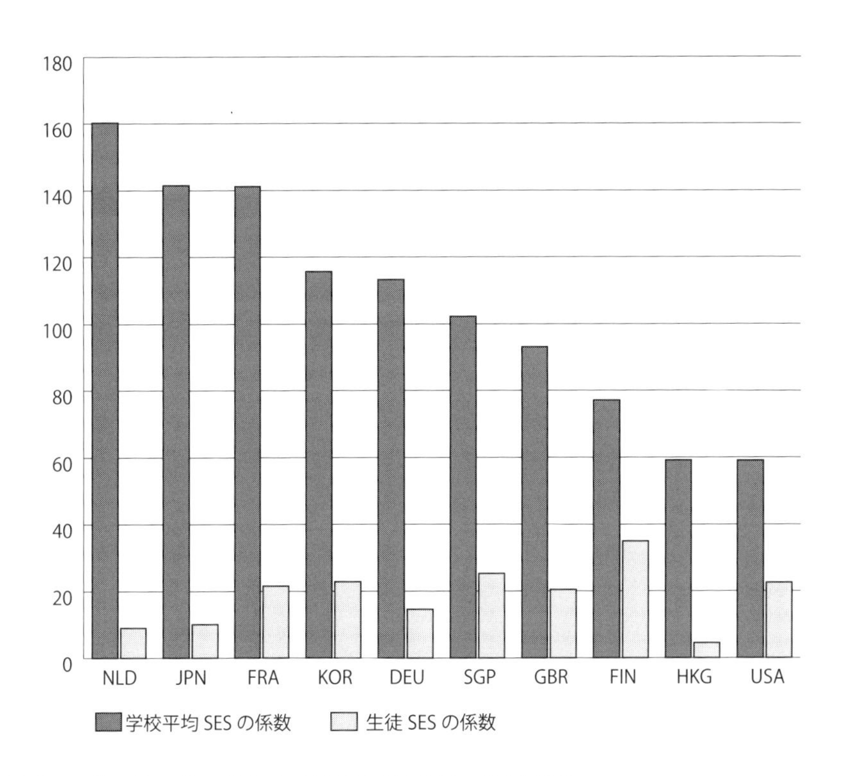

図 4-6　学校内・学校間における家庭背景による学力格差
出典：PISA2015 より著者作成。

り、オランダ、日本、フランスで特に大きく、アメリカ、香港で特に小さい[▶1]。日本は、SES による学校間学力格差が、対象 10 の国・地域の中で２番目に、対象アジア諸国・地域の中で１番目に大きい。

図 4-7 は図 4-5 と図 4-6 の情報を併せ、横軸に ICC（学校ごとの学力の違い）、縦軸に学校 SES の係数（SES の学校平均値と学力の学校平均値の関連の強さ）を表わしたものである。グラフの右上にある国は、学力が学校ごとに大きく異なり、且つ SES による学校間格差が大きい（高 SES の学校では学力が総じて高く、低 SES の学校では学力が総じて低い）ということである[▶2]。日本は、将来の進路に応じて早い段階から異なるコースに振り分けられる分岐型のドイツやオランダや、進級できない生徒が留年していく課程主義のフランス（多喜 2010）に次

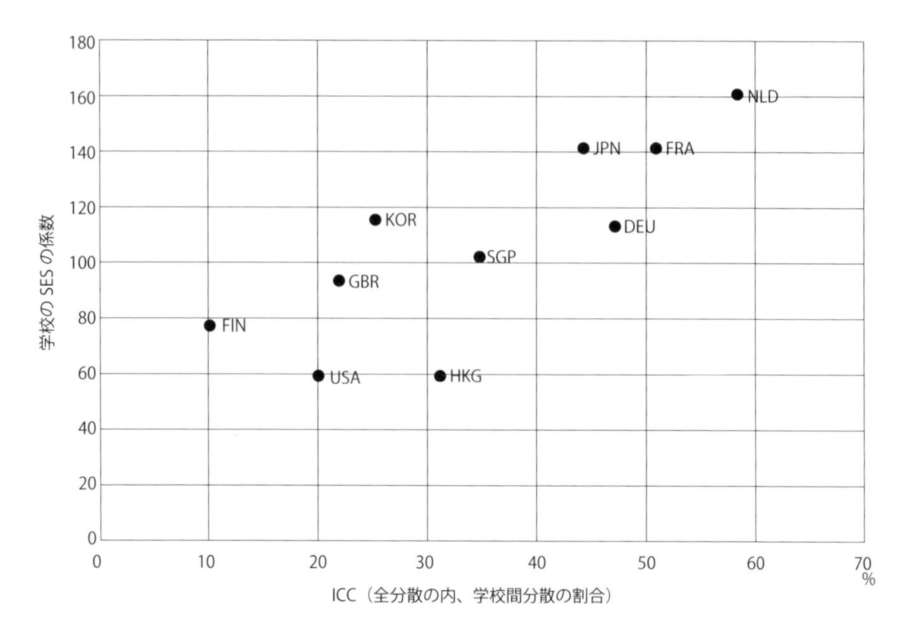

図 4-7　学力の学校間分散と SES による学校間学力格差
出典：PISA2015 より著者作成。

いで、学力の学校間格差が大きいことが確認できる。通う学校により周囲の生徒の学力が異なるのみならず、学力の高い学校に家庭環境の恵まれた生徒が集中し、学力の低い学校に家庭環境の厳しい生徒が集中していることを意味する。

5. 生徒の職業観・学習姿勢・学習習慣の学校間格差

最後に、生徒の職業観、学習姿勢、学習習慣の学校間格差の比較を行う。意識に関する指標の値は文化により異なり、例えば日本では謙遜や自己を厳しく評価することが良いとされるが故に、総じて低く答える傾向があるため、国際比較可能なのかという議論もある（田中 2017）。しかし本稿の趣旨は、意識の平均値の高低の国際比較ではなく、それぞれの国・地域の中における意識のばらつきや、意識と SES の関連を比較することである。いずれの指標も、図 4-7 と同じように、横軸に「ICC」（その指標の分散の内、学校間に占める割合）、

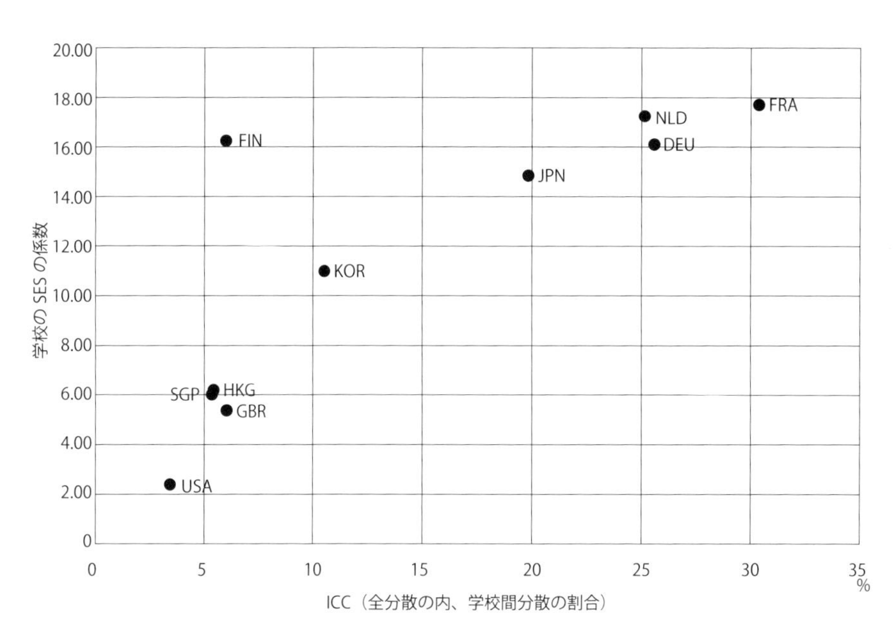

図4-8　職業観の学校間分散と SES による学校間格差
出典：PISA2015より著者作成。

縦軸に「学校 SES の係数」（SES の学校平均値とその指標の学校平均値の関連の強さ）を用いて、国をプロットする。

まず、「職業観」について見てみよう。職業観は、「あなたは30歳くらいになったら、どんな職業についていると思いますか」という質問項目により、回答された職業を ISEI（International Socio-Economic Index of Occupational Status）に換算したものである。ISEI は職業的地位尺度であり、例えば医師という職業は88点、清掃員と言う職業は23点という値をとるように、値が高ければ高い程、職業の地位が高いことを意味する（10-89の値をとる）。**図4-8**の ICC の値から、生徒が思い描く30歳の時の職業は、フランス、ドイツ、オランダ、日本では、どの学校に通うかにより大きく異なる一方、アメリカ、香港、シンガポール、フィンランド、イギリスでは、通う学校による差異は小さいことが確認できる。これは、アメリカ、香港、シンガポール、フィンランドではサンプルの100%、イギリスでも98%の生徒が普通科に属していることにも起因すると考えられる。早期に選抜を行う「分岐型モデル」（ドイツ、オランダ）とトラッキングを行わずコンプリヘンシブスクールの中で能力別クラス編成などを行う「自由主義モデル」（アメリカ、イギリス）（多喜 2010）の違いが鮮明に出ていると言えよう。また、学校SES係数の値から、学校にどのような家庭環境の生徒が通うかと将来考えられる職業の学校平均値の関連も、同様の傾向が見られる。（例外はフィンランドである。フィンランドは、ドイツやオランダのように学校の平均SESと将来考えられる職業の学校平均値の関連が高いが、そもそもSESや将来考えられる職業が学校ごとに大きく異ならない点に留意が必要である。）日本はアジア諸国・地域の中では、生徒の将来考えられる職業がどの学校に通うかにより大きく異なり、更にその学校に通う生徒のSESにより異なる程度が最も高い。

次に「学習姿勢」として、二つの要因「達成動機」と「学習の楽しさ」に着目する。達成動機は、「全科目あるいはほとんどの科目で、上位の成績をとりたい」「卒業した時には、得られる最も良い機会の中から、自分の将来を選択したい」「何をするにしても、一番でいたい」「自分は意欲的な人だと思う」「クラスで最も良い生徒の一人でいたい」の五つの質問項目に対する回答（4段階の尺度）を合算した指標である（OECD諸国の生徒の平均が0、標準偏差が1になるように標準化された値である）。**図4-9**から、達成動機の学校ごとの違い（ICC）は10の国・地域の中で、日本の値が最も大きい。つまり、日本では生徒がどの学校に通うかにより、周囲の生徒の達成動機の高低が大きく異なることを意味する。ドイツ、香港、シンガポールでは、学校ごとの違いは小さい。図4-9から、学校の平均SESと平均達成動機の関連は日本で最も強く、次いで韓国で大きいことが見てとれる。一方、ドイツ、オランダ、シンガポール、イギリス、アメリカでは、学校にどのような家庭環境の生徒が通うかとその学校の平均達成動機の関連が有意でない。

次に、学習姿勢のもう一つの要因として「学習の楽しさ」を見てみよう。学習の楽しさは、「科学の話題について学んでいる時は、たいてい楽しい」「科学についての本を読むのが好きだ」「科学についての問題を解いている時は楽しい」「科学の新しい知識を得ることは楽しい」「科学について学ぶことに興味がある」の五つの質問項目に対する回答（4段階の尺度）を合算した指標である

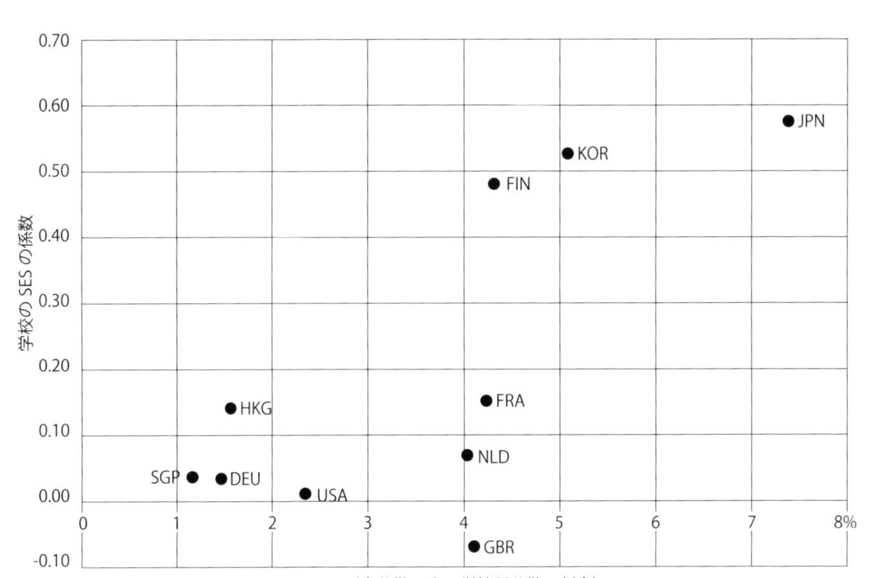

図 4-9　達成動機の学校間分散と SES による学校間格差
出典：PISA2015 より著者作成。

（OECD 諸国の生徒の平均が 0、標準偏差が 1 になるように標準化された値である）。**図 4-10** から、日本は学習の楽しさの学校ごとの違いは最も大きい。逆に香港では ICC の値は最も小さく、どの学校に通っても生徒の学習の楽しさの程度はあまり変わらないことを意味する。また、学校の平均 SES と平均学習の楽しさの関連に着目すると、日本で最も高く、次いで韓国、ドイツ、フランス、オランダで高い。一方、その関連は香港で最も低く、アメリカ、イギリスでも比較的低い。つまり、日本では通う学校により生徒の学習の楽しさが異なるのみならず、家庭環境が恵まれた生徒が多く通う学校では、学習に対して肯定的、前向きな生徒が多く、家庭環境が厳しい生徒が多く通う学校では学習に対して否定的な生徒が多いということである。

最後に、「学習習慣」を見てみよう。学習習慣は、「今年、学校の授業以外で、あなたは次の科目を週何時間勉強していますか。宿題や補習、個人学習、家庭教師がついての勉強、塾など、すべての勉強時間を含みます」という授業

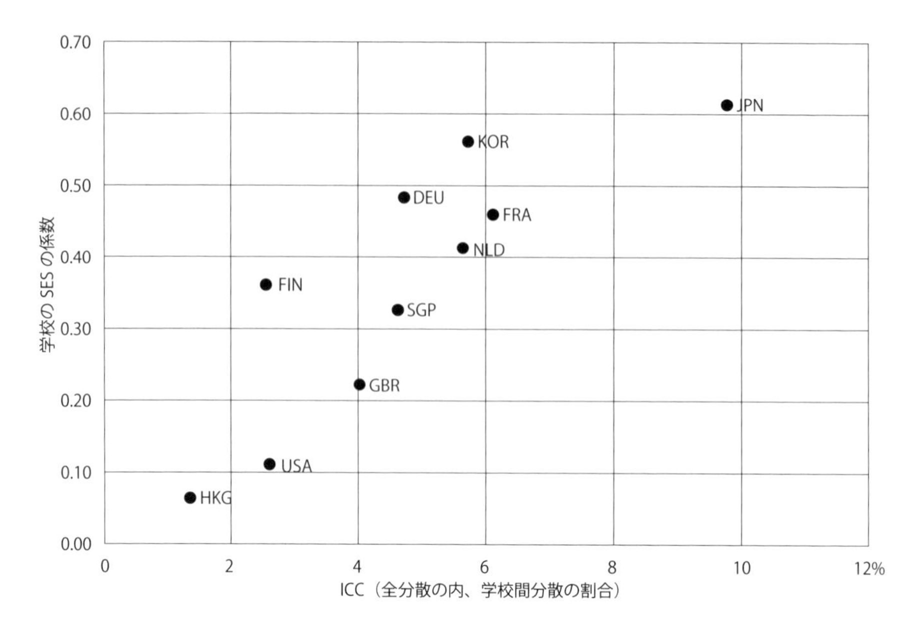

図 4-10　学習の楽しさの学校間分散と SES による学校間格差
出典：PISA2015 より著者作成。

外学習時間に関する質問項目により、すべての教科の合計値を用いる（0-70 の値をとる）。**図 4-11** から、ICC に着目すると、韓国、次いで日本で最も大きく、フィンランド、香港、オランダ、シンガポール、イギリス、アメリカで小さい。同じアジア諸国でも、韓国、日本では、どの学校に通うかにより授業外学習時間が大きく異なるのに対して、香港、シンガポールではどの学校に通うかによる差異は非常に小さい。また、学校平均 SES と学校平均授業学習時間の関連は、韓国、次いで日本で正に強く（高 SES の学校ほど、生徒の平均授業学習時間が長い）、フィンランド、香港、シンガポール、イギリス、アメリカでは有意な関連は見られない。また、フランス、ドイツ、オランダでは負の関連が見られ、低 SES の学校の方が生徒の平均授業学習時間が長いという異なる傾向が見られる。学力の高い学校には家庭環境の恵まれた生徒が集中し、そのような学校では（低 SES、低学力の学校に比べて）生徒の授業外学習時間が長いというのは、日本人にとっては「当たり前の光景」かもしれないが、本稿の 10 カ国・

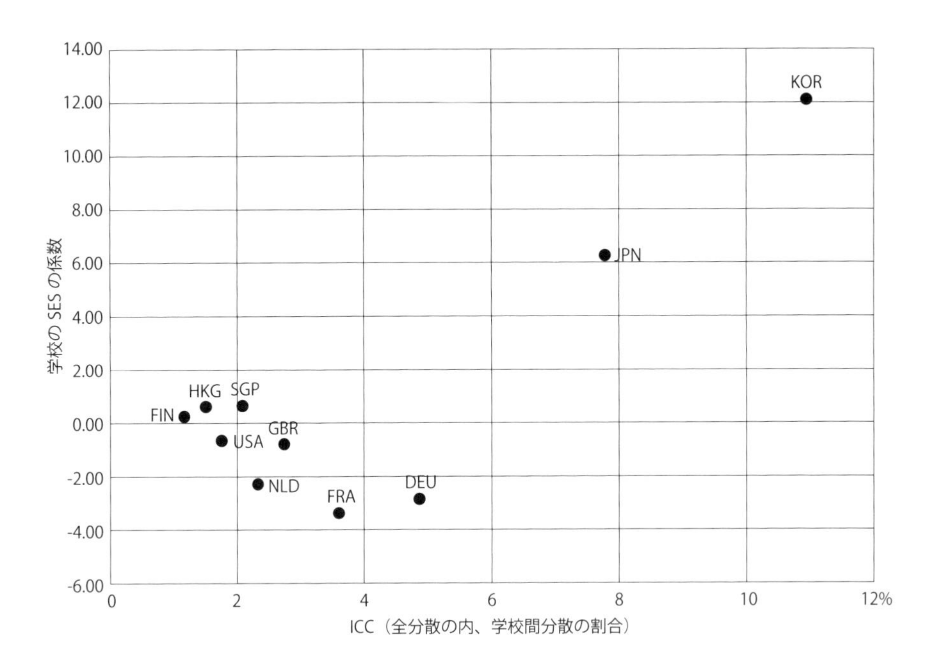

図 4- 11　学習習慣の学校間分散と SES による学校間格差
出典：PISA2015 より著者作成。

地域と比べるとむしろ珍しいのである。松岡（2019）が明らかにしているように、学力での選抜が、結果として、学力の低い学校には家庭環境も学習意欲も低い生徒が集中するという何重もの不平等を生み出しているのである。

6. まとめ

本章では、まず PISA データを分析するにあたり、各国・地域の教育システムの特徴からくる PISA サンプル（15 歳児）の相違点を概観した。次に、SES の社会全体としてのばらつき、学校ごとの SES の違いに注目した。日本は社会における SES のばらつきが対象国・地域の中では小さいが、高校という制度に注目する限り学校ごとの社会階層の違い（教育システムがどれだけ SES により分断されているか）は、他の対象国・地域とさほど変わらない。その上で、学校ごとの学力の違い、またSESによる学校間学力格差に注目した。日本は、学校ごとの学力の違いが、対象のヨーロッパ諸国に比べると小さいが、アジア諸国・地域の中では顕著に大きい。SESによる学校間格差（同じSESの二人の生徒が、学校SESが一単位異なる学校に通った場合の点数差）は、日本はオランダに次いで大きい傾向が見られた。

最後に、職業観・学習姿勢・学習習慣など、学力のみならずそれ以降のライフチャンスにも影響を及ぼすとされている要因が、学校ごとにどの程度異なるのか、また同じ学校に通う生徒のSESにより異なるのかを確認した。「職業観」に関しては、日本はイギリス以外のヨーロッパ諸国と同様に、学校ごとの分散・SESによる学校間格差が大きく、学校間分散・学校間格差の小さい香港、シンガポールとの相違が顕著である。「何をするにも一番でいたい」などの「達成動機」に関しては、日本ではどの学校に通うかによる違いが対象国・地域の中で最も大きく、且つ通う生徒のSESとの関連が最も高い。一方、ドイツ、オランダ、シンガポール、イギリス、アメリカでは学校レベルのSESと達成動機の関連が有意でない。「学習の楽しさ」に関しても、日本では学校ごとの違い、SESによる学校間格差が本章対象国・地域の中で最も大きい。つまり、日本では職業観や学習に対する意識が高い生徒が多く集まる学校と、これらの意識が低い生徒が多く集まる学校が存在し、前者には家庭環境が恵まれた生徒が、後者には家庭環境が厳しい生徒が集中している傾向が高いということである。学習習慣に関しては、アジア諸国・地域の中でも異なる傾向が見られる。学校ごとの違い、SESによる学校間格差は、日本は韓国に次いで大きいが、香港、シンガポールでは学校ごとの違いは小さく、学校に通う生徒のSESと授業外学習時間の関連は有意でない。つまり、香港、シンガポールでは授業外学習時間は通う学校、あるいは同じ学校に通う生徒のSESに規定されることが少ない一方、日本、韓国ではそれらに規定されるということである。フランス、ドイツ、オランダでは、学校の平均SESが低い程、平均授業外学習時間が長いという日本、韓国とは逆の関連がみられる。

このように国際比較の視点を用いると、日本は（1）社会のSESの全体的なばらつきは小さいものの、学校ごとのSESのばらつきは決して小さくない。つまり、「学校」というフィルターを通すと、日本社会では恵まれた家庭環境の生徒ばかりが集まる高校と、逆に家庭環境が厳しい生徒ばかりが集まる高校に分離されているということである。（2）学校ごとの学力の違い・SES による学力の学校間格差は比較的大きい。「高校受験」という制度を通して、学力の高い生徒が集まる学校と、学力の低い生徒が集まる学校にはっきり分けられるのみならず、前者には家庭環境の恵まれた生徒が集中し、後者には家庭環境の厳しい生徒が集中し、SES による分離を行っていることを意味する。（3）職業観や学習姿勢や学習習慣の学校ごとの違いと、SES による学校間格差は極めて大きいという傾向が見られた。「高校受験」という制度を通して、学力の低い学校には家庭環境のみならず、将来への動機付けや学習に対する意識や態度が低い生徒が集中しているということである。日本の教育制度は、高校 1 年生に注目する限り、どの学校に通うか、更に同じ学校にどのような家庭環境の生徒が通うかによる分断が、本章対象 10 の国・地域の中では大きいことが確認された▶[3]。本稿で国際比較、データ分析を通して明確になった日本の高校の階層性は、ローレンが『日本の高校』（1983）で明らかにしたものに呼応していると言えよう。ローレン（1983）は、神戸市にある五つの高校の入念な観察から、日本の高校教育でははっきりとした序列化が行われ、学力にとどまらずに、生徒の自尊心や生活の仕方に大きな違いがあることを明らかにし、高校間にある下位文化の違いを「19 世紀産業社会の階級関係の現代版のようである」（p.127）と結んでいる。40 年近く前に、アメリカ人によって指摘された日本の高校の特徴が今も続いていることが示唆される。

これらの知見は、大きく三点の政策的示唆を持つ。まず、高校での教育格差是正を考える上では、すべての高校に一律の予算を配るような教育政策はあまり意味を持たないと言えよう。学力の低い学校には様々な課題を抱えやすい家庭環境の厳しい生徒が集中し、更に意欲の低い生徒や学習習慣が定着していない生徒が多い実態を踏まえた上で、このような学校には傾斜配分的な資源投入が議論されるべきであると考える。二点目は、日本の高校は「受験」という制度を通して学力のみならず、家庭環境や生徒の意欲などが似通った生徒を集約させていることを考えると、効率的ではあるが学校内の多様性が極めて低い制度といえる。学校の中に自分と育った環境や考え方が大きく異なる生徒が少ないということは、例えば格差などの社会問題を考える時に自分ごととして捉えにくかったり、将来のキャリアを考える時に選択肢が固定化しやすかったりするであろう。そのような社会観や職業観が育まれることは社会にとって望ましいのか、またそのような実態を踏まえた上でどのようなシティズンシップ教育が必要なのか議論されるべきであると考える。三点目は、学力での選抜が結果として家庭環境や意欲などの分化を伴っている実態を踏まえると、より早期の段階での介入が必要であると思われる。家庭環境の恵まれた子どもは幼少期から様々な大人との関わりや体験を通して自己肯定感や自制心が育まれるのに対して、家庭環境の厳しい子どもはそのような機会が少ないことが明らかにされている（Lareau, 2003）。家庭環境の恵まれた子どもは、学校外でも塾や習い事などを通して学習に対する関心や学習習慣を育まれる（松岡 , 2019; 垂見 , 2017）。それらが集約するような形で「高校受験」で生徒が学校に振り分けられている実態を考えると、幼少期・小中学校段階で、家庭環境の厳しい子どもに、自己肯定感や学習意欲を育むような支援、基礎学力のつまずきを早期に発見し克服するような支援が必要と考える。

❖注

▶1　学校レベルの学力の分散が、学校 SES をモデルに入れることによりどれだけ縮小したか（学校レベルの学力の分散の説明率、OLS の R-square に準じる）も、SES による学校間格差を検討する上では重要な指標ではあるが、本稿ではグラフを簡素化するために省略する。

▶2　ICC（全分散の内、学校間に占める割合）を比較する際には、ICC が高くても他国と比べて分散の絶対値が低い場合もありうるので、全分散の値も考慮することが重要である。また前述のように、SES による学校間格差を検討する際には、学校 SES の係数の大きさのみならず、学校 SES をモデルに入れることによりどれだけ学校レベルの学力の分散が説明されたか、あるいは生徒 SES の係数も考慮する必要がある。しかし本稿では、グラフの解釈を容易にするために、これらの情報は省略している。また ICC が高い場合には、従属変数の学校ごとのばらつきが大きいことを意味するため、学校 SES の係数が大きくなる傾向があることも補足しておく。

▶3　留意しなければいけない点は、本稿は「学校間格差」に注目しているので、他の対象国・地域で必ずしも「格差」が小さいわけではない。例えば、アメリカやイギリスでは、「学校間」の格差が小さくても、「学校内」で学力や達成動機のばらつきが大きく、「学校内」で高 SES の生徒と低 SES の生徒の学力や意識に大きな違いが存在する。また、3 章で概観したように PISA は調査対象を 15 歳児としているため，各国・地域の教育システムにより、サンプルの学年・学校段階・学校種の 内訳が異なる。よって、国・地域により「学校間」が異なる意味を持つことに 留意が必要である。

❖参考文献

Duckworth, Angela L.,Peterson, Christopher,Matthews, Michael D.,Kelly, Dennis R., 2007, “Grit: Perseverance and Passion for Long-Term Goals”, *Journal of Personality and Social Psychology*, Vol 92(6), pp.1087-1101.

金子真理子（2004）「学力の規定要因——家庭背景と個人の努力は、どう影響するか」苅谷剛彦・志水宏吉編『学力の社会学　調査が示す学力の変化と学習の課題』岩波書店，pp. 153-172.

Lareau, A., 2003, *Unequal Childhood：Class, Race, and Family Life*, University of California Press.

松岡亮二（2019）『教育格差——階層・地域・学歴』ちくま新書。

中西祐子・中村高康・大内裕和（1997）「戦後日本の高校間格差成立過程と社会階層——1985 年 SSN 調査データの分析を通じて」『教育社会学研究』60 巻, pp.61-82.

多喜弘文（2010）「社会経済的地位と学力の国際比較——後期中等教育段階における教育と不平等の日本的特徴」『理論と方法 』25 巻 2 号, pp.229-248.

田中 道弘（2017）「日本人青年の自己肯定感の低さと肯定感を高める教育の問題——ポジティ

ブ思考・ネガティブ思考の類型から」『自己心理学』第 7 巻, pp.11-22.
垂見裕子（2013）「日本の学力格差――高等学校における学校間格差と学校内格差」耳塚寛明編『学力格差に挑む』金子書房 , pp.49-63.
垂見裕子（2017）「小学生の学習習慣の形成メカニズム――日本・香港・上海都市部の比較」『比較教育学研究』第 55 号, pp.89-110.
Rohlen, T., 1983, *Japan's High Schools,* University of California Press.（友田泰正訳（1988）『日本の高校』サイマル出版会）.

第５章

学力格差の拡大・縮小に関する分析

川口 俊明

1. 学力格差は拡大しているのか？

本章では、TIMSS・PISA という二つの国際学力調査を利用し、日本の学力格差は拡大しているのか、また、その差は他国と比較して大きいのか、という点について検討を行う。

学力格差の拡大は、学力研究に関わる教育社会学の研究者たちが、とくに関心を寄せてきた問題である。2000 年頃からの学力低下論争において、苅谷ら（苅谷ほか 2002）は、学力格差の存在を指摘するだけでなく、こうした学力の格差が拡大傾向にあることに警鐘を鳴らしてきた。そこには、学校週 5 日制の完全実施、ゆとり教育、あるいは小中一貫校・中高一貫校の拡大といった、いわゆる「新自由主義的な」子どもの階層差を踏まえない日本の教育行政政策が、学力の階層差を拡大させるという危惧が存在していたと言えよう。

一方で、こうした学力格差の拡大を懸念する声とは、逆の現象を指摘する研究も存在する。志水ら（志水ほか 2014）は、大阪という一地域ではあるものの、1989 年、2001 年、2013 年の 3 時点で実施された学力調査を利用することで、1989 年から 2001 年まで、いったん拡大した学力の格差が、2013 年に縮小しつつあることを見いだしており、学力格差の拡大に「歯止め」がかかった可能性を示唆している。もっとも、志水らの研究は、大阪という一地域のデータに過ぎない。そのため、日本全体の傾向を捉え損ねている可能性はある。

そこで本章で注目するのは、日本全体の傾向を把握できる、国際的な学力調査である。これらの調査は、利用可能な時期がPISAは2000年から、TIMSSは1995年からと限られるものの、日本全体から標本を抽出しており、国全体の学力状況がわかる。さらに、これらの調査は、過去の学力調査と現在の学力調査の得点を比較できるように調整された設計になっており、学力の水準や、学力格差の変容に関して有益な情報をもたらしてくれる。もちろん国際調査なので、日本の学力格差が、他の国・地域と比較して、どのような状況にあるのかという情報も併せて教えてくれる。

もちろん、そこには国際学力調査ならではの限界もある。それぞれの調査は、国際的な枠組みに沿って作られているために、たとえば通塾や習い事といった、日本では話題にあるものの、世界共通の課題とはなっていない変数は組み込まれていない。また、そこで測定された学力は、各国・各地域のカリキュラムや学校の質のみならず、社会の状況や制度の影響も受けている（松岡 2019, p.252）。そのため、単純に平均点の高低が学校教育の質を現しているわけではない、という点は強く意識しておく必要がある。

各国の平均点を単純に比較しづらい点には留意が必要だが、TIMSS・PISAを通して、他国と日本の実態を把握しておくことは有益である。本章では、解釈にあたり留意すべき点を交えつつ、日本の学力格差の実態とその変容を、他国と比較しつつ検討したい。なお、分析対象としては、日本（JPN）に加え、アメリカ（USA）、フィンランド（FIN）、ドイツ（DEU）、イギリス（ENG／GBR）、フランス（FRA）、オランダ（NLD）、香港（HKG）、韓国（KOR）、シンガポール（SGP）の10の国と地域を対象とする。これらの国を選んだのは、日本の教育に関する議論でしばしば比較される国であることに加え、本研究グループの国際班が調査対象とした国であるためだ（ハヤシザキ他編 2019）。本章で提示された数値をもとに、個々の国の文脈も併せて解釈することで、各国の事情をより理解することができるだろう。

2. 利用するデータと分析方針

2.1 TIMSS と PISA の概要

まず、本章で利用する TIMSS と PISA について確認しておこう。それぞれの調査の概要については第Ⅱ部の冒頭で述べたので、ここでは本章に関わる部分について確認する。まず、TIMSS 調査は、1995 年から 4 年おきに実施されているが、現在のような第 4 学年・第 8 学年を対象とする、数学・理科の国際調査として定期的に実施されるようになったのは 2003 年以降であり、1995 年、1999 年調査は調査設計がだいぶ異なっている。たとえば 1995 年は第 3 学年、第 7 学年、中学校の最終学年が調査対象だったし、1999 年は第 8 学年しか調査が実施されていない。また、家庭環境に関する設問は初期の段階から組み込まれていたが、TIMSS1995 では日本はこれらの設問に回答していなかった。こうした事情があるため、本章では TIMSS2003 以降を扱う。

また、日本は過去の TIMSS にはすべて参加しているものの、他の国・地域の参加率には、かなりのバラツキがある。イギリス（ENG）のように初期から参加している国もあるが、フランス（FRA）のように TIMSS2015 から参加した国もある。また、ドイツをはじめ今回の 10 の対象国には第 4 学年の調査には参加しているが、第 8 学年の調査には参加していない国が少なくない。そこで TIMSS については第 4 学年を中心に分析を行う。

次に、PISA について解説しよう。すでに確認したように、PISA は 3 年おきに読解リテラシー、数学リテラシー、科学リテラシーの三つの分野を対象に実施されているが、毎回すべての分野に同じ重みを置いているわけではない。本章で分析対象とする、10 の国と地域は、すべて最新の PISA2015 に参加している。ただし初回の PISA2000 については、日本が家庭の社会的・経済的地位に関わる変数に回答していなかったため、今回は PISA2003 以降のデータを利用する。また、主たる調査領域どうしを比較するため、数学リテラシー（PISA2003 と 2012）、および科学リテラシー（PISA2006 と 2015）の変化に注目する。なお、シンガポール（SGP）のように、2009 年からはじめて PISA に参加する国もある。そのため、一部の国のデータが欠けている場合がある。

加えて、TIMSS と PISA はそれぞれ目的や調査対象が異なっているため、学力調査の数値を解釈する際には、いくつか留意が必要である。まず、そもそも測定しようとしている学力が異なるという点である。TIMSS は日本の数学・理科と近い学力を測定しようとしているが、PISA は大きく枠組みが異なる。後に図 5-1 で見るように、TIMSS で平均点が高い国は PISA でも平均点が高い傾向があるが、それでも両者の測定している学力が理念的には別物であることは踏まえておく必要がある。

次に、調査対象が異なっているという点である。日本の小中学校に通った人々は忘れがちだが、すべての国が日本と同じく、子どもが年齢によって進級していくわけではない。次の学年に進級するために相応(ふさわ)しい学力が伴わなければ、留年を選択させる国・地域も珍しくないのである。そのため、第 4 学年、第 8 学年を対象とする TIMSS の場合、調査対象となるのは、日本では小学 4 年生（10 歳）、中学 2 年生（14 歳）だが、他国では、必ずしも、この年齢になっていないという点は把握しておく必要がある。同様に、PISA は 15 歳児を対象としており、これは日本では高校 1 年生が該当するが、他国では中学 2 年生から高校 1 年生までといった具合に、幅広く分布していることもある。そのため、とくに他国・他地域と成績を比べる場合は、何と何を比べているのか、それぞれの国・地域の教育制度も踏まえつつ、結果を解釈する必要がある。

最後に、得点の比較は、その国の学校教育の優劣を表しているわけではないという点をあらためて注意しておきたい。国際調査の得点は、その国の社会的文化的要因の影響のもとにある。このことを、PISA2015 の科学リテラシーの得点を元に確認しておこう。**表 5-1** は、各国の科学リテラシーの得点が、両親または本人が外国生まれかどうかによって、どう変わるかを示したものである。

表 5-1 を見るとそれぞれの国・地域の科学リテラシーの平均点は、移民がどの程度いるかにかなり影響を受けていることがわかる。たとえば、ドイツ（DEU）と日本（JPN）の平均点には 30 点近い差があるが、これはドイツが移民の低学力に悩んでいる国だからという側面がある。第 1 世代・第 2 世代の人々を除いたドイツの平均値は 527.2 点であり、日本と 10 ポイント程度しか

表 5-1　移民と学力の関連

	第 1 世代	第 2 世代	それ以外	それ以外の割合	科学リテラシーの平均点
DEU	434.2	460.9	527.2	83.1%	509.1
GBR	484.5	502.5	516.1	83.3%	509.2
FIN	442.7	463.6	534.8	96.0%	530.7
FRA	418.9	456.2	506.0	86.8%	495.0
HKG	512.8	518.2	529.0	64.9%	523.3
JPN	418.7	463.3	539.2	99.5%	538.4
KOR	450.8	—	516.3	99.9%	515.8
NLD	437.8	462.3	516.9	89.3%	508.6
SGP	573.4	589.4	550.4	79.1%	555.6
USA	455.8	482.2	506.1	76.9%	496.2

注 1：第 1 世代＝本人が外国生まれ。注 2：第 2 世代＝本人は調査国生まれで、両親のいずれかが外国生まれ。
出典：PISA2015 より著者作成。

変わらないのである。また、一般的に移民の成績は低い傾向があるが、シンガポール（SGP）はその例外であり、むしろシンガポールに移ってきた人々の成績が高い傾向にある。このように同じ「移民」というカテゴリーが適用されても、その内実は国・地域によって大きく異なる可能性がある。各国の平均点だけを見て、その国の学校教育が優れている／劣っていると捉えるのではなく、そこに社会的文化的な要因も含めて読み取る必要がある。

なお本筋からややそれるが、表 5-1 で日本の第 1 世代・第 2 世代のグループの成績が極端に低いことも指摘しておきたい。その割合が全体の 1% を下回るほどに少ないとは言え、他の国・地域と比べても、日本の移民に該当する子どもたちの成績は相当に低いのである。現在の社会情勢を考えれば、今後日本でもこうした人々が増えることが予想される。そのとき、何の対応をもとらなければ、日本の国際学力調査での順位は否応なく低下していくだろう。その意味では、すでに移民の低学力という問題を向き合っているアメリカやヨーロッパ各国の経験に日本が学ぶところは少なくないのである。

2.2 分析方法

ここではTIMSSとPISAから、各国の学力格差を把握する方法について説明する。まず、TIMSSについてだが、TIMSS2011から保護者に対する調査が実施されるようになり、両親の学歴などに関する情報が利用できるようになっている。ただ、この調査に参加している国・地域は限られているため、今回この情報は利用しない。代わりに利用するのは児童生徒に尋ねた「家庭にある本の冊数」という設問である。一般に、学力研究において、両親の学歴・年収・職業といった変数の情報を入手することは難しい。そこで家庭にある本の冊数が、SES（Socio-Economic Status）の代理指標としてしばしば利用されることがある（Sirin 2005）。この設問は、TIMSS2003以降、すべてのTIMSSで実施されていることから、この設問をSESの代理指標とすることで、この間の学力格差の変容を把握することもできる。具体的には、家庭にある本の冊数ごとにそれぞれのグループの平均点を比較し、家庭に本がある児童とそうでない児童の点数の差（以下では得点差と呼ぶ）が、年度を経るにつれ、どのように変化するか検討を行う。

次に、PISAについては、毎回の調査で、ESCS（Economic Social Cultural Status）という変数が計算され、個々の子どもの家庭環境を示す指標として利用されている。これは、調査対象となる子どもに質問した、両親の学歴・職業、家庭の所有物に関する設問から作成した指標であり、OECD加盟国の平均を0、標準偏差を1とするように変換したものである。この指標は、PISA2000から一貫して利用されていること、また、最新のPISA2015において、過去のPISAと比較可能なように再計算された新しいESCS指標が公表されたことから、このデータを分析に利用する▶[1]。具体的には、回帰分析と呼ばれる技法を利用し、ESCSが学力の分散をどの程度説明するかを示すR^2値という値を求め、これを学力格差の大きさを示す指標とする。

3. 分析結果

3.1 TIMSS・PISA の各国の平均点

はじめに、各国の平均点を確認しておこう。**表 5-2** は、TIMSS2015 および PISA2015 の各国の平均点（および標準誤差：S.E）を一覧にしたものである。ここでは比較的近い内容を測っていると思われる、TIMSS の数学の得点と PISA の数学リテラシーの得点を表示している。また、TIMSS と PISA の平均点の関連を示すため、横軸に TIMSS の得点、縦軸に PISA の得点をとった散布図が**図 5-1** である。TIMSS 第 8 学年調査には、参加していない国も多いため、図 5-1 では TIMSS2015 の第 4 学年と PISA2015 の成績を比べている。なお、TIMSS の理科と PISA の科学リテラシーについても同様の比較が可能だが、煩雑になるため、ここでは結果を省略する。

表 5-2、図 5-1 を見ると、基本的に TIMSS の成績が高い国は、PISA でも成績が高いことがわかる。とくに、日本を含むアジアの四つの国・地域（シン

表 5-2　TIMSS と PISA の成績

	TIMSS 2015 数学（第 4 学年）		TIMSS 2015 数学（第 8 学年）			PISA2015 数学リテラシー	
	Mean	S.E	Mean	S.E		Mean	S.E
DEU	521.6	2.0			DEU	506.0	2.9
ENG ※	546.2	2.8	518.3	4.1	GBR ※	492.5	2.5
FIN	535.3	2.0			FIN	511.1	2.3
FRA	488.2	2.8			FRA	492.9	2.1
HKG	614.5	2.9	594.3	4.5	HKG	547.9	3.0
JPN	592.8	2.0	586.5	2.3	JPN	532.4	3.0
KOR	608.0	2.2	605.7	2.7	KOR	524.1	3.7
NLD	529.8	1.6			NLD	512.3	2.2
SGP	617.7	3.8	621.0	3.2	SGP	564.2	1.5
USA	539.2	2.2	518.3	3.1	USA	469.6	3.2

注：※ TIMSS はイングランド（ENG）、PISA はイギリス（GBR）の数値である。
出典：TIMSS2015 と PISA2015 より著者作成。

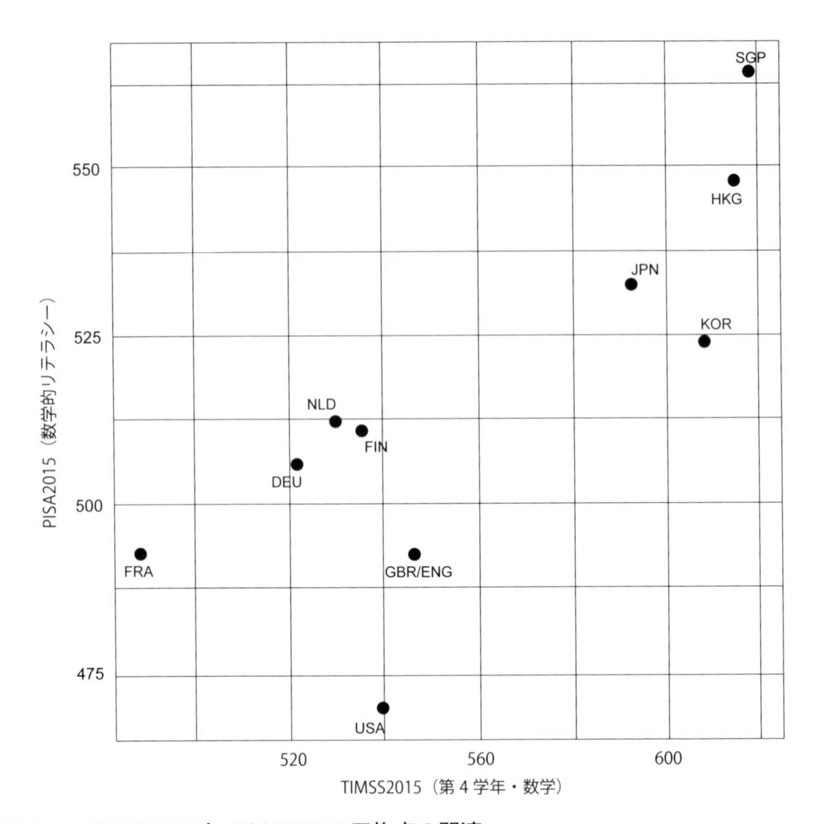

図 5-1　TIMSS2015 と PISA2015 の平均点の関連
出典：TIMSS2015 と PISA2015 より著者作成。

ガポール、香港、韓国、日本）の成績が高く、他の国・地域を上回っていることがわかる。とくに、シンガポール（SGP）の平均点の高さは際立っており、とくに PISA2015 の数学リテラシーでは、圧倒的な成績を修めている。一方、学力世界一と言われたこともあるフィンランド（FIN）だが、TIMSS2015／PISA2015 の得点はそれほど高くなく、今回対象とする 10 カ国の中では、中程度の位置にある。

もっとも、これは各国の平均値を示しただけである。本章で問題とするのは平均値の高低ではなく、学力の格差である。続いて家庭にある本の冊数や ESCS 指標を利用して、学力の関連について検討してみよう。

3.2 TIMSS から見る各国の学力格差

まず、TIMSS の第 4 学年のデータから見ていくことにしよう。**表 5-3** から**表 5-12** までが、今回調査対象とした 10 の国と地域の TIMSS2003 から 2015 までの成績の変化を示している。先に触れたように、すべての国・地域が、TIMSS2003 から 2015 に参加しているわけではないため、欠けている箇所もある。

はじめに、表 5-3 の日本のデータを確認しておこう。2000 年以降、日本では学力の低下が騒がれたが、TIMSS2003 から 2015 までの数値を見るかぎり、この間の学力の低下は確認できない。むしろ TIMSS2011 や 2015 で見られるのは、学力の向上である。得点差を見ても、TIMSS2007 で得点差が拡大する傾向が見られたものの、その後の TIMSS ではやや縮小傾向にある。また「0 - 10 冊」のグループの成績のみ、TIMSS2003 から 2007 で低下したものの、それ以外の箇所は回を重ねるごとに得点が上昇している。要するに、日本の TIMSS 第 4 学年の数学の成績については、この間、全体的に向上する傾向を示しており、明らかな学力低下や学力格差の拡大は認められないということ

表 5-3　TIMSS　JPN　第 4 学年　家庭にある本の冊数

	0-10 冊	11-25 冊	26-100 冊	101-200 冊	201 冊以上	得点差	平均点
2003	527.9	549.4	574.7	587.1	590.1	62.2	564.6
2007	522.0	555.7	578.6	602.9	599.3	77.3	568.2
2011	540.6	572.0	595.0	612.6	615.4	74.8	585.4
2015	551.7	576.9	602.7	619.9	625.1	73.4	592.8

出典：TIMSS2003 から TIMSS2015 より著者作成。

表 5-4　TIMSS　SGP　第 4 学年　家庭にある本の冊数

	0-10 冊	11-25 冊	26-100 冊	101-200 冊	201 冊以上	得点差	平均点
2003	528.4	569.4	609.0	621.7	628.2	99.8	594.4
2007	539.7	577.7	607.8	628.6	627.4	87.7	599.4
2011	539.4	580.3	614.3	631.0	630.1	90.7	605.8
2015	548.4	586.4	629.4	647.0	653.3	104.9	617.7

出典：TIMSS2003 から TIMSS2015 より著者作成。

になる。

他の地域・国についても見ておこう。先ほど図5-1で確認したように、平均点でみた場合、日本より高いか同程度となっているのは、シンガポール（SGP）、香港（HKG）、韓国（KOR）の三つである。

まずシンガポール（SGP）だが、際立つのはやはり平均点の高さである。TIMSS2003の時点でも594点と高い成績を修めていたが、この12年間でさらに成績が向上し617点になっている。平均点が高い一方で得点差も大きく、調査にもよるが90点から100点程度の差がついている。シンガポールは、平均点が高い一方で格差も大きい国ということができるだろう。

次に、韓国（KOR）と香港（HKG）について見てみよう。表5-5をみると、韓国は日本よりやや平均点はやや高いが、一方で得点差も大きい傾向にある。とくに、2015年については「0－10冊」グループの成績が振るわず、得点差が100点を超えている。その意味では、韓国はどちらかと言えば、シンガポールに近い構造を持っていると言える。

他方、香港（表5-6）については、日本より平均点が高く、さらに得点差も小さい国である。ただ、その得点差はこの12年間のうちに拡大しており、2003年には26.3という数値だったのに対し、2015年には66.5であり、日本とそれほど変わらない数値にまで広がっている。こうした数値の変化の背後に、

表5-5　TIMSS　KOR　第4学年　家庭にある本の冊数

	0-10冊	11-25冊	26-100冊	101-200冊	201冊以上	得点差	平均点
2011	541.2	551.8	588.3	610.8	629.5	88.3	604.9
2015	526.5	561.9	581.3	609.8	630.9	104.4	608.0

出典：TIMSS2003からTIMSS2015より著者作成。

表5-6　TIMSS　HKG　第4学年　家庭にある本の冊数

	0-10冊	11-25冊	26-100冊	101-200冊	201冊以上	得点差	平均点
2003	561.0	571.7	585.1	590.3	587.3	26.3	574.8
2007	587.6	596.8	611.1	620.8	627.6	40.0	606.8
2011	574.7	594.0	606.6	619.9	623.1	48.3	601.6
2015	577.6	597.5	615.3	634.8	644.1	66.5	614.5

出典：TIMSS2003からTIMSS2015より著者作成。

香港のどのような事情があるのかは定かではないが、急速に学力格差の構造が変化しつつある地域であるということは言えるだろう。

続いて、欧米の国々に目を向けてみよう。学力格差という点で見ると、そこには大きく二つのタイプがある。一つは、得点差が日本と同じか、あるいはそれ以上に大きい国である。ここには、ドイツ（DEU)、イングランド（ENG)、フランス（FRA)、アメリカ（USA）が含まれる。これらの国は、平均点が日

表 5-7　TIMSS　DEU　第 4 学年　家庭にある本の冊数

	0-10 冊	11-25 冊	26-100 冊	101-200 冊	201 冊以上	得点差	平均点
2007	465.4	506.1	534.8	553.7	561.1	95.8	525.2
2011	475.8	505.6	531.3	553.0	558.1	82.4	527.7
2015	471.2	502.8	532.3	546.5	559.3	88.1	521.6

出典：TIMSS2003 から TIMSS2015 より著者作成。

表 5-8　TIMSS　ENG　第 4 学年　家庭にある本の冊数

	0-10 冊	11-25 冊	26-100 冊	101-200 冊	201 冊以上	得点差	平均点
2003	465.7	496.7	535.6	552.1	565.2	99.5	531.2
2007	473.4	513.0	541.6	566.7	575.3	101.9	541.5
2011	471.5	511.5	549.5	573.6	583.2	111.7	542.4
2015	484.5	518.7	554.3	580.4	575.2	95.9	546.2

出典：TIMSS2003 から TIMSS2015 より著者作成。

表 5-9　TIMSS　FRA　第 4 学年　家庭にある本の冊数

	0-10 冊	11-25 冊	26-100 冊	101-200 冊	201 冊以上	得点差	平均点
2015	437.7	463.6	497.2	511.7	526.8	89.1	488.2

出典：TIMSS2003 から TIMSS2015 より著者作成。

表 5-10　TIMSS　USA　第 4 学年　家庭にある本の冊数

	0-10 冊	11-25 冊	26-100 冊	101-200 冊	201 冊以上	得点差	平均点
2003	473.2	495.7	525.7	548.2	545.3	74.9	518.3
2007	480.3	512.4	537.6	554.4	552.3	74.1	529.0
2011	490.1	524.1	550.3	568.6	566.6	78.5	540.7
2015	491.7	516.7	550.5	575.0	562.9	83.1	539.2

出典：TIMSS2003 から TIMSS2015 より著者作成。

本より低く、また、「0－10冊」「201冊以上」のあいだにある得点差も日本より大きい国となっている。とくに、表5-8のイングランド（ENG）は得点差が大きい。一方、アメリカ（USA）は格差の大きい国と言われるが、表5-10の得点差で見ると、その差はそれほど大きいわけではなく、日本よりやや大きい程度の数値（70点から80点程度）に留まっている。

もう一つのグループが、フィンランド（FIN）とオランダ（NLD）であり、これらの国は、日本よりも得点差が小さい傾向にある。ただ、フィンランドはTIMSS2011では得点差が58.0と日本より小さいものの、TIMSS2015の得点差は72.4であり、日本と同じ程度に拡大している。一方、表5-12のオランダは、日本より平均点こそ低いものの得点差が小さい。さらに、TIMSS2003から2015年にかけて得点差がやや縮小する傾向を見せている。なぜこのような傾向が見られるのかTIMSSのデータから考察することは難しいが、この間のオランダの変化に着目すると、学力格差の縮小に関する手がかりが得られるかもしれない。

表5-11　TIMSS　FIN　第4学年　家庭にある本の冊数

	0-10冊	11-25冊	26-100冊	101-200冊	201冊以上	得点差	平均点
2011	504.4	518.2	545.5	560.8	562.4	58.0	545.4
2015	482.7	509.1	535.9	555.2	551.9	72.4	535.3

出典：TIMSS2003からTIMSS2015より著者作成。

表5-12　TIMSS　NLD　第4学年　家庭にある本の冊数

	0-10冊	11-25冊	26-100冊	101-200冊	201冊以上	得点差	平均点
2003	500.4	529.3	542.4	553.7	563.5	63.0	540.4
2007	501.8	518.6	543.0	554.0	547.4	52.2	535.0
2011	510.4	523.6	548.8	556.5	553.5	46.1	540.1
2015	501.3	517.9	537.0	550.5	543.9	49.2	529.8

出典：TIMSS2003からTIMSS2015より著者作成。

表 5-13　TIMSS　JPN　第 8 学年　家庭にある本の冊数

	0-10 冊	11-25 冊	26-100 冊	101-200 冊	201 冊以上	得点差
2003	533.2	552.8	570.6	587.2	604.1	70.9
2007	525.7	551.4	577.2	588.3	604.1	78.4
2011	520.6	554.7	576.9	590.7	597.6	77.0
2015	534.0	562.0	587.7	611.2	624.5	90.5

出典：TIMSS2003 から TIMSS2015 より著者作成。

最後に、TIMSS の第 8 学年についても検討しておこう。第 8 学年の調査には参加していない国・地域も多いため、ここでは日本のデータのみ確認する（表 5-13）。

表 5-13 をみるとわかるが、TIMSS2003 から 2012 まで日本の第 8 学年の得点差は、第 4 学年のそれと同じか、やや大きい程度の数値である。ただここで注意したいことは、TIMSS 2003 から 2007 にかけて得点差が拡大しているという点である。この得点差は 2015 年にさらに拡大し、90 点を超えるまでになっている。この傾向がたまたま生じた一過性のものなのか、それとも今後も続くのかは、今後のデータの蓄積を待つ他ないが、一貫して得点差が拡大傾向にあるというのは気になる点である。細かくみてみると、この間の得点差の拡大は、2003 年から 2007 年については「0 - 10 冊」グループの成績が低いことによって生じた一方、2015 年の拡大は「101 冊 - 200 冊」「201 冊以上」のグループの成績が向上することによって生じていることがわかる。

ここまでの分析を総括すると、日本については TIMSS から明らかな学力低下の傾向は見られなかった。日本の平均点は、今回分析対象とした 10 の地域・地方の中ではむしろ高い方である。第 4 学年に関して言えば、得点差も比較的小さく、理想的な状況に近いとすら言える。日本より得点差の小さい国・地域は、香港（HKG）やオランダ（NLD）くらいである。

一方、第 8 学年においては、この間に得点差が拡大していく傾向が見られた。この拡大傾向が今後も続くのかどうかは定かでないが、TIMSS の日本の成績を読む際は、平均点の高低のみならず、格差についても引き続き注視していく必要があるといえるだろう。

3.3 PISAから見る各国の学力格差

今度はPISAをもとに、格差の動向について検討しよう。すでに述べたようにPISAは、ESCSという尺度が存在するため、これを利用して、格差の変容を検討する。以下では、回帰分析という手法を利用する。回帰分析とは、各国の得点を結果（従属変数と呼ぶ）、各国のESCSの値を原因（独立変数と呼ぶ）としたとき、両者のあいだに直線的な関係（各国の得点＝ESCSの値×係数）があると考える統計技法である。この式の係数は計算によって求めることができ、ESCSの値が1変化したときに各国の得点がどの程度変化するかを示す指標になる。係数の値が小さい方が、ESCSの変化が成績に結びつきにくいわけだから、格差が小さい国ということになる。ただ、回帰分析には係数以外にもう一つ重要な指標がある。それが今回分析に利用するR^2値という指標である。先ほど回帰分析は従属変数と独立変数のあいだに直線的な関係があると考えると述べたが、そこには直線のまわりにデータが集まっている（ESCSが高い子どもが高い成績を修める可能性が高い）場合と、直線のまわりにそれほど集まっていない（ESCSの高い子の方が高い成績を取りやすいが、決定的ではない）場合がある。R^2値とは、この直線のまわりにデータが集まっているかどうかを示す指標であり、0から1までの値をとる。PISA調査の公式の報告書は、係数の値よりR^2値の値を重視しており、ESCSが子どもの成績に決定的な影響を与える国・地域であるかどうかを格差の指標としている（OECD2016）。本章もこの考えに倣い、横軸にR^2値、縦軸に各国の平均点をとったグラフを描くことで、10の国・地域の学力格差の実態を比較していく。なおPISAは2000年から3年おきに実施されているが、この間の10の国と地域の得点をすべてプロットすると図が煩雑になりすぎる。そこで以下では、主たる中心領域だったときの得点の変化のみを取り出して図を描くことにする。

まず**図5-2**は、2003年と2012年の数学リテラシーの変化を図示したものである。基本的に平均点が高く、R^2値が小さい方が好ましい状態なので、左上にある国ほど学力格差が小さく平均点が高い望ましい状態にあるということになる。その意味で言うと、2012年の香港（HKG）が今回の比較の中では、もっとも好ましい位置にいるということになり、2012年の韓国（KOR）、2003年の

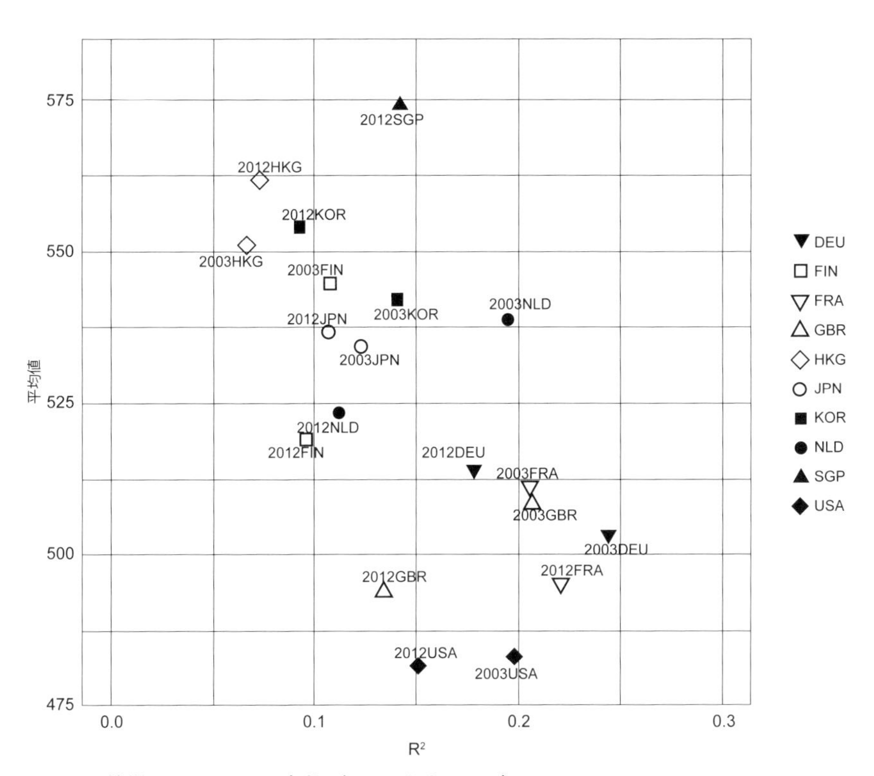

図 5-2　数学リテラシーの変化（2003 から 2012）
出典：PISA2003 と PISA2012 より著者作成。

フィンランド（FIN）が続く。日本（JPN）は、2003 年、2012 年ともに真ん中よりやや左上の位置にあり、この間大きな変動はない。

その他の国・地域についても見ておくと、シンガポール（SGP）は成績は高いものの、格差も大きい国である。また、フィンランド（FIN）は 2003 年はよい成績を修めているが、2012 年にはかなり低下している。オランダ（NLD）については成績は日本よりやや低いが、この間、位置が左へ移動しているので、学力格差が縮小していることになる。また、ドイツ（DEU）、イギリス（GBR）、アメリカ（USA）も、平均点はそれほど振るわないが、この間、学力格差を縮小している。他方、フランス（FRA）は、この間、一貫して平均点 R^2 値ともに振るわない傾向にある。

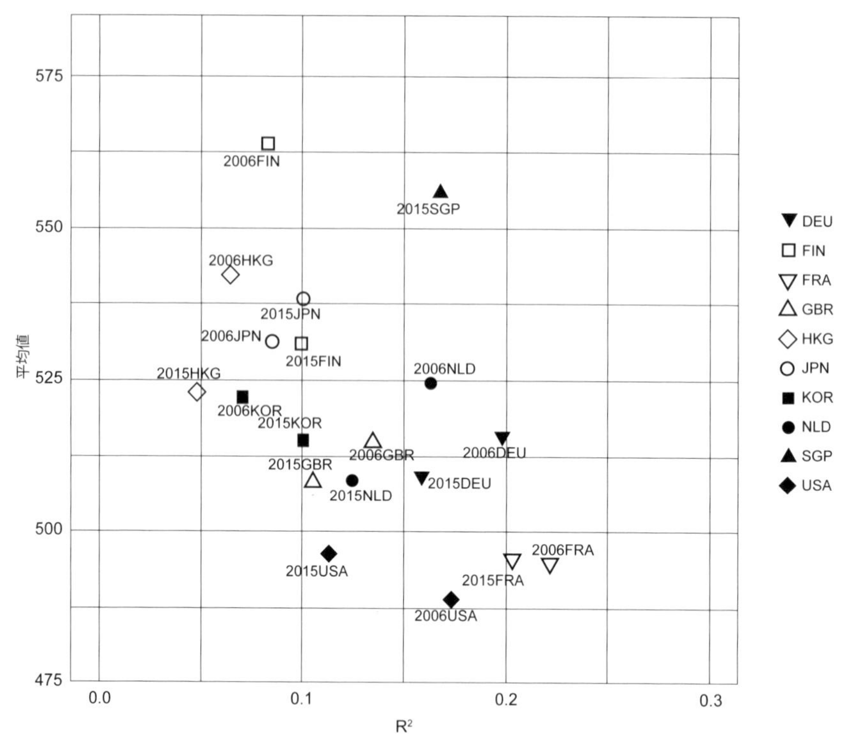

図 5-3　科学リテラシーの変化（2006 から 2015）
出典：PISA2006 と PISA2015 より著者作成。

続いて、**図 5-3** の科学的リテラシーについて検討しよう。基本的には、図 5-2 と変わらない傾向があるが、10 の国と地方の成績差が数学リテラシーと比べて小さいことが影響して、全体的に中央に集まったような配置になっている。

PISA2006 から 2015 までの各国・地域の位置の変化としては、フィンランド（FIN）や香港（HKG）が平均点を落としたこと、ドイツ（DEU）、オランダ（NLD）、イギリス（GBR）、アメリカ（USA）の R^2 値が、この間に縮小していることが特徴と言えるだろう。なお、日本（JPN）や韓国（KOR）の位置はそれほど変わっていないが、やや R^2 値が高くなり格差が拡大する傾向が見られる。

以上を整理すると、日本の PISA の成績は、相対的に平均点が高く R^2 値も小さいという理想的な状態にあると言えるだろう。ただし最近のPISAでは、フランス（FRA）を除く各国のR^2値が小さくなってきている。そのため、日本は得点が高く格差も小さい国から、得点は高いが格差は平均的な国へと変わりつつあると言えるだろう。

4. まとめ

本章では、TIMSSとPISAを利用して、2000年以降の学力格差の変化について検討を行った。この間、日本の学力格差が拡大したのかどうかについてまとめておくと、学力格差の拡大傾向はTIMSSの第8学年（中学2年生）でのみ明らかに認められた。ただし、この傾向はTIMSSの第4学年やPISAの結果からは読み取ることが難しい。

調査によって結論が異なる理由はいくつか考えられる。まず、TIMSSの第4学年と第8学年の傾向が異なる理由だが、これまで日本で行われた学力格差に関する研究でも、しばしば小学校の方が学校の影響力が強く、家庭環境による格差が抑えられる傾向があることが指摘されてきた（志水ほか2009）。仮に、この知見が正しいとすれば、小学校は学校の力が学力格差の拡大を押しとどめている一方で、中学校についてはこうした歯止めが効かなくなっているのではないか、という仮説が考えられる。

ただ、TIMSSの第8学年で確認できる学力格差拡大の傾向は、ほぼ同じ年齢層の子どもたちを対象としているPISAでは確認できない。科学リテラシーについては2006から2015にかけてR^2値がやや大きくなっているが、数学リテラシーについては2003から2012にかけてむしろ縮小している。こうした差が生じる理由もいくつか考えられるが、両者の測定している能力の違いによるものかもしれないし、あるいは、格差を図るために利用した尺度がTIMSSは家庭にある本の冊数、PISAはESCS指標と異なっているためかもしれない。また、今回利用したTIMSSの得点差を見る方法は、PISAの回帰分析を利用した方法に例えると係数を見る方法に近いので、こうした手法の差が結果に影響したのかもしれない。今あるデータから結論を出すことは難しいので、今後のTIMSS・PISA調査における日本の平均値や学力格差の推移を今後も見守る必要があるだろう。

それでは、現在の日本の学力格差の実態を他国と比べたとき、日本が学力格差の縮小という面から参考にできそうな国・地域はどこだろうか。ここまでの分析をまとめると、TIMSSとPISAでは若干傾向が違うところもあるが、香港（HKG）は、どうやら日本より平均点が高く、格差も小さい地域と言うことができそうである。また、オランダ（NLD）も、日本より平均点こそ低いものの、差は小さい国と言えそうだ。加えてオランダは、この間、TIMSS・PISAともに、格差が縮小する傾向を見せており、その社会情勢の変化や施策について、検討する価値があると思われる。他方、シンガポール（SGP）は、日本より成績は高いものの、格差の大きい国である。その在り方を参考にするかどうかはともかく、日本と大きく異なる文化・制度を持つ国として、その在り方を知っておく必要はあるだろう。

それ以外の国・地域については日本より平均点も低く、格差も大きい傾向にある。ただ、ドイツ・イギリス・アメリカなどの各国は、PISAに限ってだが、学力格差を縮小することに成功しつつあるようである。これらの国でこの間、何が起こっていたのか、という点は検討に値するだろう。最後にフランスのように、学力格差が大きく、それがこの間ほとんど改善していない国も存在する。こうした国で、学力格差がどのように認識され、また議論されているのかも興味深いテーマである。

本章では、TIMSS・PISAのデータをもとに、日本の学力格差の現状と変化について検討してきた。日本の学力格差は、TIMSSの第8学年に限ってだが、拡大傾向が見られる。その得点差は、他国と比べて大きいと言えるレベルではないものの決して小さいものでもない。他国には、この間、学力格差の縮小に成功している国・地域も存在する。こうした国・地域の経験に真摯に学ぶことも、私たちに必要なことであろう。アメリカとフィンランドを除く八つの国・地域については、私たちの研究グループの国際班が、各国の教育政策・学校現場の実態を数年間のフィールドワークによって描いている（ハヤシザキ他編 2019）。本章のデータと併せて、こちらも参照されたい。

❖注

▶ 1　https://www.oecd.org/pisa/data/2015database/ を参照（最終閲覧日 2019.10.15）

❖参考文献

ハヤシザキカズヒコ・園山大祐・シム チュン・キャット（2019）『世界のしんどい学校』（志水宏吉監修）明石書店。

苅谷剛彦・清水睦美・志水宏吉・諸田裕子（2002）『調査報告「学力低下」の実態』岩波ブックレット。

松岡亮二（2019）『教育格差』ちくま新書。

OECD，2016，*PISA 2015 Results (Volume I)*, OECD Publishing.

志水宏吉・伊佐夏実・知念 渉・芝野淳一（2014）『調査報告「学力格差」の実態』岩波ブックレット。

Sirin, S. R, 2005, "Socioeconomic Status and Academic Achievement," *Review of Educational Research*, 75(3), pp.417-453.

第Ⅲ部

X市のデータを利用した学力格差の実態分析

第Ⅲ部では、関西地方のX市で行われた学力パネル調査のデータをもとに、日本の学力格差の実態について分析を行う。その前に、X市での調査の概要について説明しておく。

今回、私たちの研究グループは、関西圏X市教育委員会の協力のもと、X市の全公立小中学校を対象とした学力パネル調査（同一の子どもの学力の変化を経

表Ⅲ-1　調査対象学年

	小1	小2	小3	小4	小5	小6	中1	中2	中3
2015 年度	●			●			●		
2016 年度		●			●			●	
2017 年度			●			●			●

注：●は調査対象学年、色付きは同一学年集団を表す。
出典：X 市データから著者作成。

表Ⅲ-2　各調査年度の概要

調査年度	2015 年度	2016 年度	2017 年度
実施調査	学力調査	学力調査 子ども質問紙調査 保護者質問紙調査	学力調査 子ども質問紙調査
調査時期	（学力調査） 配布・回収：12/14 ～ 12/18	（学力・子ども質問紙調査） 配布・回収：12/12 ～ 12/22 （保護者質問紙調査） 配布：10/3-7、 回収：10/17	（学力・子ども質問紙調査） 配布・回収：12/1 ～ 12/22
調査学年・教科	小学校 1 年：算数 小学校 4 年：算数 中学校 1 年：数学	小学校 2 年：算数 小学校 5 年：算数 中学校 2 年：数学	小学校 3 年：算数 小学校 6 年：算数 中学校 3 年：数学

注：備考　調査対象は市内全公立小中学校（小学校 32 校、中学校 14 校）の該当する学年の全児童生徒とその保護者。
出典：X 市データから著者作成。

時的に追跡した調査）を行うことができた。X市の調査は2015年から2017年までの3年間の経年調査であり、学力調査・質問紙調査・保護者調査によって構成されている。調査1年目は、小学校1年、4年、中学校1年の三つのコホート（学年集団）を対象に学力調査を行い、その後3年間を追跡してデータを収集した**（表Ⅲ-1）**。

調査内容は年度によって異なっており、2015年度は学力調査のみ、2016年度は学力調査と子ども質問紙調査、それに加えて保護者質問紙調査も実施した。2017年度は、学力調査と子ども質問紙調査を行っている。

学力調査・子ども質問紙調査については、すべて東京書籍に委託して実施し、保護者質問紙調査については、X市教育委員会主導で、学校経由で質問紙を配

表Ⅲ-3　サンプルサイズ・回収率の概要

		対象学年	N	回収率	対象学年	N	回収率	対象学年	N	回収率
2015年度調査	全児童生徒数	小1	2744		小4	2605		中1	2623	
	学力		2689	98.0		2552	98.0		2521	96.1
2016年度調査	全児童生徒数	小2	2757		小5	2613		中2	2630	
	学力		2669	96.8		2548	97.5		2462	93.6
	子ども質問紙		2668	96.8		2557	97.9		2479	94.3
	保護者質問紙		2221	80.6		1950	74.6		1580	60.1
	（うちSES指標回答数）		2180	79.1		1908	73.0		1537	58.4
2017年度調査	全児童生徒数	小3	2760		小6	2624		中3	2629	
	学力		2693	97.6		2544	97.0		2475	94.1
	子ども質問紙		2691	97.5		2554	97.3		2495	94.9
全体サンプル数		小123	2967		小456	2787		中123	2802	
（うち3年間学力調査を受けた数）			2363			2308			2179	

出典：X市データから著者作成。

布し、対象学年の保護者に任意で回答を得た。各年度の調査内容については**表Ⅲ-2**、回収された標本のサンプルサイズや回収率は**表Ⅲ-3**のとおりである。

分析方法や使用する変数の概要については第Ⅲ部の各章に譲るが、ここで「学力」および「SES指標」の二つについて若干の説明を行っておきたい。

まず学力の定義である。本調査では「算数・数学」の偏差値を子どもの学力を表すものとして扱っている。教科は算数・数学のみを対象としているが、これは費用の制約と同時に、学力の経時的な変化を把握するにあたり、算数・数学がもっとも測定する概念が明確であると判断したためである。また、経時的な学力テストの点数の変化を分析する場合、正答率を用いると、毎年の学力テストの難しさによって得点が上下してしまう。そこで、正答率ではなく偏差値を計算し、それを学力の指標として用いている▶[1]。従って、本章でいう学力の変化とは、絶対的な学力が向上した／低下したというものではなく、あくまで相対的な位置が変化したことを示すものになっている。

次に、「SES指標」について説明する。教育社会学では学力の階層間格差を吟味する上で子どもの社会階層に着目する。社会階層の作成方法は様々だが、本部では耳塚らによる全国学力調査の学力分析の際に用いられた「社会経済的背景指標（これをSES【Socio-Economic Status】と呼ぶ）を採用する（お茶の水大学 2018）。

第Ⅲ部で利用しているSES指標とは、保護者調査から得られた「父親学歴」「母親学歴」「世帯年収」を統計的に合成し、得点化したものである▶[2]。SES指標の値が高いほど、両親の学歴が高く世帯収入が多い家庭であることを示すことになる。各章の分析では、適宜SES指標を分割し（「Highest SES」「Upper middle SES」「Lower middle SES」「Lowest SES」）のように用いる

表Ⅲ-4　SESの割合と基礎変数の平均値

	小1-3						小4-6						中1-3					
SES	%	%	N	父教育年数	母教育年数	世帯年収	%	%	N	父教育年数	母教育年数	世帯年収	%	%	N	父教育年数	母教育年数	世帯年収
Lowest	23.4	17.2	511	11.6	12.9	493.2	26.4	18.0	503	11.6	12.8	506.9	29.9	16.4	460	11.6	12.8	512.6
Lower Middle	26.1	19.2	570	14.2	13.9	583.7	22.2	15.2	424	14.2	13.6	612.8	17.9	9.8	275	13.8	13.9	586.0
Upper Middle	37.2	27.2	810	16.0	14.9	724.9	40.5	27.7	772	15.9	14.9	742.4	30.6	16.8	471	15.9	13.8	737.3
Highest	13.3	9.7	289	19.4	16.3	863.5	11.0	7.5	209	19.4	15.8	897.0	21.5	11.8	331	17.2	16.0	841.0
SES不明	−	26.7	796	−	−	−	−	31.6	881	−	−	−	−	45.2	1267	−	−	−
合計/全体	100.0	100.0	2976	15.0	14.4	650.8	100.0	100.0	2789	14.9	14.1	666.5	100.0	100.0	2804	14.7	14.0	665.2

出典：X市データから著者作成。

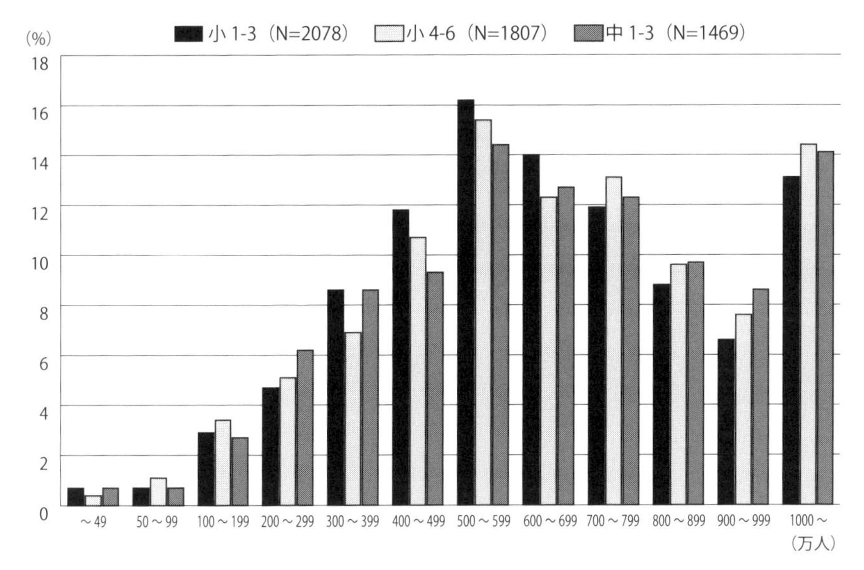

図Ⅲ-1　世帯年収の分布

出典：X市データから著者作成。

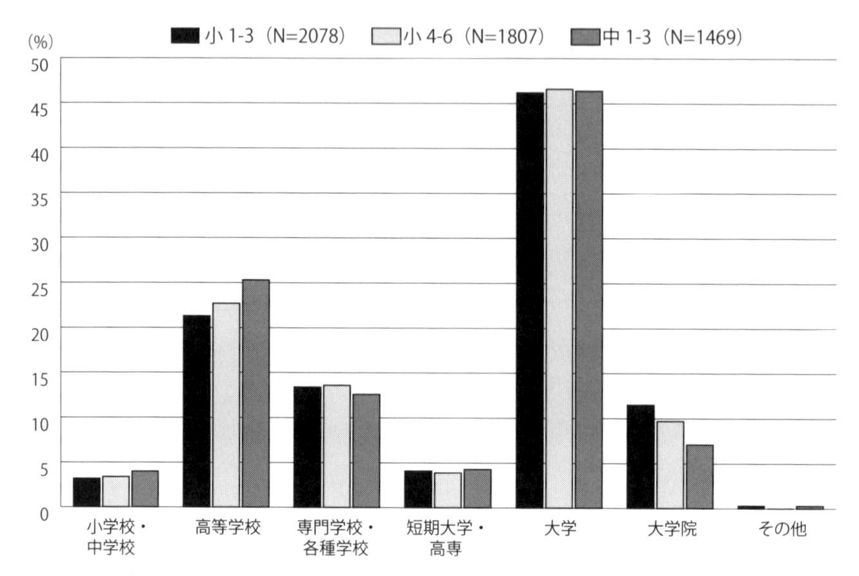

図Ⅲ-2　父学歴の分布

出典：X市データから著者作成。

こともある。SES指標を4分割したときのそれぞれの層の特徴は、表Ⅲ-4のようになる▶3。

最後に、X市学力パネルデータの留意点について述べておく。本データはあくまでX市という一つの自治体の子どもを対象とした調査であるため、その分析はX市の地域特性の影響を大きく受けている。ここで、保護者質問紙のデータからX市の地域特性をいくつか指摘しておくと、第一にX市は高収入・高学歴層が相対的に多く住んでいること（**図Ⅲ-1、図Ⅲ-2**）、第二に小学校から学習に関する習い事等をしている層が多く、また中学校受験で私学・他を考えている保護者も約10%程度いるなど、子どもの教育・学歴獲得に熱心な層が比較的多くみられる▶4。X市パネルデータとは、都市部の経済的に余裕があり、教育熱心な層が相対的に多い地域のサンプルであることを留意されたい。

❖注

▶1　東京書籍の学力テストは「部分改訂版」を用いている。

▶2　SES指標を作成する際は、世帯年収は各回答項目の中間値を用い、父親学歴、母親学歴は最終学歴を教育年数に換算した。次に、それぞれの変数を標準化し、三つの変数の平均値を算出した。なお、いずれかの変数が欠損の場合も、残りの変数で平均値を算出している。こうして算出された指標を標準化し、最終的なSES指標は平均が0、標準偏差が1となっている。詳細については垂見（2018）を参照されたい。以上のような手順を採用した理由は、階層間格差の基本的な推移を吟味するために一元的な尺度を生成したかったこと、サンプルの欠損を低く抑えられること、全国学力調査との比較が可能となること、といった理由がある。

▶3　おもな変数の記述統計は以下のとおりである。

	調査時点	最小値	最大値	平均値	標準偏差	N
小1学力	wave1	-6.4	61.4	50.0	10.0	2689
小2学力	wave2	10.9	67.2	50.0	10.0	2669
小3学力	wave3	13.2	63.7	50.0	10.0	2693
小4学力	wave1	18.9	64.8	50.0	10.0	2552
小5学力	wave2	17.8	65.3	50.0	10.0	2548
小6学力	wave3	13.6	64.0	50.0	10.0	2544
中1学力	wave1	18.6	63.1	50.0	10.0	2521
中2学力	wave2	24.2	63.8	50.0	10.0	2462
中3学力	wave3	23.0	64.9	50.0	10.0	2475

		最小値	最大値	平均値	標準偏差	N
SES	小1-3	-3.27	2.67	0.00	1.00	2180
	小4-6	-3.36	3.15	0.00	1.00	1908
	中1-3	-3.34	3.35	0.00	1.00	1537
		男	女	不明		N
性別	小1-3	49.9%	47.2%	2.9%		2744
	小4-6	50.5%	46.0%	3.5%		2605
	中1-3	45.5%	43.2%	11.2%		2623

出典：X市データから著者作成。

▶4　小5年の保護者調査によれば、「学習に関する習い事」をしている子どもは全体の38.9%、「運動に関する習い事」をしている子どもは70.6%となっている。また保護者による中学校への進学希望については、「地域の公立中学校」が86.4%、「私立または国立大学附属の中学校」が8.0%、「その他・まだ決めていない」が5.7%と、地元の公立中学校以外を考えている層が一定存在する。

❖参考文献

お茶の水女子大学（2018）『保護者に対する調査の結果と学力等との関係の専門的な分析に関する調査研究』お茶の水女子大学。

垂見裕子（2018）「家庭の社会経済的背景（SES）の尺度構成」お茶の水女子大学『保護者に対する調査の結果と学力等との関係の専門的な分析に関する調査研究』pp.10-12.

第6章

学力の階層差とその経年変化の動態

潜在曲線モデルを用いた分析から

中村 瑛仁

1. 問題の所在

子どもの学力形成に階層差が生じていることは知られているが、その学力の階層差は学校教育を通じてどのように推移していくのだろうか。学力の階層差は小学校低学年段階でどの程度みられるのか、また初期の学力の階層差は学校段階があがるにつれて拡大するのか、縮小するのか。

学力の階層差とは、社会階層（保護者の学歴、世帯年収、職業等）によって生じる子どもの学力の格差を表すものである。「学力格差」というと、単純に学力の上位―下位のばらつきを表す場合が多いが、その学力格差が何によって生じているかを検討する視点として、社会階層による「学力の階層差」に注目が集まっている。

学力の階層差については近年研究が蓄積されてきた。従来の研究では、一時点の調査を用いて、学力の階層差の実態が明らかになっている（苅谷・志水編 2004; 近藤 2014; お茶の水大学 2018 など）。一方で、学力の階層差が小学校・中学校での学校経験を通じていかに推移していくかについては、データの限定性から十分に検証されてこなかったものの、近年では学力のパネルデータを用いた研究も蓄積されつつあり（山崎・西本・廣瀬編 2014）、学力の階層差の経年的な変化を明らかにしようとする試みがなされている（赤林・直井・敷島編 2016; 中西 2017; 数実 2017; 日本財団 2018 など）。

中でも中西（2017）は、小3－小6－中3の学力パネルデータから、学力の階層差に迫った研究である。生徒質問紙から得られた「親学歴」を階層変数として分析した結果、小3-小6-中3と学力の階層差は拡大していくことが指摘されている。また数実（2017）は、小3－4－5－6の四時点の学力データから、学力の階層差と学習態度との連関を検討している。その結果、学力や学習態度の階層差は学年があがると微増する。しかし、学力・学習態度・文化階層を同時に分析した結果、階層の学力への影響力は低学年においてもみられる一方、学年が上がるとその効果は減少し、学習態度を媒介して学力に影響を及ぼすことが指摘されている。

ただし、これまでの研究では三時点以上のパネルデータを用いたものが少なく、特に小1など義務教育初期の学力の階層差を扱ったものが限られること、さらに階層の指標が十分ではなく、保護者の学歴や世帯年収をデータとして用いている研究は限定的であることなど、課題も残っている。義務教育段階の初期である小学校低学年も検証対象に含めること、また保護者調査等を通じてより正確な子どもの階層に関する情報（保護者学歴や世帯年収等）を得ることなど、学力の階層差やその経年変化の様相を明らかにするためには、更なる検証の余地がある。

上記の問題関心から、本章では学力のパネルデータ（小1－3、小4－6、中1－3）と社会階層指標を用いて、学力の階層差の基本的傾向と、その変化を検討する。分析では、学年ごとの学力の階層差の傾向を確認し（第3節）、その上でパネル分析の基本的な手法である「潜在曲線モデル」を用いて、個人の学力の経年変化を階層指標がどの程度説明するかを吟味し、学力の階層差の動態を検討する（第4節）。「小1時点で学力の階層差はどの程度認められるか」「その後の学力の階層差は、拡大か、維持か、縮小か」、これらの問題関心を中心におきながら分析を行っていく。

2. データの概要

関西圏X市の公立小・中学校を対象とした学力パネル調査のデータを用いる（研究代表：志水宏吉）。調査やサンプルの概要については、第Ⅲ部の冒頭で示した通りである。

本章では、社会階層ごとの学力の経年変化の動態を検討することを目的としている。学力については、経年の変化を吟味するため、「算数・数学」の正答率を偏差値化したものを用いている。したがって、ここでの学力とは市内の母集団内におけるその子どもの正答率の位置を表している。

次に、階層差を吟味する上で用いる「社会階層」の指標について、社会階層には様々な作成方法があるものの、ここでは耳塚らによる全国学力調査の学力分析の際に用いられた社会経済的背景指標（以下SES（Socio Economics Status）と表記）を用いる（お茶の水大学 2018）。詳細は垂見（2018）に詳しいが、ここで用いるSES指標は、保護者調査から得られた「父親学歴」「母親学歴」「世帯年収」を合成し、得点化して作成している▶[1]。欠損サンプルを少なく抑えつつ、経年データから観察される学力の階層差の基本的な推移を捉えることに主眼をおき、この方法を採用した。

3. 学力の基本的傾向——男女差、経年変化、階層差

まずは、各時点で回収されたサンプル（アンバランスドパネルデータ▶[2]）から、学力の基本的傾向を確認していく。**表6-1**は、各学年の学力の記述統計、**図6-1**は学力の分布（ヒストグラム）を示している。

学力分布からは、やや上方で打ち切り傾向（学力テストで100点をとったものが多く分布が偏っている状態）にあり、特に小1でその傾向が強いことがわかる。こうした特徴は学力テストの難易度に拠るところが大きいが、この点も本データの特性の一つとして留意すべき点である。

次に、学力の男女差を確認すると（**表6-2**）、いずれの学年においても女子が男子よりも若干高いスコアとなっている。しかし、その差は1p程度とそれ

表 6-1　学力の記述統計

	調査時点	度数	最小値	最大値	平均値	標準偏差
小 1 学力	wave1	2689	-6.4	61.4	50.0	10.0
小 2 学力	wave2	2669	10.9	67.2	50.0	10.0
小 3 学力	wave3	2693	13.2	63.7	50.0	10.0
小 4 学力	wave1	2552	18.9	64.8	50.0	10.0
小 5 学力	wave2	2548	17.8	65.3	50.0	10.0
小 6 学力	wave3	2544	13.6	64.0	50.0	10.0
中 1 学力	wave1	2521	18.6	63.1	50.0	10.0
中 2 学力	wave2	2462	24.2	63.8	50.0	10.0
中 3 学力	wave3	2475	23.0	64.9	50.0	10.0

出典：X 市データより筆者作成。

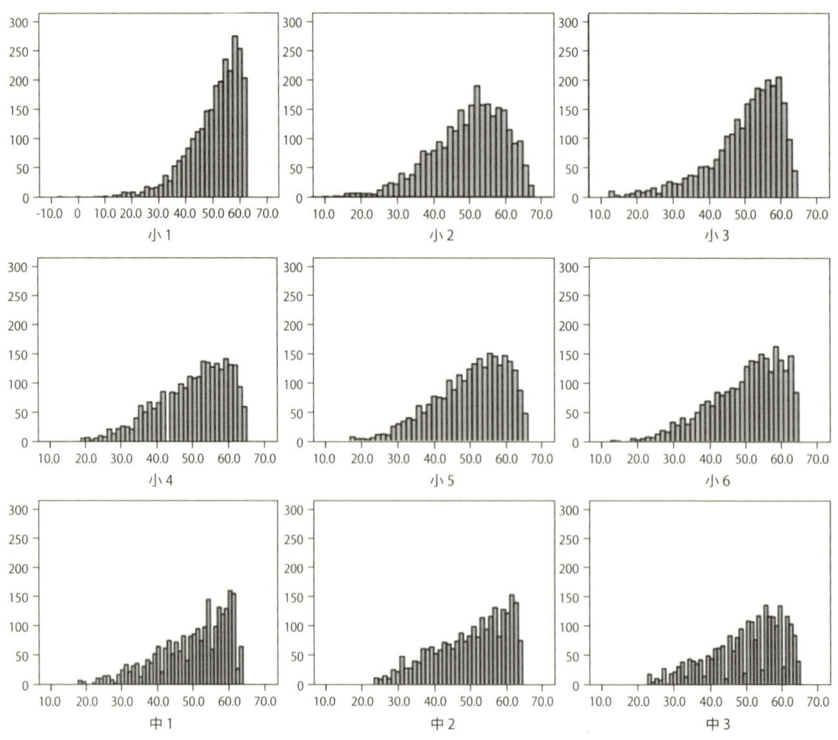

図 6-1　学力の分布（ヒストグラム）

出典：X 市データより筆者作成。

ほど大きいものではない。本データでは、理系科目における学力の男女差に大きな差はないといってよいだろう。

続いて、学力の時点間の関連性を確認するために、二時点間の学力の相関係数を示したのが**表 6-3** である。小 1- 小 3 の係数は .680 となっており、小 1- 小 3 の間ではかなり強い学力の関連があることがわかる。さらに高学年の結果をみてみると、小 4- 小 6 では .730、中 1- 中 3 では .800 と、学年上位ほど係数が高くなっている。これは学年があがるにつれて、時点間の学力の関連度合いが強まることを意味しており、高学年ほど学力の変化は起こりにくくなることが示されている。

次に、学力の階層差の基本的な傾向をみてみよう。**図 6-2** は、SES 変数を 4 分割（SES Highest, Upper Middle, Lower Middle, Lowest）し、それぞれの学力値をプロットしている▶3。階層指標が保護者調査から得られなかった子ども（「SES 不明」）の学力値もここでは示している。

グラフをみると、まず小 1 時から学力の階層差が確認できる。Lowest と Highest の間には約 7p の差がみられ、その差は小 2、小 3 と微増していることがわかる。学年集団が異なることに留意が必要であるが、小 4-6、中 1-3 の結果もあわせてみると、学力の階層差は学年があがるにつれて微増していく様子

表 6-2　学力の男女差

	学力平均		標準誤差		男女差
	男子	女子	男子	女子	
小 1	49.6	50.7	.277	.260	1.1 *
小 2	50.1	50.3	.283	.267	0.2
小 3	50.0	50.4	.301	.269	0.4
小 4	49.5	50.8	.287	.267	1.3 **
小 5	49.9	50.6	.286	.277	0.7
小 6	49.7	51.0	.300	.272	1.3 **
中 1	49.5	50.8	.302	.277	1.3 **
中 2	49.8	50.7	.311	.284	0.9 *
中 3	49.6	50.8	.321	.289	1.2 **

注：* p<.05, ** p< .01, *** p<.001
出典：X 市データより筆者作成。

表 6-3　学力の時点間の相関係数 (Pearson's r)

	小 1	小 2	小 3
小 1	―		
小 2	.722	―	
小 3	.680	.737	―
	小 4	**小 5**	**小 6**
小 4	―		
小 5	.756	―	
小 6	.730	.761	―
	中 1	**中 2**	**中 3**
中 1	―		
中 2	.839	―	
中 3	.800	.833	―

注：数値はすべて 1%水準で有意
出典：X 市データより筆者作成。

がみてとれる。

次に、より詳しく学力の階層差の推移をみるため単回帰分析を行い、SESの学力への影響力を検討した。説明変数にSES（連続変数）を、被説明変数に学力を投入した結果が**表6-4**である。学力分布に上方で打ち切り傾向があったことから「打ち切り回帰モデル」▶4も行った結果、モデルの適合度が改善

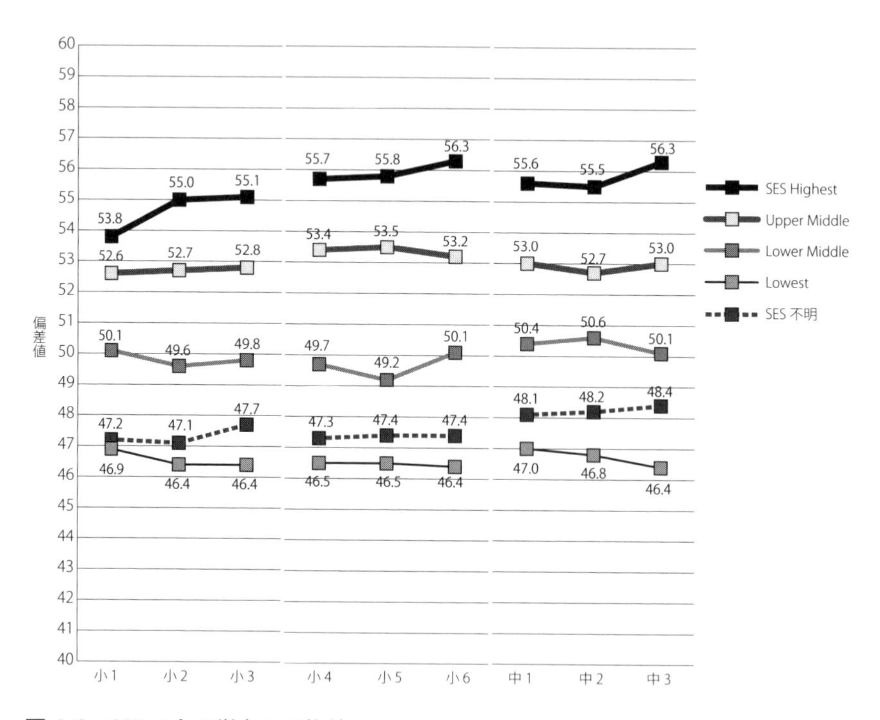

図6-2　SESごとの学力の平均値

出典：X市データより筆者作成。

表6-4　学力の単回帰分析（打ち切り回帰）の結果（説明変数：SES）

	小1	小2	小3	小4	小5	小6	中1	中2	中3
非標準化係数（B）	2.90	3.21	3.19	3.49	3.54	3.64	3.69	3.61	3.91
標準化係数（β）	.292	.329	.328	.361	.363	.372	.380	.370	.404
Adjusted R^2	.084	.108	.107	.130	.132	.138	.145	.137	.163
N	2104	2116	1999	1847	1869	1776	1485	1467	1381

出典：X市データより筆者作成。

されたため、ここでは打ち切りモデルの結果を示している。

まず学力に対するSESの説明力を表す「Adjusted R^2」の値をみると、小1（.084）から、小3（.107）と増加し、さらに最終学年の中3（.163）ではより増加していることがわかる。これは、学年があがるにつれてSESによる学力差が大きくなることを表している。

具体的な学力差を表す「非標準化係数」の値をみると、小1の場合SES1ポイントごとに2.90の学力差だが、最終学年の中3の場合3.91の学力差となっている。ここでも学年集団の違いを留意すべきであるが、学年があがるにつれて、学力の階層差が微増していく傾向がみてとれる。

なお同様の階層指標を用いて全国学力テスト（小6、中3）の学力データに対して回帰分析を行った結果をみてみると（お茶の水女子大学 2018、p.35）、本調査の結果と類似したものとなっている▶5。学力テストの設計などの違いがあるものの、本分析の結果が全国の傾向と大きく異なるものではないことがわかる。

4. 学力の階層差の推移——潜在曲線モデル

次にパネルデータの特性を活かすため、「潜在曲線モデル（Latent curve model）」を用いて（豊田 2007; 徳岡 2014）、学力の階層差の推移をより詳細に検討していく。潜在曲線モデルとは、共分散構造分析の一種で、データの経年変化を「切片」と「傾き」から推定する、パネルデータの基本的な分析手法であり、時点間のデータの変化や、その変化を規定する要因を探る上で有効な手法である▶6。

ここではデータの中から、「学力の三時点のスコア」「SES得点」「性別（Sex）」、これらのデータが揃っているケースを抽出し、それらのデータを結合したバランスドパネルデータ（BP）を作成した。

分析では、次の三つのモデルを用意して、SESの学力に対する影響力を吟味した。model 1は被説明変数の「3年間の学力」の変化のみを推定したモデル（Nullモデルと呼ばれる）、model 2はmodel 1に説明変数としてSESを投入したモデル、model 3はmodel 1に説明変数としてSES、Sex（女子＝1、男子

＝0）を投入したモデルであり、性別の違いをコントロールした上でSESによる学力差を推定する。分析では、先に示したように学力分布の偏りを考慮し「打ち切り回帰（Censored）」を用いて推定を行った。以上の手順で、学年集団ごとに分析を行い、SESがどの程度学力差を説明するかを吟味していく▶[7]。

まずは小1-3の分析結果をみてみよう（**表6-5**）。表は、各モデルの分析結果とモデルの適合度を示している。model 1では、3年間の学力変化の傾向をみている。「切片の平均」は、小1時の学力平均を表し、対象学年の平均点は51.4ということになる。また「切片の分散」は、小1時点で学力に個人差があるか否かを表しており、結果は統計的に有意となっているので、小1時の子どもたちには、統計的に意味のある学力のばらつきがあることがわかる。

次に「傾きの平均」は、1時点間の学力の変化量を表している。小1-3の場合、学力の変化量は1時点ごとに平均すると-0.17となる。また「傾きの分散」は、学力の変化量に個人差があるか否かを示しており、統計的に有意な結果がでているため、学力の変化量に一定の個人差があることがわかる。さらに「切片と傾きの共分散」は、学力の初期値と変化量の関係を示している。数値がマイナスであるので、初期値（小1時の学力）が低いほど、その後の学力の

表6-5　各モデルの結果とモデルの適合度一覧（小1-3）

model 1 (null)		*Coef.*	*s.e*	*p*
切片	平均	51.4	0.21	0.000
	分散	67.2	3.89	0.000
傾き	平均	-0.17	0.09	0.050
	分散	3.85	1.62	0.017
切片と傾きの共分散		-3.16	1.91	0.098

model 2 (SES)		*Coef.*	*s.e*	*p*
切片	平均	51.4	0.20	0.000
	分散	58.6	3.52	0.000
傾き	平均	-0.17	0.09	0.048
	分散	3.07	1.54	0.046
切片と傾きの共分散		-2.87	1.79	0.108

model 3(SES, Sex)		*Coef.*	*s.e*	*p*
切片	平均	51.2	0.29	0.000
	分散	58.7	3.53	0.000
傾き	平均	-0.05	0.13	0.670
	分散	3.11	1.53	0.043
切片と傾きの共分散		-2.92	1.79	0.102

model 2 (SES)

切片へのパス	*Coef.*	*s.e.*	*p*
SES	2.84	0.23	0.000

傾きへのパス	*Coef.*	*s.e.*	*p*
SES	0.15	0.10	0.122

R^2	*Coef.*	*s.e.*	*p*
切片	0.117	0.017	0.000
傾き	0.007	0.010	0.477

model 3 (SES, Sex)

切片へのパス	*Coef.*	*s.e.*	*p*
SES	2.84	0.23	0.000
Sex	0.48	0.41	0.238

傾きへのパス	*Coef.*	*s.e.*	*p*
SES	0.15	0.10	0.124
Sex	-0.23	0.17	0.189

R^2	*Coef.*	*s.e.*	*p*
切片	0.117	0.017	0.000
傾き	0.011	0.013	0.385

各モデルの適合度

	model 1 (Null)	model 2 (SES)	model 3 (SES, Sex)
AIC	37178	36943	36944
BIC	37222	36998	37011
Adjusted BIC	37197	36966	36973
N	1872	1872	1872

注1：データ：小1-3、N=1872
注2：Sex: women=1, men=0
出典：X市データより筆者作成。

変化量が大きいことを表している。

次に、model 2、model 3の分析結果を評価する、モデルの適合度をみてみよう。ここでは、適合度の指標としてAIC、BIC、adjust BICを表記している▶8。適合度は数字が小さいほど、モデルのあてはまりの良さを示し、SESや性別が学力差を説明していることを意味する。

まずmodel 1とmodel 2の結果を比較すると、SESを追加したmodel 2では各指標の数値が減少している。これはSESが、小1時の学力差やその後の変化量の違いをある程度説明していることを表している。次にmodel 2と、SESと性別を加えたmodel 3を比較すると数値にそれほど変化がないことがわかる。これは小1時の学力差やその後の変化量の違いに対して、性別はあまり説明力をもっていないということを示している。

次に、model 2、model 3の結果の詳細をみながら、学力とSESの関連について確認していこう。model 2の結果をみると、「切片へのパス」は小1時のSESごとの学力差を表しており、SES1ポイントごとに2.84の学力差がある。また「傾きへのパス」は、SESごとに学力の変化量にどの程度違いがあるかを表している。結果をみると、SESが1ポイント高くなると、一時点ごとの学力の変化量が0.15高まることがわかる（有意差はなし）。

さらに「R^2 切片と傾きの係数」では、小1時の学力差（切片）や、その後の学力の変化量（傾き）を、SESがどの程度説明できているかを表している。結果をみると、学力の変化量よりも、小1時の学力差への数値が高くでており、SESは小1の学力の違いをより説明していることが示されている。

同様に、SESと性別を投入したmodel 3の結果をみてみると、SESについては概ねmodel 2の結果と類似した結果となっている。次に性別の結果を確認すると、「Sex: 切片へのパス」は、小1時で女子は男子よりも学力が0.48高いこと、「Sex: 傾きへのパス」は、学力の変化量は女子が男子よりも0.23低いことを示している。ただ、傾きの係数はSESと比べるとかなり小さい。さらに「R^2 切片と傾きの係数」をみると、model 2の結果から変化がなく、性別は小1時点での学力差やその後の学力の変化量に対する説明力は小さい。言い換えるなら、小1時点での学力や、その後の学力の変化量に性別はあまり影響を与えていないということになる。

小1-3の結果をまとめると、小1時に学力の階層差が、小2-小3と学年が進む間にその差が微増していく傾向を確認することができる。

次に同様の分析を行った小4-6の結果をみてみよう（**表6-6**）。ここでは結果の要点のみ確認すると、model 1では小1-3とは異なり、学力の変化量に有意な個人差はなく（傾き・分散）、またモデルの適合度では、小1-3と同様に、SESを入れるとモデルが改善されるが、性別については結果に変化がないことがわかる。さらにmodel 3を確認すると、小4時点でSES1ポイントごとに3.41の学力差があること（SES: 切片へのパス）、また学力の変化量はSES1ポイントごとに0.04の学力差があることが示されている（SES: 傾きへのパス、有意差はなし）。またR^2値では、SESの説明力が、切片に対して.171、傾きに対して.002と小1-3と同様の傾向となっている。

小4-6の分析結果をまとめると、小1時と比べると小4時の学力の階層差が大きくなっている。一方、その後の階層差の変化は、小1-3と比べると小さく、階層差の広がりはそこまで大きくない。小4-6では、そもそも学力の変化量が小1-3よりも少ないため、そのことが学力の階層差の変化が少ないことにつながっているのかもしれない。

表6-6　各モデルの結果とモデルの適合度一覧（小4-6）

model 1 (null)

		Coef.	s.e	p
切片	平均	51.4	0.23	0.000
	分散	67.9	3.55	0.000
傾き	平均	0.03	0.09	0.764
	分散	1.83	1.56	0.242
切片と傾きの共分散		-1.55	1.75	0.376

model 2 (SES)

		Coef.	s.e	p
切片	平均	51.4	0.21	0.000
	分散	57.1	3.34	0.000
傾き	平均	0.03	0.09	0.767
	分散	2.34	1.41	0.097
切片と傾きの共分散		-2.19	1.60	0.171
切片へのパス		Coef.	s.e.	p
	SES	3.42	0.22	0.000
傾きへのパス		Coef.	s.e.	p
	SES	0.04	0.09	0.653
R^2		Coef.	s.e.	p
	切片	0.170	0.021	0.000
	傾き	0.001	0.003	0.824

model 3 (SES, Sex)

		Coef.	s.e	p
切片	平均	51.1	0.31	0.000
	分散	57.1	3.34	0.000
傾き	平均	-0.03	0.13	0.820
	分散	2.44	1.42	0.084
切片と傾きの共分散		-2.30	1.60	0.152
切片へのパス		Coef.	s.e.	p
	SES	3.41	0.22	0.000
	Sex	0.55	0.42	0.191
傾きへのパス		Coef.	s.e.	p
	SES	0.04	0.09	0.659
	Sex	0.11	0.17	0.529
R^2		Coef.	s.e.	p
	切片	0.171	0.021	0.000
	傾き	0.002	0.005	0.713

各モデルの適合度

	model 1 (Null)	model 2 (SES)	model 3 (SES, Sex)
AIC	33855	33561	33561
BIC	33898	33615	33627
Adjusted BIC	33873	33583	33589
N	1701	1701	1701

注1：データ：小4-6、N=1701
注2：Sex: women=1, men=0
出典：X市データより筆者作成。

最後に中 1-3 の結果をみてみよう（**表 6-7**）。model 1 の結果からは、小 4-6 とは異なり学力の変化量に有意な個人差がみられる（傾き・分散）。次に、モデルの適合度をみると、小 1-3、小 4-6 と同様に SES を入れるとモデルが改善するが性別では変化がなく、学力に対して SES が一定の説明力を有することがわかる。さらに model 3 の結果をみると、ここでもこれまでと類似の傾向が示されており、SES については中 1 時点で SES1 ポイントごとに 3.63 の学力差があり（切片へのパス）、さらに学力の変化量は SES1 ポイントごとに 0.12 の学力差があることが示されている（傾きへのパス、有意差なし）。R^2 値も、SES の学力への説明力は切片に対しては .171、傾きに対しては .004 と、小 4-6 の結果と比べると、中 1 時の学力差は、小 4 と同程度だが、切片の係数が増加しており、小 4 よりも学力の階層差に変化がみられる。

中 1-3 の結果をまとめると、小 4-6 と比べると学力に変化があり、小 1-3 と同程度の学力の変化がみられる。そのこともあり、小 4-6 と比べて、学力の階層差の変化が大きくなっている。中 1 時の学力の階層差は、小 4 時と同程度だが、その後の学力の階層差に変化がみられるため、結果的に中 3 時の学力の階層差が最も大きくなっている。

表 6-7　各モデルの結果とモデルの適合度一覧（中 1-3）

model 1 (null)		*Coef.*	*s.e*	*p*
切片	平均	51.9	0.26	0.000
	分散	75.3	3.72	0.000
傾き	平均	-0.13	0.09	0.137
	分散	4.19	1.30	0.001
切片と傾きの共分散		-3.16	1.52	0.038

model 2 (SES)		*Coef.*	*s.e*	*p*
切片	平均	51.9	0.24	0.000
	分散	62.2	3.18	0.000
傾き	平均	-0.13	0.09	0.137
	分散	4.07	1.22	0.001
切片と傾きの共分散		-3.48	1.38	0.011
切片へのパス		*Coef.*	*s.e.*	*p*
	SES	3.62	0.27	0.000
傾きへのパス		*Coef.*	*s.e.*	*p*
	SES	0.12	0.09	0.182
R^2		*Coef.*	*s.e.*	*p*
	切片	0.170	0.023	0.000
	傾き	0.004	0.005	0.513

model 3 (SES, Sex)		*Coef.*	*s.e*	*p*
切片	平均	51.5	0.36	0.000
	分散	62.3	3.17	0.000
傾き	平均	-0.13	0.13	0.331
	分散	4.14	1.20	0.001
切片と傾きの共分散		-3.55	1.37	0.010
切片へのパス		*Coef.*	*s.e.*	*p*
	SES	3.63	0.27	0.000
	Sex	0.73	0.49	0.135
傾きへのパス		*Coef.*	*s.e.*	*p*
	SES	0.12	0.09	0.182
	Sex	0.00	0.17	0.980
R^2		*Coef.*	*s.e.*	*p*
	切片	0.171	0.023	0.000
	傾き	0.004	0.005	0.512

モデルの適合度

	model 1 (Null)	model 2 (SES)	model 3 (SES, Sex)
AIC	22886	22657	22658
BIC	22927	22707	22719
Adjusted BIC	22901	22676	22681
N	1195	1195	1195

注 1：データ：中 1-3、N=1195
注 2：Sex: women=1, men=0
出典：X 市データより筆者作成。

5. まとめ

本章では、X 市の学力パネルデータを用いて、学力の階層差とその経年変化の動態を検討してきた。**表 6–8** は潜在曲線モデルの分析結果の要点を学年ごとに比較したもので、また**図 6–3**、**図 6–4** は潜在曲線モデルから試算される学力の階層差の推移を、男女ごとにグラフ化したものである（model 3 の結果）（グラフでは、SES ポイント -2、-1、0、+1、+2 ごとの学力値を示している）。本章の分析結果を要約すると下記の通りになる。

第一に、学力の変化量は全体的に大きくはないものの、学年集団ごとにみるとその変化量には違いがある。小 1–3 と中 1–3 で学力の変化量が相対的に大きく、学力の変化が表れていた（表 6–8 model 1 の結果から）。

第二に、学力の階層差に関して、図 6–3、6–4 で示しているように小 1–3、小 4–6、中 1–3、いずれの学年においても、明確な学力の階層差が確認された。さらに義務教育が始まる小 1 の結果に注目すると、他の学年と比べると相対的に小さいものの、小 1 の段階で明確な学力の階層差を確認することができた。そして小 1 年時にみられる階層差は小 2、小 3 と微増していく。表 6–8 の model 2 の切片と傾きの数値をあわせたものが、学力差やその後の学力変化に対する階層要因の説明力を表しているが、学力に対する階層の影響力は、学年があがるほど高まっていることがわかる。

ただし、学力の変化量（R^2（傾き））に対する SES の数値は小さく、学力の

表 6–8　潜在曲線モデルの結果の要約

		小 1-3	小 4-6	中 1-3
学力の変化量 (model 1)	傾き・平均	-0.17	0.03	-0.13
	傾き・分散	3.85	1.83	4.19
		小 1-3	小 4-6	中 1-3
SES の学力に対する説明力 (model 2)	R^2（切片）	.117	.170	.171
	R^2（傾き）	.007	.001	.004
		小 1-3	小 4-6	中 1-3
SES の切片・傾きへのパス係数 (model 3)	切片へのパス（SES）	2.84	3.41	3.63
	傾きへのパス（SES）	0.15	0.04	0.12

出典：X 市データより筆者作成。

変化は十分に説明できていない部分もある。これは本データでは学力に偏差値を用いているため、そもそもの変化量が低く見積もられているのかもしれない。ただ第４節の分析結果や、第３節の全体集計の結果も総合的にみて本分析の結論を述べるならば、学力の階層差は小１から中３にかけて微増していると言えるだろう。

第三に、第二の点に関わるが、学力に対する階層の影響力は学年段階でやや異なっている（表 6-8 model 3 の結果から）。小 1-3 では初期値（切片）に対しては係数が小さいが、変化量（傾き）に対する係数は他の学年よりも大きくでている。このことは、観測開始時点（小１、小４、中１）での学力の階層差は小１が最も小さいが、その後の階層による学力差が最も大きく広がったのは小 1-3 であることを表している。小 4-6 では学力の階層差の広がりは相対的に小さく、

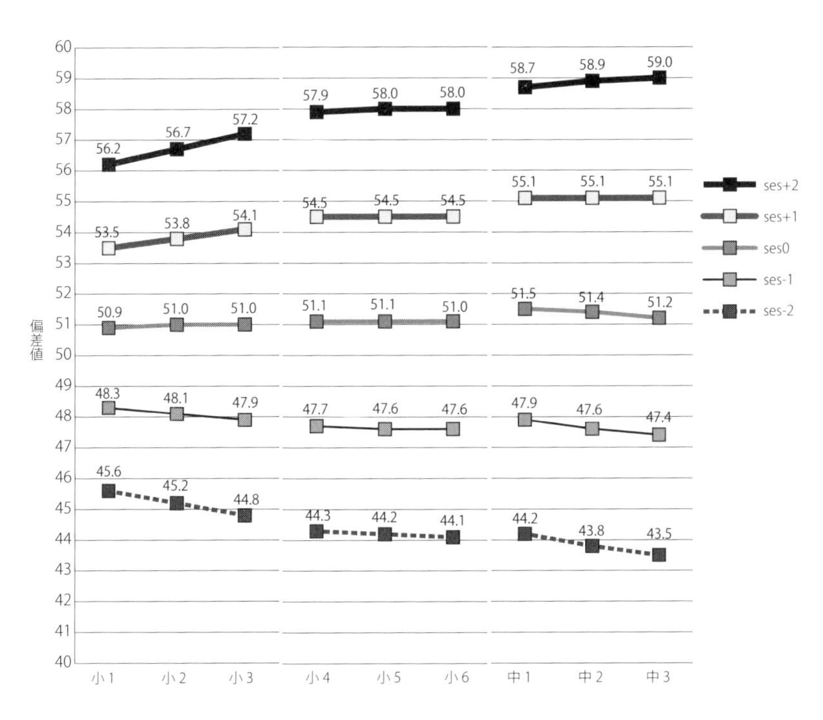

図 6-3　潜在曲線モデルから試算される学力の階層差の推移（男子）

出典：X 市データより筆者作成。

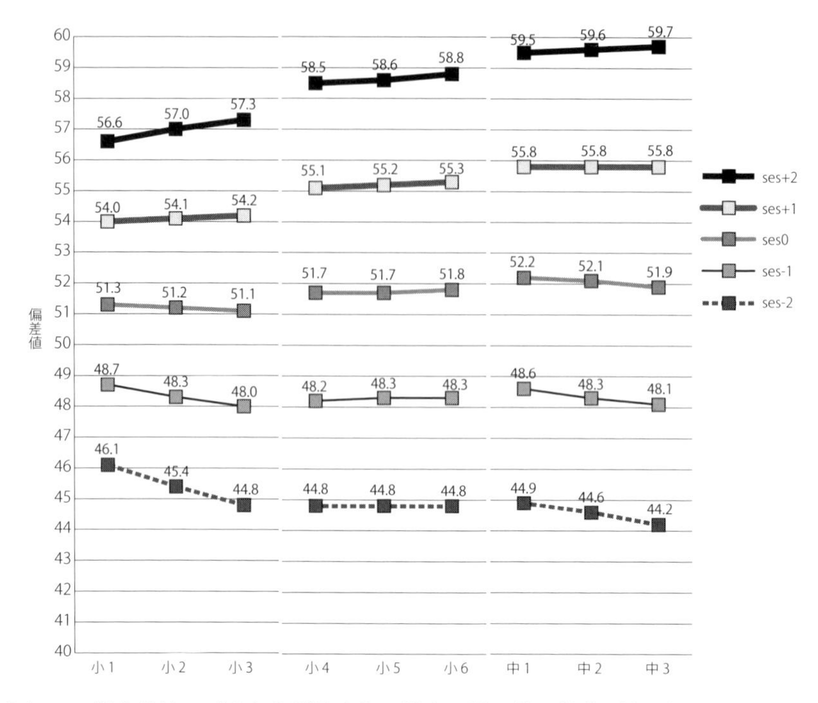

図 6-4　潜在曲線モデルから試算される学力の階層差の推移（女子）
出典：X 市データより筆者作成。

中学校でまた大きくなっている。

これは小学校低学年段階で特に学力の階層差が大きくなりやすいこと、加えて学年段階によって学力の階層差の変動が異なることを示唆している。もちろん傾きが統計的に有意な差がでていないことに留意が必要ではあるが、より長期的なデータから変化を吟味したり、あるいは学力を偏差値ではなく、より変化量を捉えやすい設計にすれば、この傾向をより精緻に把握できるかもしれない。

以上の本章での分析結果からは、次の三点が示唆される。第一に小学校低学年時点で明確な学力の階層差が観察されることは改めて注目される。今回のテストを受けたのは 12 月時であるが、その時点で出身階層によって子どもの学力に違いがみられることになる。もちろん入学した 4 月からテストを受けた

12月の間に階層差が生じた、とみることもできるが、日本では就学前教育における子育てや教育施設の選択には階層による違いがみられることを踏まえれば（小針 2006; 小川 2018）、そうした学校段階に入る以前の被教育経験が小1時点での階層差を生じさせていることも考えられる。いずれにしても、小1段階で子どもたちの学力には階層差が生じており、子どもたちはスタート時点でこうした差を抱えながら、その後の小学校・中学校の学校生活を送っていると言える。

第二に、ここでの結果からは、学力の階層差が義務教育段階を進むにつれて微増していくことが改めて示された。言い換えるならば、義務教育段階でみられる子どもたちの学力格差は、世帯収入や保護者の学歴といった社会階層によって大きく影響をうけており、さらにその影響力は学年段階があがるにつれて強くなっていくと言うことができる。

類似の知見は、6歳から12歳にかけて経済階層によって学力差が拡大していくことを指摘したHeckman（2006）の研究が有名だが、この結果は、日本において学力の階層差の拡大を指摘してきた先行研究の知見（中西 2017; 数実 2017）と重なるものである。しかしながら階層差の「拡大の程度」については、分析で用いている学力・階層指標も異なることから、結果が一致しているわけではない。本研究の結果から言えば、年度間（例、小1-2-3）の階層差の拡大の程度は「微増」であるものの、義務教育段階の9年間を通じて毎年格差が集積することで、小1から中3を通じて階層差は「拡大」している、と捉えることが妥当のように思われる。この点については今後さらなる検証は必要であろう。

第三に、上記した学力の階層差の生じ方は、学年段階によって異なる可能性がある。もちろん、テスト設計や学年集団の違いなど留意すべき点はあるものの、小学校低学年、中学校で階層差が拡大の程度が相対的に大きいことが示唆された。このことは学力テストの設計や回収率の問題など「外的」な要素によるものかもしれないが、ここでは学校制度という視点からを考察してみたい。

例えば、小学校低学年時の階層差の拡大については、当然のことであるが小学校1年時から子どもたちは本格的な学校での学習を開始する。小学校低学年時においても、学校で求められる精確な言語の運用方法は高階層の子どもほどアドバンテージがある（前馬 2011）。また、教員とのコミュニケーションのとり方にも階層による違いがあり、学級の様々な活動の中で、必要なときに教員に助けを求める習慣は高階層の子どもほど身につけているという（Calarco 2011）。小学校入学後、こうした学力形成に関わる学級内の多様なイベントが生じ始めることで、子どもたちの学力の階層差が拡大していくことが考えられる。

また中学校における階層差の拡大については、高校受験の影響が考えられる。ここでは結果を割愛するが、子どもの生活アンケートの変化を検討すると、小学校低学年・高学年と比べて、中学校のほうが回答結果の変化が大きくみられた▶9。特に学習態度や家庭学習の取り組みなどで、全体的に肯定的な回答が増加しており、学力上位層は中3になると、より学習時間や授業内外の学習態度が高まっていた。小学校と比較すると中学校では高校受験によって子どもの学習行動が「加熱」（竹内 1996）され、こうした変化の中で、学力の階層差も拡大していくことが考えられる。このように考えると、子どもの学力の階層差やその経年変化の動態は、入学・受験といった学校制度の文脈との連関で捉えることが有効であると言えるだろう▶10。

今後の課題としては、先に述べたようなデータの限定性や学力設計の問題があげられるが、加えて、本分析ではなぜこうした階層差の結果になるのか、より踏み込んだ分析を行うことはできなかった。また子どもの学力は階層によってすべて決定されているわけではなく、階層が低くても学力が高い子どももいるし、授業形態や学校づくりの仕方によって階層差を縮まる場合もある（志水編 2009; 須藤 2013）。こうした階層差が縮小するケースを吟味することや、X市の地域性との関係で階層差を考察するなど、こうした作業については今後の課題としたい▶11。

❖注

▶1　世帯年収は各回答項目の中間値を用い、父親学歴、母親学歴は最終学歴を教育年数に換算した。次に、それぞれの変数を標準化し、三つの変数の平均値を算出した。なお、いずれかの変数が欠損の場合も、残りの変数で平均値を算出している。こうして算出された指標を標準化し、最終的なSES指標は平均が0、標準偏差が1となっている。

▶2　複数調査を行う場合、全調査で回収できたデータと、一部の調査のみで回収できたデータがでてくる。全時点で回収できたデータを結合したものをバランスドパネルデータ（BP）とよび、経年変化を推定する分析などに用いる。各時点で回収できた全てのデータをつなげたものをアンバランスドデータ（UBP）と呼び、各時点におけるデータ全体の傾向や分布の確認などに利用する。

▶3　4分割したSES指標の分布は次の通り。

表6-9　SES4分類のサンプル数

	小1-3			小4-6			中1-3		
SES	%	%	N	%	%	N	%	%	N
Lowest	23.4	17.2	511	26.4	18.0	503	29.9	16.4	460
Lower Middle	26.1	19.2	570	22.2	15.2	424	17.9	9.8	275
Upper Middle	37.2	27.2	810	40.5	27.7	772	30.6	16.8	471
Highest	13.3	9.7	289	11.0	7.5	209	21.5	11.8	331
SES不明	—	(26.7)	796	—	(31.6)	881	—	(45.2)	1267
合計／全体	100.0	100.0	2976	100.0	100.0	2789	100.0	100.0	2804

出典：X市データより筆者作成。

▶4　分析対象のデータが、ある一定の基準から観測されずデータの分布に偏りがある状態を「打ち切り」と呼び、打ち切りデータの偏りを補正して回帰分析を行う手法を「打ち切り回帰モデル」と言う（藤原 2014）。

▶5　お茶の水女子大学（2018）の全国学力テストと保護者調査のデータを用いた分析結果によれば、学力に対するSESの標準化係数は小6（算数A:.338、算数B:.350）、中3（数学A:.398、数学B:.361）となっている（お茶の水女子大学、2018、p.35）。本調査の結果では、小6で.372、中3で.404となり、同学年の結果と比較すると類似している。

▶6　潜在曲線モデルは、「潜在成長モデル」「成長曲線モデル」「潜在成長曲線モデル」など様々な呼び方がある（徳岡 2015, p.189）。潜在曲線モデルでは、各時点（wave）における測定値を用いて、切片（intercept）や傾き（slop）といった潜在変数の平均値と分散を推計し、時系列変化の個人差を捉えることができる。例えば、切片では観測開始時点（wave1）の学力の平均や分散を、傾きではその後の時点間での学力の変化量の平均や分散を推定する。このモデルでは切片と傾きから学力の変化の平均的な傾向を分析し、さらに説明変数を加えることで、変化の違いを生じさせる要因や条件を探ることが可能になる（徳岡 2015, pp.188-189）。

▶7　第3節で用いたアンバランスドパネルデータ（UBP）と第4節で用いたバランスドパネルデータ（BP）の各変数の記述統計と学力の相関係数は次の通り。

表 6-10　各変数の記述

UBP データ

	調査時点	最小値	最大値	平均値	標準偏差	N
小 1 学力	wave1	-6.4	61.4	50.0	10.0	2689
小 2 学力	wave2	10.9	67.2	50.0	10.0	2669
小 3 学力	wave3	13.2	63.7	50.0	10.0	2693
小 4 学力	wave1	18.9	64.8	50.0	10.0	2552
小 5 学力	wave2	17.8	65.3	50.0	10.0	2548
小 6 学力	wave3	13.6	64.0	50.0	10.0	2544
中 1 学力	wave1	18.6	63.1	50.0	10.0	2521
中 2 学力	wave2	24.2	63.8	50.0	10.0	2462
中 3 学力	wave3	23.0	64.9	50.0	10.0	2475
		最小値	最大値	平均値	標準偏差	N
SES	小 1-3	-3.27	2.67	0.00	1.00	2180
	小 4-6	-3.36	3.15	0.00	1.00	1908
	中 1-3	-3.34	3.35	0.00	1.00	1537
		男	女	不明		N
性別	小 1-3	49.9%	47.2%	2.9%		2744
	小 4-6	50.5%	46.0%	3.5%		2605
	中 1-3	45.5%	43.2%	11.2%		2623

BP データ

		最小値	最大値	平均値	標準偏差	N
小 1-3	小 1 学力	2.1	61.4	51.1	8.9	1872
	小 2 学力	13.9	67.2	51.1	9.4	
	小 3 学力	13.2	63.7	51.0	9.3	
小 4-6	小 4 学力	18.9	64.8	51.3	9.3	1702
	小 5 学力	17.8	65.3	51.3	9.3	
	小 6 学力	14.9	64.0	51.3	9.3	
中 1-3	中 1 学力	18.6	63.1	51.7	9.0	1195
	中 2 学力	24.2	63.8	51.6	9.3	
	中 3 学力	23.0	64.8	51.6	9.4	
		最小値	最大値	平均値	標準偏差	N
SES	小 1-3	-3.27	2.67	0.01	0.98	1872
	小 4-6	-3.36	3.15	0.01	1.00	1701
	中 1-3	-2.84	3.07	0.02	0.98	1195
		男	女			N
性別	小 1-3	49.6%	50.4%			1872
	小 4-6	50.5%	49.5%			1701
	中 1-3	49.9%	50.1%			1195

出典：X 市データより筆者作成。

表 6-11　学力（時点間）の相関係数

学力（時点間）の相関係数

UBP データ

	小 1	小 2	小 3
小 1	—		
小 2	.722	—	
小 3	.680	.737	—
N = 2570、2425、2450			
	小 4	小 5	小 6
小 4	—		
小 5	.756	—	
小 6	.730	.761	—
N = 2463、2341、2377			
	中 1	中 2	中 3
中 1	—		
中 2	.839	—	
中 3	.800	.833	—
N = 2388、2388、2255			

学力（時点間）の相関係数

BP データ

	小 1	小 2	小 3
小 1	—		
小 2	.720	—	
小 3	.689	.735	—
N = 1872			
	小 4	小 5	小 6
小 4	—		
小 5	.739	—	
小 6	.716	.743	—
N = 1704			
	中 1	中 2	中 3
中 1	—		
中 2	.832	—	
中 3	.799	.828	—
N = 1195			

注：UBP の N の表記は、順番に小 1-2、小 1-3、小 2-3、各相関分析のサンプル数。数値はすべて 1%水準で有意。
出典：X 市データより筆者作成。

▶ 8　適合度とは、分析モデルとデータがどの程度合致しているかを測る評価基準を指す（小杉 2014, p.10）。ここでは基本的な評価指標である情報量規準として、AIC（Akaike's Information Criterion）、BIC（Bayesian Information Criterion）、adjust BIC（サンプルサイズ修正済み BIC）を確認している。

▶ 9　この点に関する分析は、中村（2019）を参照いただきたい。

▶ 10　教育制度と学力の階層差との関係を国際比較した多喜（2010）によれば、先進国の教育制度は「分岐モデル」「自由主義モデル」「課程主義モデル」「平等主義モデル」「受験競争モデル」に類型化されること、また教育制度の特徴によって学力の階層差の表れ方は異なっており、日本の場合、学力の階層差は通学している高校レベルの違いに回収されており、高校受験を通じて学力の階層差が高校の学校間格差に変換される「受験競争モデル」に該当することが指摘されている。また同じくマクロな観点から学力の階層差を吟味したものとして、経済資本・文化資本の分化や社会の経済的水準を含めて学力の階層差を検討した近藤（2012）がある。学力の階層差の推移も、学校制度やマクロな社会状況も踏まえた上で検討する必要があるが、こうした課題については他日を期したい。

▶ 11　本分析の限定性について、繰り返しになるが、そもそも学年集団が異なっており、保護者調査の回収率にも違いがある。そのため小１から中３までの変化を厳密に推定できたわけでない。また学力に偏差値を用いているので、学力の変化量が小さく、それに対する階層の説明力も低く見積もられているかもしれない。学力変化の推定に適したテスト設計にすれば、学力の変化量に対する階層の説明力が高まるかもしれない。その例として、近年注目されているのが項目反応理論を用いた学力調査である。項目反応理論を用いる場合、異なる複数のテスト結果を同一尺度上に構成する「等化」という技術を用いて学力を推定する。こうした手法は、テストの正答率・偏差値などを用いる古典的テスト理論に比べて、特に学力の変化を把握することに優れており、PISA や TIMSS といった国際学力調査でも採用されている。学力調査における項目反応理論の利用については川口（2016）、川口ほか（2019）を参照されたい。

❖参考文献

赤林英夫・直井道生・敷島千鶴編（2016）『学力・心理・家庭環境の経済分析』有斐閣。

Calarco, J. M., 2011, "I need help!" Social class and children's help-seeking in elementary school, *American Sociological Review*, 76(6), pp.862-882.

Heckman, J. J., 2006, Skill formation and the economics of investing in disadvantaged children. *Science*, 312(5782), pp.1900-1902.

藤原 翔（2014）「カテゴリカル・制限従属変数に対する回帰モデル」小杉考司・清水裕士編『M-plus と R による構造方程モデリング入門』北大路書房 , pp.134-150.

苅谷剛彦・志水宏吉編（2004）『学力の社会学』岩波書店。
川口俊明（2016）「項目反応理論による『学力低下・学力格差』の実態の再検討」志水宏吉・髙田一宏編『マインド・ザ・ギャップ！』大阪大学出版会 , pp.239-260。
川口俊明・松尾剛・礒部年晃・樋口裕介 (2019)「項目反応理論と潜在クラス成長分析による自治体学力調査の再分析」『日本テスト学会誌』15(1), pp.121-134.
数実浩佑（2017）「学力格差の維持・拡大メカニズムに関する実証的研究」『教育社会学研究』101, pp.49-68.
小針 誠（2004）「階層問題としての小学校受験志向」『教育学研究』71(4), pp.422-434.
近藤博之（2012）「社会空間と学力の階層差」『教育社会学研究』90, pp.101-121.
小杉考司（2014）「構造方程式モデリングとは」小杉考司・清水裕士編『M-plus と R による構造方程モデリング入門』北大路書房 , pp.2-12.
徳岡 大（2014）「潜在曲線モデル」小杉考司・清水裕士編『M-plus と R による構造方程モデリング入門』北大路書房 , pp.188-207.
中村瑛仁（2019）「学力の経年変化と階層間格差」志水宏吉監修・若槻 健・知念 渉編著『学力格差に向き合う学校』明石書店。
中西啓喜（2017）『学力格差拡大の社会学的研究』東信堂。
前馬優策（2011）「日本における『言語コード論』の実証的検討」『教育社会学研究』82, pp.165-184.
日本財団（2018）『家庭の経済格差と子どもの認知能力・非認知能力格差の関係分析』https://www.nippon-foundation.or.jp/app/uploads/2019/01/wha_pro_end_07.pdf（最終閲覧日 2019.9.18）
お茶の水女子大学（2018）『保護者に対する調査の結果と学力等との関係の専門的な分析に関する調査研究』http://www.mext.go.jp/component/a_menu/education/micro_detail/_icsFiles/afieldfile/2018/07/10/1406896_1.pdf（最終閲覧日 2019.9.18）
小川和孝（2018）「就学前教育と社会階層」中村高康・平沢和司・荒牧草平・中澤 渉『教育と社会階層』東京大学出版会 , pp.13-28.
竹内 洋（1995）『日本のメリトクラシー』東京大学出版会。
多岐弘文（2010）「社会経済的地位と学力の国際比較」『理論と方法』25（2）, pp.229-248.
垂見裕子（2018）「家庭の社会経済的背景（SES）の尺度構成」お茶の水女子大学『保護者に対する調査の結果と学力等との関係の専門的な分析に関する調査研究』pp.10-12.
豊田秀樹（2007）『共分散構造分析（Amos 編）』東京図書。
志水宏吉編（2009）『力のある学校の探求』大阪大学出版会。
須藤康介（2013）『学校の教育効果と階層』東洋館出版社。
山崎博敏・西本裕輝・廣瀬等編（2014）『沖縄の学力追跡』協同出版。

第7章

中学生における進学アスピレーションの階層間格差

数実 浩佑

1. 問題設定

学力格差に密接に関連する問題として本章で取り上げたいのが、進学希望の格差である。限られた人びとが大学に進学することができた時代は過ぎ去り、教育機会の拡大にともなって、誰もが望めば大学に進むことが可能な時代となった。しかしながら依然として、大学進学の階層間不平等は残ったままである。ここには、出身階層にともなう学力格差が大学受験を乗り切るための障壁となっていることに加えて、社会経済的に不利な立場にある子どもはそもそも大学進学を希望しない割合が高いという、進学希望の意識にかかわる格差が関係している。

この問題に関して、生徒の進学希望を示すアスピレーションの強さ（以下、進学アスピレーション▶1と呼ぶ）が出身階層とどのように結びついているか、それが生徒の学業成績や学校ランクによってどの程度規定されるか、実際の進学行動や職業意識とどのように関連しているかといった問いが様々なデータを用いて検討されてきた（たとえば、荒牧 2002; 藤原 2009; 片瀬 2005; 平沢 2012; 中山・小島 1979; 中澤 2008; 鳶島 2016）。

そのなかでもまず押さえておかなければならないのが、生徒本人の進学アスピレーションは、出身階層による影響を免れないという先行研究の一貫した知見である。「出身階層が高いほど本人の教育期待が高く、高い教育期待をもつ生徒ほど実際の教育達成も高くなりがちで、それがより高い地位達成につながる」（森 2014, p.143）というモデルは、社会階層研究の文脈において主流な見方となっており、多くの実証研究においてその妥当性が繰り返し検証されている。

これにくわえて、学力格差と進路希望の格差の関係についても分析が進められなければならない。生徒本人の学業成績は、階層とはある程度独立して本人の教育期待を形成しうる要因であり（森 2014）、低学力に陥ることが、「大学に進学したい」という意識が喪失されることにつながってしまうからである。

進学アスピレーションに関する研究は、教育機会の不平等問題を検討していくうえで重要なテーマであり、現在も活発に行われているが、依然として課題も多い。本章では、以下に示す二つの課題について取り組んでいきたい。

先行研究の課題としてまず指摘できるのは、経年変化を捉えた分析が少ないという点である▶2。先行研究では、クロスセクションデータ（1時点のデータ）から進学アスピレーションの分析が行われてきたが、進学アスピレーションが学年によって変化しうることを考えれば、それらがどのように変化するのか、その変化は出身階層によって異なってくるのかといった分析が必要となってくる。特に、多くの子どもが将来の進路を考え始める中学校段階に着目して、かれらがいつ、どのような進路希望を有しているか、それがどのように変化していくかについて実態把握を行っていく必要がある。

もう一つの重要な課題は、なぜ進路希望が出身階層に影響されるのか、そのメカニズムを検討していくことである（中澤 2008; 鳶島 2016）。そして日本社会における進学格差の発生源として特に重要な役割を担っているのは中学3年時の進学意欲と学業成績（自己評価）である（鹿又 2014）という主張をふまえると、中学生の進学アスピレーションに着目することが有効であると思われる。そこで本章では、「中学生の進学アスピレーションの階層差が生み出されるメカニズムを明らかにすることで、教育達成の階層差生成メカニズムの解明に近づく」（鳶島 2016, p.75）というアプローチによって、大学進学の階層間格差が依然として解消されない原因を考察していく。

本章では、この課題に対して、学力の変化が進学アスピレーションにどのような影響を与えるかを分析することを通して迫っていく。先行研究においても、「進学アスピレーションに学業成績はどのような影響を与えるか」という問いを検討してきた事例は多いが、パネルデータを用いて、学力の変化がもたらす影響を分析した事例はみられない。低い学力を維持している生徒の進路意識、学力が下がった生徒の進路意識、高い学力を維持している生徒の進路意識、学力が向上した生徒の意識はそれぞれ異なってくると予想される。またこれらの効果は、次節で説明するように、生徒の出身階層によって異なる可能性もある。そこで本稿では、学力の変化が進学アスピレーションに与える影響、およびその階層差に着目したうえで、進路希望の格差が生まれるメカニズムに迫っていく。

本章の流れは以下の通りである。第2節では、リサーチクエスチョンについて整理する。第3節では、使用するデータと変数について説明する。第4節では、進学アスピレーションの変化とその階層差について実態把握を行う。第5節では、進学アスピレーションの規定要因について、学力の変化の影響とその階層差に着目して分析を行う。最後に第6節において、分析結果のまとめと考察を行う。

2. リサーチクエスチョン

それでは、具体的なリサーチクエスチョンについて提示していこう。本章では、大きく次の二つのリサーチクエスチョンを扱う。RQ1は進学アスピレーションの階層差と変化にかかわる実態把握に関する分析、RQ2は進学アスピレーションの規定要因、つまり進路希望の階層差の生成メカニズムの解明に関する分析である。

RQ1: 進学アスピレーションはどのように変化するか

まず中学生の進学アスピレーションがどのように変化するか、それは出身階層といかなる関連をもっているかについて検討する。具体的には、次の二つのサブリサーチクエスチョンを設定する。

RQ1-1: 進学アスピレーションの階層差は学年段階によって異なるか

進学アスピレーションに出身階層間の格差が存在することは、すでに多くの先行研究において明らかになっている。またマクロレベルで進学アスピレーションの階層差の年代別推移を分析した事例もある。しかしながら、学年段階ごとにその階層差がどのように変化しているかを分析した事例はほとんどない。そこでまず、進学アスピレーションに関して2時点の情報を得ている本調査の特徴を生かして、進学アスピレーションの階層差を学年段階ごとに把握していく。

RQ1-2: 進学アスピレーションの変化の仕方に階層差はみられるか

ある学年段階において「大学まで進学したい」と考えている生徒がいるとしよう。その生徒は、次の学年段階においても「大学まで進学したい」と考えているだろうか。一貫して大学進学を希望する場合もあるだろうが、「高校を出たら就職したい」「大学ではなくて専門学校に進みたい」などというように、考えを変更する場合もあるだろう。それでは、いったいどの程度の生徒が希望進路を変更せず、どの程度の生徒が希望進路を変更するのだろうか。また希望進路の変更に関する固定度合いは、階層によって違いはみられるだろうか。出身階層が高いほど大学進学を希望しやすいという先行研究の知見をふまえると、出身階層が高い生徒は「非進学希望→進学希望」（もともと大学に行くつもりはなかったが、やっぱり大学に行きたいという気持ちが生まれてくる）という変更を行いやすいのに対して、出身階層が低い生徒は「進学希望→非進学希望」（もともと大学に行きたいと思っていたが、やっぱり大学よりも就職あるいは専門学校でよいだろうという気持ちが生まれてくる）という変更を行いやすいという仮説が立てられる。このような仮説は正しいだろうか。

RQ2: 成績の変化が進学アスピレーションに与える影響に階層差はみられるか

成績（学力）と進学アスピレーションの間に一定の相関関係がみられること、すなわち、成績が高い生徒ほど大学に進学したいと考える傾向があるというのは先行研究で指摘されてきた通りであるが、変化の方向によってその影響に違いはみられないだろうか。たとえば、成績が下がったときは進学アスピレーションも下がるが、成績が上がったときは、進学アスピレーションは高まらないというような傾向があるとすれば、成績と進学アスピレーションの関係を線形的にみていたこれまでの知見に修正を迫ることになる。また成績が下がったことの効果と低い成績を維持し続けた効果は同じだろうか。このように、本章では、成績変化の方向の違い、および成績の変化と水準の違いを区別しながら分析を進めていく。

くわえて本章では、成績の変化が進学アスピレーションに与える影響を階層別に分析していく。進学アスピレーションと成績の変化の関係は、生徒の属性によって異なりうる可能性があるからである。たとえば、親の文化階層が高いほど子どもほどの向学校的な学習行動や進学アスピレーションが引き出されやすいとする「文化的再生産論」(Bourdieu and Passeron 1970=1991）の議論を援用すれば、階層上位の子どもは成績が下がったとしても、大学に行きたいという意欲を維持するのに対して、階層下位の子どもは成績が下がると大学進学を諦めるという仮説を立てることができよう。この仮説は正しいだろうか。

3. データと変数

3.1 データ

ここでは、市内の公立小中学校、全校を対象とした学力調査（科目は数学の1教科）・子どもアンケート調査・保護者アンケート調査によって得られたデータを用いる。本調査はパネル調査の設計になっており、進学アスピレーションはどのように変化するかという問いや、成績の変化が進学アスピレーションにどのような影響を与えるかという問いを分析することができる。データの概要については、第Ⅲ部の冒頭に示しているので参照されたい。

本章で使用するデータは、一地域における悉皆（しっかい）調査によって得られたデータであるため、得られた知見を一般化することには慎重である必要があるが、保護者調査によって生徒の出身階層に関する指標を得ていること、学力調査によって得られた客観的な学業成績の指標が使えること、パネル調査の設計によって2時点分のパネルデータとして扱えることという意味で、本章のリサーチクエスチョンを分析するための条件がそろった貴重な調査データとなっている。

3.2 変数

続けて、本章で使用する変数について説明する。主要な変数は、進学アスピレーション、成績の変化、出身階層（SES）の三つである。

1）進学アスピレーション

「あなたは将来どの学校まで進みたいですか」という質問項目に対して、「中学まで」「高校まで」「専門学校や各種学校まで」「大学まで」「わからない」の合計五つの選択肢が用意されている。この項目を進学アスピレーションの変数として扱う。進学アスピレーションの度数分布を示したのが**図7-1**である。図をみると、中2、中3ともに「大学まで」と回答する割合が50％以上となっている。ただし、中3の方が大学進学を希望する割合が高く、その分、「専門学校や各種学校まで」、「わからない」の割合が低くなっていることが確認できる。

2）成績の変化

数学に関する学力テストの得点を偏差値化（平均50、標準偏差10）したものを学業成績の指標として扱う。なお成績の変数は、変化に関する分析が行えるように、連続変数として扱うのではなく、成績「上」「中」「下」に3分割した離散変数として扱う▶[3]。

表7-1に成績変化をクロス表で示した結果を示す。この表をもとに、「成績向上」（表中の右上三つのセル）、「成績低下」（表中の左下三つのセル）、「成績下維持」（表中の左上のセル）、「成績中維持」（表中の中心のセル）、「成績上維持」（表中の右下のセル）に生徒を5分類し、これを成績変化の指標とする。多変量解析を行う際は、成績中維持を基準として、成績向上ダミー、成績低下ダミー、

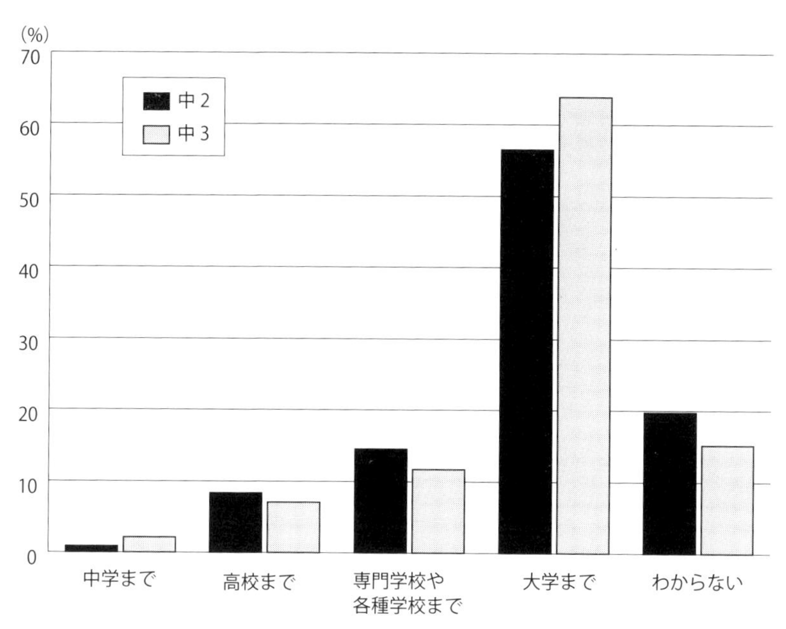

図 7-1　進学アスピレーションの度数分布

出典：X 市データより著者作成。

表 7-1　成績のクロス表

		成績＜中３＞			合計
		下	中	上	
成績＜中２＞	下	533 77.1%	146 21.1%	12 1.7%	691 100%
	中	138 18.0%	464 60.7%	163 21.3%	765 100%
	上	15 0.7%	154 4.0%	611 72.8%	780 100%
	合計	686 30.7%	764 34.2%	786 35.2%	2,236 100%

出典：X 市データより著者作成。

成績下維持ダミー、成績上維持ダミーの四つのダミー変数を用いる[4]。

3）出身階層（SES）

出身階層の指標として、ここでは耳塚らによる全国学力調査の学力分析の際に用いられた社会経済的背景指標を採用する（耳塚ほか 2016）。保護者調査から得られた「父親学歴」「母親学歴」「世帯収入」を合成し（垂見 2016）、得点化したものを3分割（「階層下位」「階層中位」「階層上位」）し、これを出身階層の指標とする[5]。階層上位から中位、下位へと向かうにしたがって、その生徒の社会経済的背景が不利であることを意味する。

4. 進学アスピレーションの変化と階層差

4.1 出身階層と進学アスピレーションの関連の学年間比較

まずRQ1-1「進学アスピレーションの階層差は学年段階によって異なるか」について検討しよう。出身階層と進学アスピレーションのクロス表を学年ごとに示したのが**表7-2**である。x^2検定の結果は中2、中3ともに1%水準で有意であることが確認できる。また変数間の関連の強さを示すクラマーのVの値をみると、中2で0.198、中3で0.149となっており、出身階層と進学アスピレーションには一定の関連がみられる。大学までの項目に着目すると、中2では、階層下位が45.9%、階層中位が57.2%、階層上位が73.1%、中3では、階層下位が56.6%、階層中位が63.7%、階層上位が76.3%となっており、家庭の社会経済的背景が豊かな生徒ほど、大学への進学を希望する傾向があることがわかる。

続いて中2と中3の違いについてみていきたい。クラマーのVをみると、中2よりも中3の方が、その数値が小さくなっている。この結果は、中3よりも中2において進学アスピレーションの階層差が大きいことを示している。このことから中2から中3に向かうにつれて、進学希望の格差が縮小していると考えられる。ただし、早期の段階で高い進学アスピレーションを有することが学習に向かうモチベーションにつながりうることを鑑みれば、階層下位の生徒

表 7-2　出身階層と進学アスピレーションのクロス表

		中学まで	高校まで	専門学校各種学校	大学まで	わからない	N	χ^2	CramerV
中２	階層下位	1.3%	14.2%	16.3%	45.9%	22.3%	479	114.7	0.198
	階層中位	0.6%	5.5%	16.2%	57.2%	20.5%	346		
	階層上位	0.6%	2.5%	10.1%	73.1%	13.7%	636		
	合計	0.8%	7.1%	13.6%	60.4%	18.1%	1461		
中３	階層下位	2.0%	9.7%	12.7%	56.6%	19.1%	456	61.4	0.149
	階層中位	0.9%	5.5%	15.2%	63.7%	14.6%	328		
	階層上位	1.7%	3.0%	7.6%	76.3%	11.4%	603		
	合計	1.6%	5.8%	11.1%	66.8%	14.7%	1,387		

出典：X 市データより著者作成。

は階層上位・中位の生徒に比べて、受験への準備が遅れている（中学３年生になってようやく勉強に力を入れる）とみることもできる。

くわえて、階層間の進学希望の不平等の程度を、進学率（パーセンテージ）の差で比較するのは適切ではない（中澤 2015）という点にも留意する必要がある。なぜなら、進学率は「率」である以上、数値には上限があり、中２から中３にかけて大学進学希望の割合が増えるとしても、もともと大学進学希望を選ぶ傾向にある階層上位の生徒の大学希望割合は伸びる余地が少ないので、階層間の比率の差は必然的に小さくなるからである。そのため、この結果をもってして階層間の進学アスピレーションの不平等が縮小したと結論することはできない。この点については、次の RQ1-2 において扱うことにする。

4.2 進学アスピレーションの変化の仕方の階層差

続いて RQ1-2「進学アスピレーションの変化の仕方に階層差はみられるか」について検討しよう。まずは出身階層の影響は考えずに、中２時点と中３時点で進学希望先がどのように変化しているかを確認しておこう。進学アスピレーションの変化をクロス表で示したのが**表 7-3** である。このクロス表は、同じ項目を時点間でその関連をみたものであり、遷移行列ともよばれる。表をみると、中２時点で「中学まで」「高校まで」「専門学校や各種学校まで」を選んでいる生徒も、中３時点では「大学まで」を選んでいる割合が高くなっている。

一方で、中２時点で「大学まで」を選んでいる生徒は、中３時点でも約８割が「大学まで」を選んでいる。「大学以外」の選択から「大学進学」への選択に移る割合に比べて、中２時点で「大学進学」を希望している場合は、その選択が変更されにくいことがうかがえる。ただし、約２割は大学以外の選択肢に変更されており、どのような生徒がなぜ進路を変更したのか検討する必要がある。

それでは、進学アスピレーションの変化に出身階層による違いはみられるだろうか。その点について確認するため、進学アスピレーションの遷移行列を階層別に示していく。その結果が**表 7-4** である。なお結果を読み取りやすくするため、進学アスピレーションの変数を「大学以外」(「中学まで」「高校まで」「専門学校や各種学校まで」「わからない」のうちいずれかを選択した場合）と「大学進学」(「大学まで」を選択した場合）の二つに分類している。

進学アスピレーションの変化といったときに、中２時点で「大学進学」を希望している状況から、中３時点で「大学以外」を選択した場合、つまり、①大学進学を諦める方向に希望進路を変更する場合と、中２時点で「大学以外」を希望している状況から、中３時点で「大学進学」を選択する場合、つまり、②中３になってから大学に進学したいという意欲が生まれる場合の二つのパター

表 7-3　進学アスピレーションの遷移行列（行％：合計欄のみ度数）

		中3					
		中学まで	高校まで	専門学校や各種学校まで	大学まで	わからない	合計（N）
中2	中学まで	5.0	15.0	15.0	45.0	20.0	20
	高校まで	2.3	32.6	14.0	33.1	18.0	172
	専門学校や各種学校まで	2.5	7.4	33.5	43.4	13.2	325
	大学まで	2.0	2.8	5.0	81.2	9.1	1,273
	わからない	2.1	7.9	12.5	45.5	32.0	431
	合計（N）	47	153	253	1,436	332	2,221

出典：X市データより著者作成。

ンを検討しなければならない。前者を①「進学諦め」の場合、後者を②「中３から進学希望」の場合と呼ぼう。ここではまず、「進学諦め」の場合について、そこに階層差がみられるかを検討してみたい。

表の数値を見ると、「進学諦め」の場合に相当するのは、階層下位が10.7%、階層中位が10.9%、階層上位が10.3%となっており、出身階層による違いはみられない。しかしここで注意しなければならないのは、この数値は全体パーセントのものであり、もともと中２の時点で「大学進学」を希望していた生徒がどの程度いたかが、出身階層によって異なるという点である。すなわち、周辺度数の違いを考慮したうえで進学アスピレーションの変化を読み取っていく必要があるのである。

具体的にその数値をみていこう。中２時点で「大学進学」を希望していたのは、階層下位が全体のうち45.7%、階層中位が57.8%、階層上位が73.5%となっている。つまり、「進学諦め」パターンをとる割合は階層による違いは存在しないが、もともと「大学進学」を希望する割合が階層下位では少ないため、中２時点で「大学進学」に希望する生徒に限ってみた場合、「進学諦め」を選択する確率が階層下位の方が高いといえるのである。

この点を正確に把握するために、Mareのトランジション・モデル（Mare 1980）で採用されている、オッズ比という指標を用いて分析してみたい。オッズ比の特徴は、周辺度数にかかわらず、階層間の相対的なチャンスの比で比較できるという点にある（中澤 2015）。

具体的に、「進学諦め」パターンのなりやすさのオッズを算出すると、階層下位で0.305（= 10.7/35.0）、階層中位で0.233（= 10.9/46.9）、階層上位で0.163（= 10.3/63.2）となる。続いてオッズ比を算出すると、階層下位／階層中位で、1.31（= 0.305/0.233）、階層下位／階層上位で1.87（= 0.305/0.163）となる。このことは、階層下位の生徒は階層中位の生徒に比べて、「進学諦め」になるリスクが1.31倍高く、階層上位と比べると1.87倍高いことを意味する。すなわち、もともと「大学進学」を希望していた生徒のなかで、「大学以外」に希望を変更するのは、階層下位の生徒において特長的にみられる現象であることが明らかとなった。

同様に計算すると、「中３から進学希望」の階層差も検証することができる。

表 7-4　階層別にみた進学アスピレーションの遷移行列（全体 %）

			中 3			
	階層下位		大学以外	大学進学	合計	
					度数	列 %
	大学以外		32.3	22.0	234	54.3
	大学進学		10.7	35.0	197	45.7
	合計	度数	185	246	431	
		行 %	42.9	57.1	Cramaer's V = 0.363	
	階層中位		大学以外	大学進学	合計	
					度数	列 %
中 2	大学以外		24.1	18.1	135	42.2
	大学進学		10.9	46.9	185	57.8
	合計	度数	112	208	320	
		行 %	35.0	65.0	Cramaer's V = 0.395	
	階層上位		大学以外	大学進学	合計	
					度数	列 %
	大学以外		13.2	13.4	155	26.5
	大学進学		10.3	63.2	429	73.5
	合計	度数	137	447	584	
		行 %	23.5	76.5	Cramaer's V = 0.372	

出典：X 市データより著者作成。

算出過程は省略するが、階層下位／階層中位のオッズ比は 0.907、階層下位／階層上位は 0.674 となる。この結果は、もともと「大学以外」を希望していた生徒のなかで、「大学進学」に希望を変更する確率は、高い階層の生徒に比べたとき、階層下位の生徒はそれが少ないことを意味する。

これらの結果を総合すると、階層下位の生徒は階層中位・上位の生徒と比較したとき、一度大学進学を希望していても、何らかの理由で大学進学を諦める・別の進路に向かう傾向があること、一方で、一度大学以外を選択すると、大学進学に進路希望を変更する傾向が低いことが明らかとなった。RQ1-2 での分析では、中 2 から中 3 にかけて進学アスピレーションの不平等が減少したようにみえたが、進学希望の変化という側面からみれば、依然として階層間の不平等が残っている状況にあるといえよう。

5. 進学アスピレーションと成績変化の関連

RQ1で中2、中３の２時点において、大学進学のアスピレーションがどのように変化するかを検討してきた。その結果明らかとなった重要な知見として、階層下位の生徒は中２時点で「大学進学」を希望していても、中３時点で「大学以外」に進路希望を変更する確率が高いということがあげられる。つまり、社会経済的背景において不利を抱える生徒は、大学に行きたいという希望を諦めやすい傾向にあるということである。

なぜこのような現象が生まれるのであろうか。本節では、この問いに迫っていくために、中３時点の進学アスピレーションが、学力の変化によってどのような影響を受けるか分析することを通して検討していきたい。

学力の変化が進学アスピレーションに与える影響を調べるために、中３時点の進学アスピレーション（大学進学を希望する場合に1、それ以外の進路を希望する場合に0をとる二値変数とする）を従属変数とするロジスティック回帰分析を階層別に行う。ロジスティック回帰分析とは、進学アスピレーション（大学に進学したいか否か）のように、YesかNoかで回答できる項目について、どのような属性や特徴をもつ人がYesと回答する確率が高くなるかを予測するための手法である。今回の分析では、成績の変化によって、教育アスピレーションをどの程度予測できるかどうかを主題として分析していく。成績の変化は、成績中維持を基準として、成績上維持、成績下維持、成績向上、成績低下の四つのダミー変数を投入することによって分析することにした。

統制変数として、中２時点での進学アスピレーション、女子ダミーを用いた。中２時点での進学アスピレーションを統制変数とするのは、「中２時点での進学アスピレーションの水準は同じであるが、学力の変化の仕方は異なる生徒」を比較し、中３時点での進学アスピレーションを予測するという観点から分析するために必要な操作である。

分析の結果が**表 7-5** である。まず注目したいのは、成績下維持ダミーである。成績下維持ダミーの係数は、階層下位と階層中位において負の有意な値（どちらも -1.16、1% 水準で有意）を示している。この結果は、中２から中３にかけて

表 7-5　教育アスピレーション（中 3 時点）を従属変数としたロジスティック回帰分析

	階層下位		階層中位		階層上位	
	β	SE	β	SE	β	SE
成績の変化						
成績中維持	(ref)		(ref)		(ref)	
成績向上	-0.09	0.43	-0.35	0.46	0.45	0.39
成績低下	-0.72+	0.41	-0.14	0.46	0.16	0.39
成績下維持	-1.16**	0.32	-1.16**	0.45	-0.63	0.46
成績上維持	-0.22	0.40	0.53	0.45	0.79*	0.32
大学希望ダミー（中 2 時点）	1.39**	0.25	1.68***	0.30	1.84***	0.25
女子ダミー	0.15	0.24	-0.27	0.30	0.04	0.25
切片	0.19	0.31	0.13	0.37	-0.31	0.30
N	354		268		489	
Log likelihood	-207.60		-139.44		-215.04	
疑似決定係数	0.143		0.191		0.171	

(+ p<0.10, * p<0.05, ** p<0.01, *** p<0.001)
出典：X 市データより著者作成。

低い成績を続けた生徒は、進学アスピレーションを切り下げることを意味している。低い成績が続くと、それにともなって大学進学を希望することを諦めるというこの結果は受け入れやすいものだろう。しかしながら、階層上位に着目すると、成績下維持ダミーの係数は有意な値を示していない。この結果は、階層上位の生徒に限っては、中 2 から中 3 にかけて低い成績を維持しても、進学アスピレーションを切り下げることはないということを意味している。

もうひとつ重要な変数が、成績低下ダミーである。表をみると、階層中位・上位については、成績低下ダミーが有意となっていないのに対して、階層下位については、負の有意な値（-0.72、10% 水準で有意）を示していることがわかる。この結果は、社会経済的に不利を抱える生徒については、成績が低下することが進学アスピレーションの切り下げにつながるが、社会経済的に恵まれた層の生徒は、成績が低下してもただちにそれが大学進学を諦めることにつながらないことを意味している。

成績向上ダミーと成績上維持ダミーの結果についても確認しておこう。成績向上ダミーは、どの階層にもかかわらず、有意な値を示していない。この結果は、成績が向上することが進学アスピレーションの向上につながるわけではないことを意味している。成績が低下することがアスピレーションに与える影響と成績の向上が与える影響が異なるという点をここで改めて確認しておきたい。

成績上維持ダミーについては、階層上位の生徒においてのみ、正の有意な値（0.79、5% 水準で有意）となっている。このことは、階層上位の生徒に限って、高い成績を維持することが、大学に行きたい気持ちを呼び起こすということを意味している。一方で、階層下位や階層中位の生徒にとっては、成績が向上しても進学アスピレーションは高まらない。

社会経済背景的に不利な立場にある生徒にとって、成績が下がることや低い成績が続くことは大学に進学したいという気持ちを諦めることにつながる。しかし成績が向上することや高い学力を維持することは、大学進学を選択することの後押しにはなりにくい。これらの結果は、進学希望の階層間格差が拡大する方向に影響をもたらしてしまう。進学アスピレーションに対して学力が重要な規定要因のひとつであることは先行研究においてすでに指摘されてきているが、このように学力の「水準」が与える影響を分析するのみならず、学力の「変化」と「水準」が与える影響をその変化の方向に着目して分析する必要性、そしてその影響を階層別にみていく必要性がみえてくる。

6. 結論

第２節で示したリサーチクエスチョンに改めて回答していくかたちで、本章の知見を整理していきたい。まず RQ1-1 の「進学アスピレーションの階層差は学年段階によって異なるか」という問いについてみていく。その回答は「異なる。中２時点に比べて中３時点において進学アスピレーションの階層差は縮小している」となる。進学アスピレーションの階層差が縮小しているという知見自体は、教育機会の平等という観点からみれば、好ましい結果として捉えることができる。ただし、階層上位・中位の生徒が中２というより早期の段階から大学進学を希望しており、階層下位の生徒は中３になってから大学進学を希望する傾向にあるという知見は、大学進学に向けて早い学年段階から準備をしている階層上位・中位の生徒が受験戦争において有利な状況にあるとみることもできる。

次に RQ1-2 の「進学アスピレーションの変化の仕方に階層差はみられる

か」という問いについてみていく。その回答は「みられる。階層下位の生徒は階層上位・中位に比べて、『大学希望』→『大学以外』という変更を行いやすく、『大学以外』→『大学希望』という変更を行いにくい」となる。進学アスピレーションは学年間で固定したものではなく、ある程度流動性がみられるというのがひとつの重要な知見である。しかし教育機会の不平等という観点からみたとき、階層下位の生徒が一度大学進学を希望していても、その進路を変更しやすいという知見がより重要である。

続いてRQ2「成績の変化にともなって、進学アスピレーションはどのように変化するか」については、主要な知見として次の三つをあげる。すなわち、1）階層下位・中位において、低い成績を維持している生徒は、進学アスピレーションを切り下げるが、階層上位の生徒においてはアスピレーションを維持し続ける。2）階層下位のみ、成績低下を経験した生徒は、進学アスピレーションを切り下げるが、階層中位・上位においては、アスピレーションを維持し続ける。3）階層上位の生徒のみ、成績向上を経験した場合、進学アスピレーションが高まる。

低い成績を維持し続けたり、成績が下がったりするときには、直感的には、「自分が大学に進学するのは難しいかもしれない」と考え、進学アスピレーションを下げると考えられる。今回行った分析からは、このような仮説が妥当するのは、階層下位・中位の生徒のみであり、階層上位の生徒は、それが妥当しないことがわかった。つまり、階層上位の生徒は、低い成績を維持したり成績が下がったりしても、大学進学を諦めることなく、高い進学アスピレーションを維持し続けるということである。

この結果は、社会経済背景的に恵まれた層の生徒は低い成績が続く・成績が低下することといった、学業面での「失敗」の経験をもっても、大学に進学したいという希望を簡単には失わないことを意味している。その一方で、社会経済背景的に不利な立場にある生徒は、学業面での「失敗」が大学進学を諦めることに直結する。このように、成績が下がったときの生徒のアスピレーションの変化の仕方が階層ごとに異なるという観点から進学希望の階層差が生まれるメカニズムを説明することができるかもしれない。今後さらなる検討が求められるだろう。

注

▶1　アスピレーションとは、やや耳慣れない用語かもしれないが、強い願望・あこがれ・夢といった意味である（平沢 2014）。どのくらい教育を受けたいのか、あるいはどのくらいの学歴を獲得したいのかを示した概念として、教育期待や教育アスピレーションといった用語が用いられることも多いが、本章では、進路意識、特に、大学に進学したいか否かについて着目するため、進学アスピレーションという用語を用いる。

▶2　子どもの進学アスピレーションを扱ったものではないが、母親の子どもに対する教育期待の経年変化を扱った事例として、坂口（2010）があげられる。

▶3　変数には、離散変数と、連続変数の二つの種類がある（太郎丸 2005）。離散変数とは、変数の値が、「男」「女」のように数値をとらない変数のことである。連続変数とは、年齢のように、値が数値をとる変数である。学力テストの得点は数値をとるため、連続変数となるが、今回の分析では、学力テストの得点を 3 分割し、離散変数として扱っている。これは学業成績の変化の方向を区別するために必要な操作である。

▶4　ダミー変数とは、1 か 0 の値をとる変数である。たとえば、成績向上ダミーは、成績が中 2 から中 3 にかけて向上した場合は 1、それ以外の場合は 0 の値をとる変数である。

▶5　「父親学歴」「母親学歴」「世帯収入」を合成する方法は、第Ⅲ部の冒頭で示した社会経済的背景指標（SES、Socio-Economics Status）の作成方法と同様である。ただし、第Ⅲ部の冒頭では、SES 指標を 4 分割しているが、本章では、ある程度のサンプル数を確保するために、3 分割したものを出身階層のカテゴリー変数としている。

参考文献

荒牧草平（2002）「現代高校生の学習意欲と進路希望の形成――出身階層と価値志向の効果に着目して」『教育社会学研究』第 71 集 , pp.5-23.

Bourdieu, P and Passeron, J., C., 1970, *La Reproduction: èlèments pour une theorie du systèm d' enseignment*, Minuit (=1991『再生産：教育・社会・文化』藤原書店).

藤原 翔（2009）「現代高校生と母親の教育期待――相互依存モデルを用いた親子同時分析―」『理論と方法』Vol.24, No.2, pp.283-299.

平沢和司（2012）「子どもの理想学歴と家庭環境」『平成 23 年度 親と子の生活意識に関する調査報告書』内閣府。

鹿又伸夫（2014）『何が進学格差を作るのか――社会階層研究の立場から』慶應義塾大学出版会。

片瀬一男（2005）『夢の行方――高校生の教育・職業アスピレーションの変容』東北大学出版会。

Mare, R., D., 1980, "Social Background and School Continuation Decisions." *Journal of the American Statistical Association* 75, pp.295-305.

耳塚寛明（2015）『平成25年度全国学力・学習状況調査（きめ細かい調査）の結果を活用した学力に影響を与える要因分析に関する調査研究』国立大学法人お茶の水女子大学。
森 いづみ（2014）「中学生の進学期待の経年変化とその要因――TIMSS1999-2011を用いた分析」『応用社会学研究』No.56, pp.141-153.
中山慶子・小島秀夫（1979）「教育アスピレーションと職業アスピレーション」富永健一編『日本の階層構造』東京大学出版会, pp.293-328.
中澤 渉（2008）「母親による進学期待の決定要因――マルチレベル分析による検討」『学校教育に対する保護者の意識調査2008』ベネッセ教育開発センター報告書。
中澤 渉（2009）「進学アスピレーションに対するトラッキングと入試制度の影響」『東洋大学社会学部紀要』No.46, pp.81-94.
中澤 渉（2015）「日本の教育選択におけるEMI（Effectively Maintained Inequality）仮説の検証」『2015年SSM調査報告書 教育II』pp.113-134.
坂口尚文（2010）「母親の教育期待とその推移」『季刊 家計経済研究』第88号, pp.17-27.
太郎丸博（2005）『人文・社会科学のためのカテゴリカル・データ解析入門』ナカニシヤ出版。
垂見裕子（2015）「第1章家庭の社会経済的背景（SES）の尺度構成」耳塚寛明ほか『平成25年度全国学力・学習状況調査（きめ細かい調査）の結果を活用した学力に影響を与える要因分析に関する調査研究』国立大学法人お茶の水女子大学, pp.13-15.
鳶島修治（2016）「進学期待の階層差に関する媒介メカニズムの検討――中学生の学力自己評価に着目して」『社会学年報』No.45, pp.75-85.

第8章

階層と学力

社会関係資本の多寡と効果に着目して

垂見 裕子

1. 問題設定

2000年代から、日本では親の所得や学歴による子どもの学力の差異が問題視されるようになった（苅谷 2004; 耳塚 2007）。近年は、そのような親の経済資本や文化資本のみならず、親や子どもが学校や地域や家庭との繋がりから得られる利益（社会関係資本）により子どもの学力の差異が生まれることに着目した研究が増えている（志水 2014; 垂見 2015; 芝野 2016）。社会関係資本は、広い意味では、「社会的ネットワークに内在する情報、義務と期待を伴う信頼、サンクションを伴う規範」と定義される（Coleman 1988）。つまり、他者と繋がっていたり、組織に属したりすることによって得られる情報や、「困った時はお互い様」といった信頼関係や、期待される行動や判断の基準を指す。

社会関係資本と教育の関連に焦点を当てた研究は、1980年代後半以降、欧米を中心に活発に行われてきた。Coleman（1988）は、経済資本（例えば所得）や文化資本（例えば家庭の文化的環境や関わり）に恵まれない家族でも、社会関係資本があれば不利な条件を克服する手がかりになり得ると説明したのに対して、Bourdieu（1986）は経済資本や文化資本に恵まれた者こそが、社会関係資本を使ってそれらを増大させるが故に、不平等を再生産するものと捉えている。近年日本でも増えている社会関係資本と学力の関連に焦点をあてた研究でも、社会関係資本は経済資本や文化資本に恵まれない子どもの学力を下支えし、学力格差を克服する要因となりうると説明する結果（髙田 2008; 芝野 2016）と、社会関係資本は学力格差を拡大、再生産する要因となっていると説明する結果（平塚 2006）両方が存在する。よって、階層による学力格差と社会関係資本との関連を再検討することは意義が高い。

社会関係資本と不平等を論じる際に、Lin（2001）は「資本の欠如（capital deficit）」と「効果の欠如（return deficit）」という二つの過程に着目する重要性を説いた。「資本の欠如」は、ある特定のグループが他のグループに比べて資本の量や投資が少ない状況を指す。それに対して、「効果の欠如」は、所有する社会関係資本が同じだとしてもその効果がある特定のグループは他のグループに比べて低い状況を指す。本稿では、このLinの二つの概念を適用し、社会関係資本の多寡は階層グループにより異なるのか（資本の欠如）とともに、所有している社会関係資本が学力に及ぼす効果が階層グループにより異なるのか（効果の欠如）に着目する。

さらにこれまでの研究で十分議論されなかったのは、子どもの発達段階で社会関係資本と学力の関連が異なるのかということである。親の関係性や関係性に内在する情報や規範が子どもの学力に与える影響は、子どもの年齢でどのように変わるのだろうか。あるいは子どもが持つ関係性や関係性に内在する信頼関係が子どもの学力に与える影響は、どの発達段階で最も大きいのだろうか。

よって、本稿では以下の四つの課題を検討する。（1）社会関係資本の多寡は、子どもの学年段階により異なるのか。（2）社会関係資本の多寡は、階層により異なるのか。（3）社会関係資本が子どもの学力に与える影響は、子どもの学年段階により異なるのか。（4）社会関係資本が子どもの学力に与える影響は、階層により異なるのか。

2. データおよび変数

本分析では、関西圏X市の公立小・中学校を対象とした学力調査の2016年度のデータを用いて、小2、小5、中3の比較を行う。社会関係資本と子どもの学力に関する実証研究は近年増えているが、異なる学年段階の多寡を比較したもの、あるいはどの学年段階で最も学力との関連が高いのかなどは未検討である。ただし、本稿は異なる学年を横断的に（2016年時点の小2・小5・中2）経年比較したものであり、パネル分析（同一の児童生徒を小2、小5、中2と縦断比較したもの）ではない。本調査は3年間の縦断調査ではあるが、保護者アンケートを実施したのが中間年のみのため、一時点（2016年）のデータを用いることとした。データを解釈する上では、中学校で上位層の私学抜けがある地域なので、あくまで異なる学年集団であること、また学年により回収率・サンプル数が異なり、特に中2データは回収率が低いことに留意が必要である。

分析に用いる主たる変数は、社会関係資本、階層、学力の三つである。社会関係資本（Social Capitalのため、以下SCと略す）に関しては、親のSCと子どものSCを分けて作成した。親のSCは、保護者調査の「ボランティアで学校の支援を行う」「地域の行事に子どもと一緒に参加する」「地域には、子育てや教育について悩みを相談できる友人・知人がいる」「地域には、ボランティアで学校を支援するなど、地域の子どもたちの教育に関わってくれる人が多いと思う」の四つの質問項目を用いた。合成変数は、四つの質問項目（いずれも4段階の回答尺度）の平均値を用いたため、最小値=1、最大値=4の値をとる▶1。

子どものSCは、「家の人とその日の学校の話をする」「家の人に自分の困っていることを話せる」「近所の人と話をする」「困った時に助けてくれる近所の人や親せきがいる」「なんでも話せる友人がいる」「なんでも話せる先生がいる」の六つの質問項目を用いた。合成変数は、六つの質問項目（いずれも4段階の回答尺度）の平均値を用いたため、最小値=1、最大値=4の値をとる▶2。なお、親のSCと子どものSCの関連をみてみると、相関係数は統計的に有意ではあるが、大きくはない（小2=.09、小5=.07、中2=.12）。

社会階層は、社会経済的背景指標（以下SES（Socio-Eonomic Status）を用いる。本調査のSESは、保護者調査から得られた「父親学歴」「母親学歴」「世帯年収」を合成し、得点化したものである。具体的にはそれぞれの変数を標準化し、三つの変数の平均値を用いている。本稿では、社会関係資本があれば不利を克服する手がかりとなるか検証したいため、SESが厳しい層に焦点を当てるために、SES分布の下位25%を下位階層（Lowest SES）とみなし、ダミー変数を用いる（1=Lowest SES、0=Middle-Highest SES）。

学力は、子どもの「算数・数学」の偏差値を用いる。本調査では、偏差値は市内の全児童生徒を母集団として算出しているので、学力は市内の母集団内における子どもの学力の順位を表すものである（平均値 =50、標準偏差 =10）。

3. 分析結果

まず、親のSCと子どものSCは学年段階によって、どのように変わるのだろうか。**図8-1**は、小２、小５、中２の親および子どものSCの多寡を比較したものである。

図8-1から親のSCは、小２と小５では大きく異ならないが、中２は相対的に少ないことが確認できる。子どもが小学生の時に比べて中学生になると、親が積極的に学校に関わったり、地域の行事に参加したり、子育てや子どもの教育で地域の知人を頼ることが減るということである。子どものSCも小２と小5では大きく異ならないが、中２は相対的に少ない。子どもが、家の人、近所の人、友だち、先生を信頼し困った時には話すという関係性は、小学校の段階に比べて中学校で減ることを意味する。あるいは、様々な場や人と関係性を持つのではなく、友だちとは強い関係性を持つが先生とは関係性を持たないなど限定的な関係性を持つようになっていることも考えられる。**図8-2**の親と子どものSCのばらつきに着目すると、小２、小５では大きく変わらないが、中２になるとばらつきが大きくなる傾向が見てとれる。つまり、関係性（頻繁に参加したり、話したりすること）と関係性に内在する信頼性などの規範（地域で子育てをいっしょに行うといった規範や、何でも話せるという信頼感）は小学校段階に比べて中学校で少なくなる傾向がある一方、中学校段階でも多く持っている人は多く持ち、個人（家庭）による差異が大きくなっていると解釈できる。

次にSCの多寡がSESにより異なるのかを確認する。**図8-3**はSESグループごとの親のSCの多寡を、**図8-4**はSESグループごとの子どものSCの多寡を、学年ごとに示したものである。

図8-3からはどの学年でもSESが高い親ほど、より多くのSCを所有していることが確認できる一方、図8-4からは子どものSCは、どの学年でもSESとの関連がないことがわかる。つまり、小２という早い段階で、積極的に学

校や地域に関わり信頼できる関係性を構築しているのはSESの高い親であり、中2になり全体的に親の関わりが低くなる中でもSESが高い親はより積極的に関係性を構築している傾向が見られる。一方、子どもが構築する親や地域や学校や友人との関係性や信頼関係の多寡は、子どものSESと関連がない。ただし、中2のLowest SESでは、他のSESグループに比べて値が低いことも確認できる。

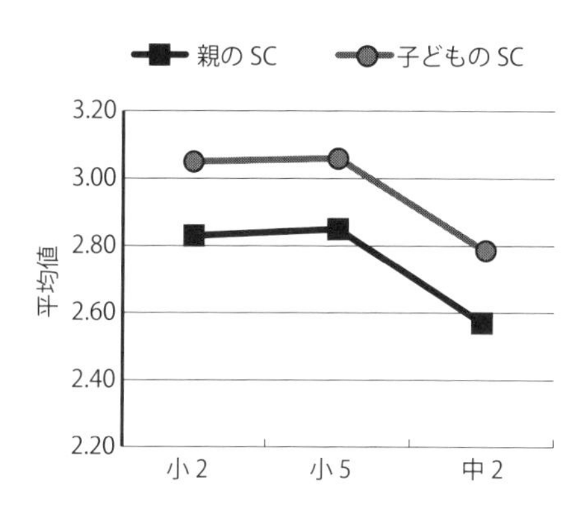

図 8-1　社会関係資本の量の多寡
出典：X 市データより著者作成。

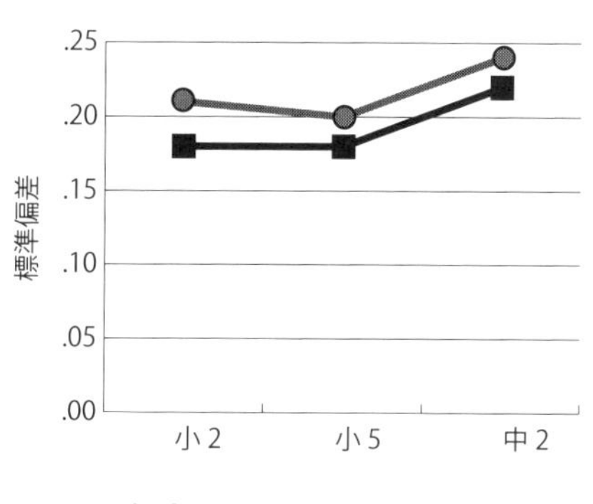

図 8-2　社会関係資本のばらつき
出典：X 市データより著者作成。

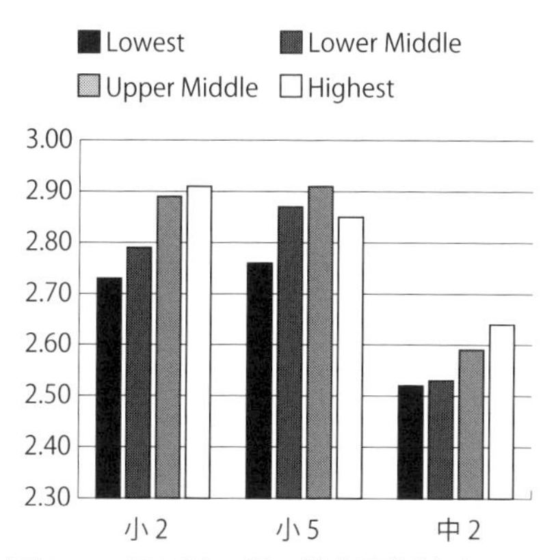

図 8-3　SES 別の親の社会関係資本
出典：X 市データより著者作成。

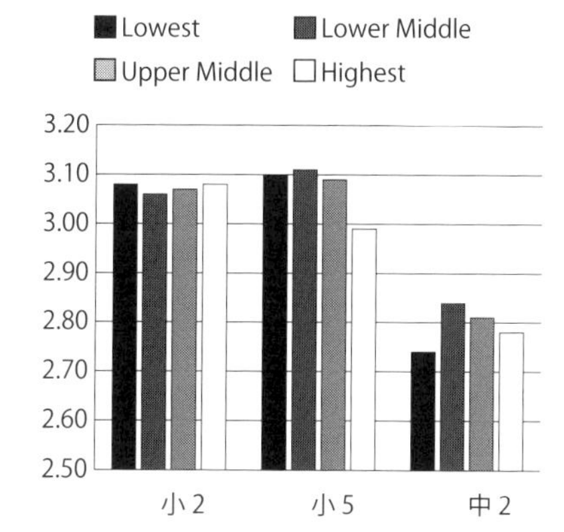

図 8-4　SES 別の子どもの社会関係資本
出典：X 市データより著者作成。

次に、親や子どものSCが子どもの学力に与える影響は、学年により異なるのかを検証する。**表8-1**は学力を従属変数とした回帰分析（OLS）の結果で、非標準化係数を示している。階層（SES）や性別を統制した上で、親のSCと子どものSCがそれぞれ子どもの学力に及ぼす影響に注目する。

表8-1（Model 1）から、まずどの学年においてもSESは有意であることが確認できる。例えば、小2ではLowest SESの子どもの学力は、Middle-Highest SESの子どもと比較すると、平均5.64ポイント低い。親のSCや子どものSCは、SESを統制すると小2、小5では学力と有意な関連がないが、中2では親のSCのみ、微小ではあるが学力と有意な関連が見られる。中2では、

表8－1　学力の規定要因　（Model 1）

	小2 (n=2,017)			小5 (n=1,797)			中2 (n=1,296)		
	B	SE		B	SE		B	SE	
切片	44.60	(1.616)	***	49.76	(1.726)	***	51.63	(1.686)	***
性別	0.42	(.432)		-0.22	(.449)		-0.58	(.532)	
Lowest SES	-5.64	(.510)	***	-6.12	(.508)	***	-6.35	(.578)	***
親のSC	0.76	(.435)		0.76	(.453)		1.29	(.473)	**
子どものSC	0.68	(.347)		-0.12	(.370)		0.60	(.414)	
	(Adjusted R-sq=.06)			(Adjusted R-sq=.08)			(Adjusted R-sq=.09)		

出典：X市データより著者作成。

表8－2　学力の規定要因　（Model 2）

	小2 (n=2,017)			小5 (n=1,797)			中2 (n=1,296)		
	B	SE		B	SE		B	SE	
切片	44.09	(1.859)	***	50.58	(2.016)	***	53.55	(1.971)	***
性別	0.41	(.432)		-0.23	(.450)		-0.58	(.532)	
Lowest SES	-3.79	(3.530)		-9.10	(3.708)	*	-12.82	(3.448)	***
親のSC	0.96	(.507)		0.69	(.535)		1.13	(.568)	*
子どものSC	0.66	(.398)		-0.32	(.435)		0.08	(.486)	
親のSC x Lowest SES	-0.75	(.986)		0.27	(1.005)		0.53	(1.026)	
子どものSC x Lowest SES	0.07	(.800)		0.72	(.817)		1.87	(.905)	*
	(Adjusted R-sq=.06)			(Adjusted R-sq=.08)			(Adjusted R-sq=.10)		

出典：X市データより著者作成。

SESの差異を考慮しても、親のSCが1ポイント高いと、子どもの学力が1.29ポイント高いことを意味する。

最後に、SCが子どもの学力に与える影響は、SESにより異なるのかを検証する。**表8-2**（Model 2）は、モデル1にSCとSESの交互作用（SCとSES、二つの要因が組み合わさることで現れる相乗効果があるかを検証するために、SCにSESを乗じたもの）を加えた結果である。表8-2から、小2、小4ではいずれの交互作用も有意でないが、中2では子どものSCとSESの交互作用が有意であることが確認できる。すなわち、Middle-Highest SESの子どもでは、子どものSCと学力は有意な関連がない（係数0.08、p=.873）が、Lowest SESの子どもでは、子どものSCと学力は有意な関連がある（係数1.87、p<.05）。つまり、Lowest SESでのみ、子どものSCが1ポイント高いと学力が1.87ポイント高いという傾向が見られる。この交互作用をよりわかりやすく示したものが**図8-5**である。子どものSCが高い程、Lowest SESとMiddle-Highest SESの

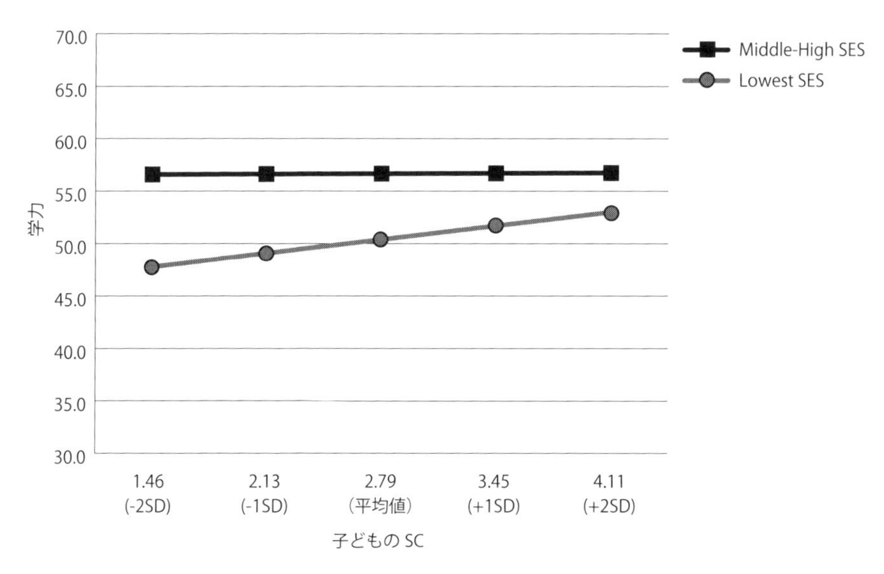

図8-5　子どもの社会関係資本と学力の関連（SESグループ別）（中2）
出典：X市データより著者作成。

子どもの学力の差は、微小ではあるものの縮小するのが確認できる。なお親のSCに関しては交互作用は有意でないので、親のSCと子どもの学力の関連はSESグループで異ならない。親のSCと学力の正の関連、あるいはLowest SESにおける子どものSCと学力の正の関連は、いずれも中2でのみみられる傾向である。

4. まとめ

本章では、Linの社会関係資本の概念を用いて、SCの「資本の欠如」と「効果の欠如」を分けて分析した。親のSCは、Lowest SESで「資本の欠如」が全学年で見られた。つまり、子どもが小学校低学年の段階から、親の所有するSCは階層により異なり、それは高学年（小5、中2）になっても同様に見られた。SESを統制すると、親のSCと学力に有意な関連が見られたのは中2のみであったが、「効果の欠如」は見られず、どの階層においても親のSCが学力に及ぼす効果は同程度であった。

子どものSCに関しては、「資本の欠如」は見られず、上位階層の子どもほど信頼を伴う関係性を多く構築するという関連は見られなかった。むしろMiddle-Highest SESで「効果の欠如」が見られた。すなわち経済的に不利な層においてのみ、微小ではあるが子どものSCが学力に及ぼす効果が見られた。Middle-Highest SESの子どもに比べ、Lowest SESの子どもは、学力向上のための手段や機会（塾・家庭教師、家庭学習を行いやすい環境等）や、習い事やスポーツなどを通して自己肯定感ややり抜く力を育むような経験が少ない。そのような資源が不足しているからこそ、家族や地域や学校での信頼関係が学力に及ぼす影響があることが考えられる。一見Colemanが主張したように、経済的文化的資本に恵まれない家庭で、社会関係資本があれば不利な条件を克服する手がかりに成り得ると解釈できるが、その関連はSESに比べて非常に微小であることも強調しておく。確かに子どものSCが学力に及ぼす効果はLowest SESでのみ見られたものの、そもそもSESによる学力の差異が大きいことを忘れてはならない。すなわち、SESによる学力の差異を考慮した取り組み（例えばSESの低い家庭に対する経済的支援や学習支援等）は不可欠であり、その際に子どもの社会関係資本（教育に有益な情報や規範や信頼関係を伴う繋がり）を構築するようなサポートも考慮する必要性があることが、本データ分析から示唆される。

最後に本章のデータ分析の限界にも触れておく。前述のとおり、学年比較をする上では、同一集団の比較の方が望ましい。SCが学力に及ぼす「効果」、つまりSCが多くなる程、学力が高くなるという因果関係を検討する際には、同一の対象者を追跡し、それぞれの生徒の社会関係資本の量や学力の高低の変化に注目した縦断分析を行った方が厳密であることは言うまでもない。本章は2016年のデータのみを用いた横断分析であるため、あくまでSCが多い人程、学力が高い傾向にあるといった検討しかできない。更に、本調査のSCは限られた質問項目を用いている。例えば、親のSCはColeman（1988）が主張したように、親同士の関係性やそこに内在する情報や規範が子どもの学力に影響を及ぼすことが推測されるが、本調査では親同士の関係性に関する質問項目は含まれていない。子どものSCも、学習支援のNPOなどが重視する親や学校の先生でもない、大学生や社会人等とのナナメの関係性が、子どもの将来に対する考え方ひいては学力に影響を及ぼすことも考えられる。今回はSCの質問項目が限られたため一つの合成変数としその量（複数の関係性を持っているか）に着目したが、複数のSCに分けてそれぞれの質（関係性の深さ）に着目した場合は異なる結果となることも考えられる。これらの点は今後の研究課題としたい。

❖注

▶1　主成分分析を行った結果、どの学年でも固有値が1以上の成分が一つ抽出されたため（説明された割合は小2=40.70%、小5=40.36%、中2=45.62%）、一つの変数に合成することが妥当と判断した。また、それぞれの因子負担が同程度であった（例えば小2では.58～.69）ため、合成変数には平均値を利用した。

▶2　主成分分析を行った結果、どの学年でも固有値が1以上の成分が一つ抽出されたため（説明された割合は小2=39.28%、小5=41.46%、中2=45.12%）、一つの変数に合成することが妥当と判断した。また、それぞれの因子負担が同程度であった（例えば小2では.58～.67）ため、合成変数には平均値を利用した。

❖参考文献

Bourdieu, P.,1986. "The Forms of Capital." J. Richardson ed., *Handbook of Theory and Research for the Sociology of Education,* Greenwood, pp. 241-258.

Coleman, J, 1988, "Social Capital in the Creation of Human Capital."*American Journal of Sociology* 94, pp. 95-120.

平塚眞樹（2006）「移行システム分解過程における能力観の転換と社会関係資本――「質の高い教育」の平等な補償をどう構想するか？」『教育学研究』第73巻第4号, pp.391-402.

苅谷剛彦（2004）「「学力」の階層差は拡大したか」苅谷剛彦・志水宏吉編『学力の社会学――調査が示す学力の変化と学習の課題』岩波書店, pp.127-151.

Lin, N., 2001, *Social Capital: A Theory of Social Structure and Action,* New York: Cambridge University Press.

耳塚寛明（2007）「小学校学力格差に挑む　だれが学力を獲得するのか」『教育社会学研究』第80集, pp.23-39.

芝野淳一（2016）「社会関係資本と学力の関係――地域背景の観点より」志水宏吉・髙田一宏編『マインド・ザ・ギャップ！　現代日本の学力格差とその克服』大阪大学出版会, pp.55-77.

志水宏吉（2014）『「つながり格差」が学力格差を生む』亜紀書房。

髙田一宏（2008）「同和地区における低学力問題――教育をめぐる社会的不平等の現実」『教育学研究』第75巻第2号, pp.36-46.

垂見裕子（2015）「香港・日本の小学校における親の学校との関わり――家庭背景・社会関係資本・学力の関連」『比較教育学研究』第51号, pp.129-150.

第９章

多重対応分析による子育て空間の分析

川口 俊明

1. 子育てと学力の格差をどのように捉えるか

2000年以降、日本でも、学力格差に関する研究が盛んに行われているようになっている。学力低下の実態を指摘するにとどまらず、学力格差の拡大を論じた苅谷ら（2002）を皮切りに、お茶の水女子大学によるJELS（Japan Educational Longitudinal Study）を利用した中西（2017）、文部科学省による保護者に対する調査（お茶の水女子大学 2016, 2019）など、子どもの育つ家庭環境と学力の関連を明らかにする研究の成果が次々と明らかになっている。さらに近年では、PISAやTIMSSといった国際学力調査のデータを利用した分析や、慶應義塾大学が実施する「子どもパネル調査（赤林ほか編 2017）」のように全国規模で同一個人を追跡した分析も行われるようになり、日本の学力研究は大きく進展している。

これら学力格差を扱った計量的な研究は、学力格差の実態把握、およびその克服に関する興味深い知見を提出してきた。その一方で、これらの研究は「社会階層そのものに対する目配りを欠いている（近藤 2012, p.102）」と批判されることがある。ここで、第５章で行った各国や地域の学力格差を比較するという試みを例に、この批判の持つ意味を考えてみよう。

第５章で行ってきたように、TIMSSでは家庭にある本の冊数、PISAでは両親の学歴・職業・家庭の所有物を合成したESCSという尺度を利用することで、私たちは各国の学力格差の実態を比較・検討することができる。こうした比較は、うまく利用すれば、私たちが当たり前と思っている日本社会の実態を相対化し、よりよい社会の在り方について考える機会となり得る。

しかし一方で、異なる文化・社会を持つ国・地域を、同一の尺度上に並べて比較するという試みには、やはり大きな限界がある。ここではTIMSSの「家庭にある本の冊数」を例にとり、この限界について考えてみよう。今、非常に読書が盛んで、すべての人が本をたくさん所有している国があったとする。すべての人が多くの本を所有しているのだから、この国では「家庭にある本の冊数」という設問への回答と、子どもたちの学力のあいだの関連は弱くなる。しかしこれは、この国の学力格差が他国に比べて小さいということを意味しない。おそらく皆が本をよく読む国であっても、今度は「どのような本を読むか」ということに階層差が存在するはずである。経済的に恵まれた人々の家には難解な専門書が多く存在するだろうし、反対に厳しい状況に置かれた人々の家庭には高価な本は少なく安価な小説や一般書が多く存在するだろう。そして、（質問紙では測定しづらいものの）こうした家庭にある本の質の差が、子どもたちの学力差に繋がっているはずである。

要するに、「家庭にある本の冊数」が学力格差の指標として使えるのは、「家庭のある本の冊数」が「持つもの」と「持たざるもの」を差異化する指標として有効な国や地域だけである。仮に「家庭にある本の冊数」と学力の関連が弱かったとしても、それはその国に学力格差が存在しないというわけではなく、単に学力格差の指標として、その設問が相応（ふさわ）しくなかっただけかもしれない。

これはPISAのESCS指標も同じである。ESCS指標は、PISA調査に参加した子どもたちの両親の学歴・職業・家庭の所有物に対する回答を統計的な手法で合成し、参加国間で比較できるようにしたものである。そこには先進諸国で学歴・職業・家庭の所有物の有する社会的な意味は基本的に同じであるという暗黙の前提が置かれている。異なる国・地域を比較するためにはやむを得ない面もあるとは言え、この前提が正しいという保障はない。

たとえば両親の学歴について考えてみよう。一般的な教育研究において、両親の学歴は、しばしば学力格差の源の一つと見なされることが多い。しかし皆が大卒になれば学力格差が解消されるかと言えば、そんなことはないだろう。全員が大卒になれば、今度はどこの大学へ通ったかという学校歴が問題になる可能性が高い。要するに、新たな「学力格差の構造」が生じるだけである。つまり、より綿密に学力格差の実態を把握するためには、「家庭にある本の冊数」や「学歴」といった個々の変数と学力の関連に着目するだけでは不十分で、何が「持つもの」と「持たざるもの」を分割する原理となっているのかを分析し、背後にある「学力格差の構造」に目を向ける必要がある。

こうした議論を行う論者たちが注目するのが、フランスの社会学者であるP.ブルデュー（Bourdieu）である。ブルデューは、その主著の一つである『ディスタンクシオン（Bourdieu 1979=1990）』において、人々の文化的な嗜好に関する変数を多重対応分析（MCA）と呼ばれる技法によって集約し、個人的な趣味や嗜好と思われがちな映画・音楽・あるいは読書といった文化的活動の背後に、個人の経済力・学歴・職業による差異が存在することを示している。ブルデューの議論は、近年ヨーロッパを中心に再び注目を集めており、一見多様に見える人々の文化的活動の背後に明らかな階層構造があることが明らかにされている（Bennett et.al. 2009=2017）。日本でもブルデューの議論は注目を集めており、中でも近藤（2012, 2019）は、学力格差や教育に対する意識の背後に、明らかな階層構造が存在することをブルデューに依拠した計量分析によって示している。

本章では、日本の子育てに焦点をあて、ブルデューの分析手法を参考に、子育ての格差について検討する。保護者の学歴や年収と子育てのあいだに深い関連があること、およびその差が子どもたちの将来の学びや育ちと関連があることは、これまで日本でもしばしば指摘されてきた。たとえば本田（2008）は、アメリカのラロー（Lareau 2003）の議論を引用しつつ母親への聞き取り調査を行い、母親の学歴によって緩やかな格差構造が存在すると論じている。同様の分析は山本（Yamamoto 2015）も展開しており、母学歴によって子育てに関する信念が大きく異なることが示している。さらに近年では、就学前からの子育ての変化に関する長期的なデータが蓄積されたことにより、計量的に子育ての格差が生じていく過程を分析した松岡（Matsuoka 2019）の研究がある。松岡によれば大卒の保護者は、低学年のうちは塾に限らない多様な教育経験を子どもに与え、長じるにつれて、受験に備えて塾にシフトさせていく傾向が見られるという。

こうした先行研究は、日本にも子育ての格差が存在することを示している。一方で、これらの研究は質的研究であるか、あるいは計量研究の中でもブルデューが懐疑的だった回帰分析（Regression Analysis）をベースにした分析を行っている。本章では回帰分析ではなく、ブルデューが好んだ多重対応分析（Multiple Correspondence Analysis: MCA）を利用することで、子育てと学力の格差という問題に、新たな光を当てることを試みる。

2. 回帰分析と多重対応分析

日本の学力格差研究の文脈でブルデューが引用されるとき、かれの文化資本論や文化的再生産論が言及されることが多い。文化資本論・文化的再生産論とは、子どもたちのあいだにある学力格差の要因として、家庭の経済力のみならず、文化的な要因が大きな影響を持っていると捉える考え方である。とくに計量的な研究では、本の読み聞かせやクラシックを聞くかどうかといった家庭の文化的活動を、経済的な要因のみに還元できない「文化資本」として捉え、「文化資本」と学力の関連を検討する試みが行われてきた。

こうした計量的研究で頻繁に利用されてきたのが回帰分析（あるいはその周辺技法）である。回帰分析は、本書の他の章でも利用されている技法であり、学力を従属変数（結果変数）、学力に影響を与えるさまざまな要因を独立変数（原因変数）と設定した上で、そこに線形的な関連があると想定して分析を行う方法である。基本的な定式では、学力（y）と、個々の要因（x_1、x_2、x_3……）のあいだに、$y=a_1 \times x_1 + a_2 \times x_2 + a_3 \times x_3$……という関連があると想定される。ここで【$a_1$】【$a_2$】【$a_3$】……はデータから計算される数値であり、たとえば、y=5 ×年収（100 万円単位）+ 20 ×学歴（大卒 : 1、高卒 : 0）+ 5 ×本の読み聞かせ（よくしている : 4、まあしている : 3、あまりしていない : 2、していない : 1）と推定された場合、家庭の年収が 100 万円増加するごとに子どもの学力が 5 ポイント上昇し、両親の学歴が大卒の場合、高卒に比べて 20 ポイント成績が高く、さらに読み聞かせをよくしている（4）の家庭と、していない（1）の家庭のあいだに５×(4 − 1)＝15ポイントの差がある、といった具合に分析されていくことになる。

ときに、こうした回帰分析の結果は、学力格差の実態を明らかにするのみならず、格差克服の手がかりを示すものとして解釈されることもある。先の例であれば、確かに保護者の学歴が高卒の場合と大卒の場合で、20点の成績差が生じている。その意味で、学力の格差は確かに存在する。一方で、まったく読み聞かせをしていない家庭と、よくしている家庭のあいだに15ポイントの成績差があることも重要である。大卒と高卒のあいだに得点差（20ポイント）があることは事実だが、高卒の家庭であっても読み聞かせを熱心に行うことで、読み聞かせを行っていない大卒の子どもたちの学力に15ポイント近づくことができるからである。このように解釈すれば、読み聞かせ活動は、格差を縮小する可能性を持つと考えることもできる。実際、全国学力・学習状況調査の保護者調査の分析に、こうした解釈が見られる。

学力格差の克服を望む人々からすれば、こうした知見が魅力的であることは間違いない。しかしそこには、なぜ「読み聞かせ」が「持つもの」と「持たざるもの」を分割するのか、という問題意識が欠けている。冒頭で指摘したことと重なるが、「本の読み聞かせ」に「効果」がある（ように見える）のは、あくまでも読み聞かせをするものとしないものがいるからである。すべての保護者が読み聞かせをするようになったら、この「効果」は消えてしまう可能性が高い。重要なことは、個々の変数の「効果」に着目するだけではなく、なぜこうした「効果」が生じるのか、こうした「効果」が保護者の年収や学歴、あるいはその他の資源とどのような関わりを持っているのか、そして、学力格差を生み出す「構造」がどのようなものなのか、といった点を明らかにすることである。

「持つもの」と「持たざるもの」を分割する原理は何なのか。こうした問題を追求するためにブルデューが利用した統計技法がMCAである。MCAは、個々人の質問紙への回答を縮約し、似たような回答を行う人々が近い位置に、反対の回答を行う人は遠い位置に出現するように空間上に描画する。たとえば、「図書館によく行く」と回答する人が「スポーツをする」と回答する傾向が高いならば、「図書館によく行く」と「スポーツをする」という設問は近い位置に配置される。逆に「図書館によく行く」と回答する人が「スポーツをする」

と回答しないのであれば、「図書館によく行く」と「スポーツをする」は正反対の位置に出現することになる。MCA を利用することで、諸々の活動を空間的に把握し、生活世界の見取り図を得ることができる。

ブルデューは『ディスタンクシオン』の中で MCA を利用することで、人々の文化的な活動（どのような映画を見るか、どのような音楽を聴くかなど）を空間的に把握し、その特徴について論じている。本章ではこうしたブルデューの発想を、文化的な活動ではなく、人々の子育て活動に適用する。子育て空間の特徴と、それが学力格差とどのように繋がっているのかを検討することが本章の狙いである[1]。

具体的な手順は次のとおりである。はじめに、子育て活動が相互にどのように関連しているのかという点を検討する。現代日本の保護者は、子どものために、さまざまな子育て活動を行っていると思われるが、MCA によって、さまざまな子育て活動が相互にどのように関連しているかを空間的に把握する。続いて子育て空間の構造と、保護者の社会経済的変数（学歴・職業・年収など）の関連を吟味する。その上で、空間の構造と学力の関連を検討し、誰が学力を獲得しているのかを明らかにする。これらの検討を経た上で、学力格差の構造と、その改善のための方策について議論を行う。

3. 利用するデータの概要と分析方法

本章で利用するのは、関西地方の X 市で実施された学力調査、および保護者調査のデータである。とくに保護者調査は、子育てに関するさまざまな変数を取得しており、日本における子育ての格差を議論する上で、有効なデータであると思われる。ただ、第Ⅲ部の冒頭で触れたように、X 市の年収の分布が全国よりやや高めであることは注意が必要で、分析結果に何らかの偏りが生じる可能性に留意しなければならない。

X 市の子育ての空間を捉える変数としては、**表 9-1** の変数を利用する。この変数で人々の子育て活動のすべてを網羅できているのかという問題はあるのだが、これまで日本の学力と子育ての関連について議論してきた研究において重要とされてきた変数（習い事、学校・地域行事、大学進学行動など）は含まれているので、とりあえずは十分であると判断した。なお、公立中学校を志望するかどうかという設問は小学生にしか存在しないため、今回は小学生のデータに限定し、小学２年生と小学４年生の保護者票を分析している。また、保護者質問紙の回答者がほとんど母親（小学２年生、小学４年生のいずれの質問紙調査も約93%が母親による回答）であったため、学歴や職業については、母親のものを利用することにした。

MCAでは回答に極端な偏りのある設問（度数分布を作成したときに5%以下のセルが表れるような設問）を投入すると、分析結果に大きな影響を与えてしまうことが知られている（Roux & Rouanet 2010）。今回利用した変数の中には、こうした極端な回答を示す変数がいくつかあるため、分析結果が歪むことを防ぐため、本章では４件法の設問や５件法の設問は、適宜２値、あるいは３値に変換して分析に利用している。たとえば「学校行事への参加」を問う設問は、「よくする」「ときどきする」「あまりしない」「まったくしない」の４件法だが、「よくする」を「学校行事○」に、それ以外の回答を「学校行事×」に変換す

表 9-1　MCA に利用した変数

変数名	カテゴリー
図書館	図書館に行く頻度 「月１回以上」「2ヶ月～半年に１回」「それ以下」の３値
学習・運動に関する習い事	「塾」に通っているか否かの２値 「通信教育」を利用しているか否かの２値 「定期教材」を利用しているか否かの２値 「習わせていない」か否かの２値 「スポーツ」をしているか否かの２値
学校・地域行事	「学校行事」に参加しているか否かの２値 「（ボランティアでの）学校支援」をしているか否かの２値 「地域行事」に参加しているか否かの２値 「（子育て等について相談できる）地域に友人」がいるかどうかの２値 「PTA」活動に関わっているかどうかの２値
大学進学 公立	「大学」進学を希望するかどうかの２値 「公立（中学校）」進学を希望するかどうかの２値
母学歴	「高校」「専門／短大」「大学」の３値
家庭年収	「500万以下」「500-800万」「800万以上」の３値
母年齢	「40歳未満」「40-45歳」「45歳以上」の３値

出典：X市データより著者作成。

るといった具合である。

4. 分析結果

それではMCAを利用した結果を見ていこう。MCAは、分析に投入した変数をいくつかの次元（軸）に集約する。もっとも説明力の高いものが1軸、続いて説明力の高いものが2軸、以下3軸、4軸……と続くことになる。ここ

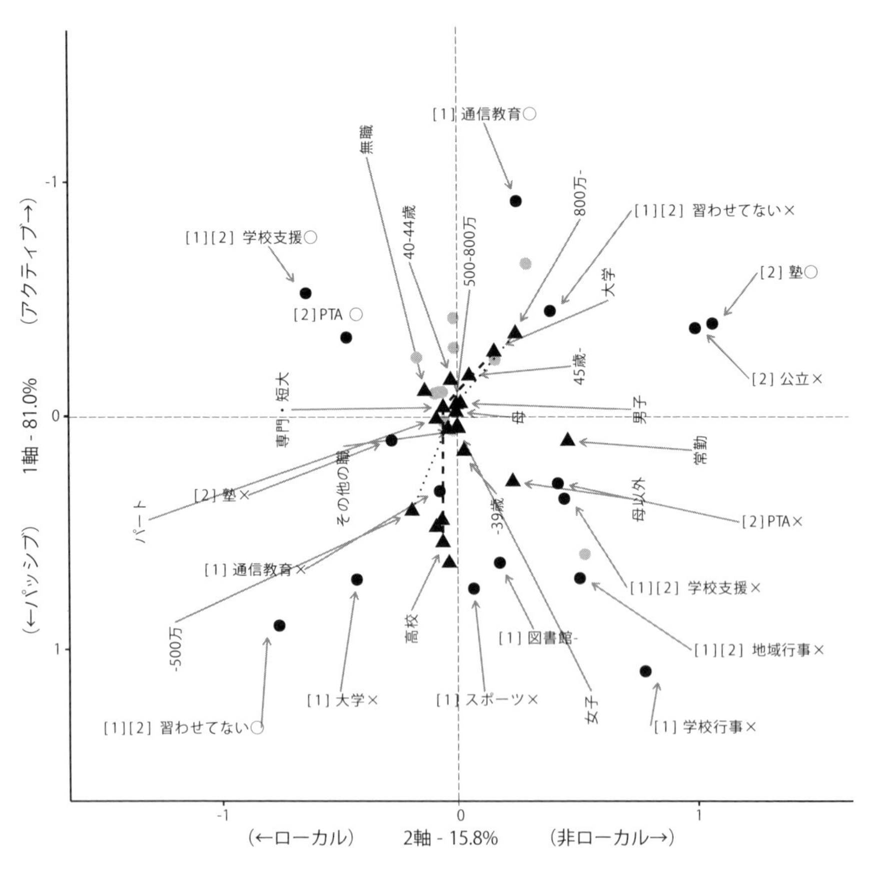

図9-1　小学2年生　第1軸×第2軸

出典：X市データより著者作成。

で各軸が説明する分散を検討すると、小学２年生のデータについては１軸が81.0%、２軸が15.8%であった。また、小学４年生のデータについては１軸が64.1%、２軸が29.9%となっていた。いずれの学年も、１軸・２軸のみで全体の分散の95%を占めていることから、この２軸を中心に、子育て空間の構造を解釈すれば十分だと考えられる▶2。

そこで１軸を縦方向、２軸を横方向に配置したグラフが、**図9-1**である。こうした配置は、ブルデューが空間の構造を分析するために『ディスタンクシオン』などで行ったものであり、「持つもの」と「持たざるもの」の差異（資本の総量）が１軸上に、資本の質に関する差異が２軸上に、それぞれ表れてくる（Bourdieu 1979; 近藤 2011a）。●で示した変数は軸の構成に平均以上に貢献している変数であり、うすい○で示した変数はそれ以外の変数となる。MCAの軸の解釈は、●の変数を中心に行っていくことになる。なお、１軸の構成に貢献している変数の前に【1】を、２軸の構成に貢献している変数の前に【2】を付している。

MCAでは軸の構築には利用しないが、軸の解釈のために事後的に変数を挿入することもできる。これを補助変数（supplementary variables）と呼ぶ。今回は、年収・学歴・年齢などを補助変数として、図9-1・**図9-2**に追加的に配置した。区別のため、図中の補助変数の変数名は90度回転し、縦書きに表示している。

MCAによる空間の分析では、はじめにさまざまな文化的諸活動に関わる変数を利用して空間を構築した後に、学歴・年収・年齢といった変数を補助変数として図に重ね、空間の特徴を読み解こうとする研究が多い。本章の手続きも、こうした先例に倣ったものである。こうした手続きの背後には、ブルデューの社会理論が存在するが、本章では紙幅の都合上、説明を省略する。関心のある方は、近藤（2014）や磯（2008）の論考を参照されたい。

その他のMCAの技術的な側面については、関連する文献（Roux & Rouanet 2010; Hjellbrekke 2019）を参照されたい。また、保護者票のデータには、個々の設問に数%の欠測が見られたことから、正則化反復アルゴリズム（Regularized Iterative Algorithm）による補完を行っている（Josse et al. 2012）。

さて、図9-1・図9-2はX市の子育て空間の構造を捉えたグラフと考える

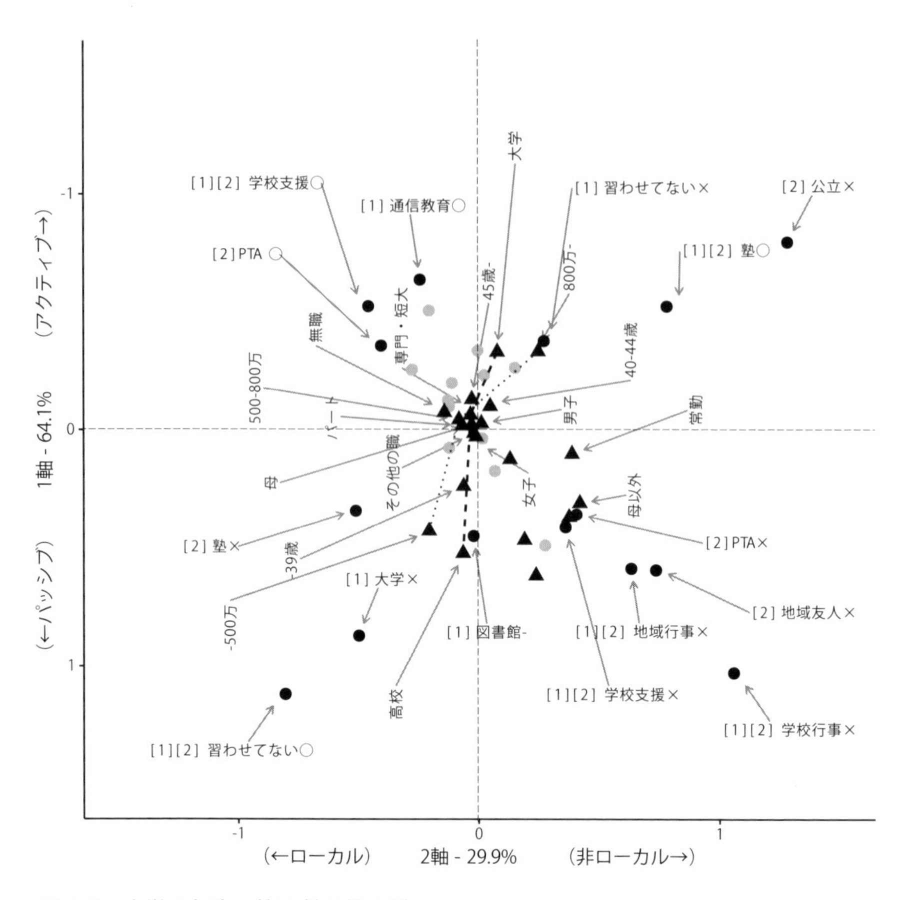

図 9-2　小学 4 年生　第 1 軸×第 2 軸

出典：X 市データより著者作成。。

ことができる。これらをみると、いずれの図でも、図の上方向に行くに従って「通信教育○」「学校支援○」「倣わせていない×」が並び、逆に下方向に行くに従って、「習わせてない○」「学校行事×」「図書館×」「大学×」が出現している。分析に利用した子育て活動の全般的な活発さが 1 軸によって表現されており、子育て活動全般の「アクティブ」「パッシブ」の度合いを示していると考えることができるだろう。

次に、左右に展開する 2 軸は、右方向に「公立×」「塾○」があり、左方向に「PTA ○」「学校支援○」が現れている。さまざまな子育て活動を大きく分けるとすれば、公立学校を志向せず塾に子どもを通わせる人々と、学校支援ボランティアやPTA 活動に参加する人々に分化しているということである。この分化は、とくに図の上方の子育て活動全般に熱心な人々のあいだで顕著であり、塾をはじめとする我が子に直接影響する活動へ力を注ぐか、それとも学校支援ボランティアやPTA のように、我が子のまわりに間接的に力を注ぐか、という対立が生じている。２軸の得点が低くなる（左方向に行く）ほど、学校・地域とのローカルな関わりが重視され、逆に２軸の得点が高くなる（右方向に行く）ほど、こうしたローカルな関わりが薄くなることから、２軸の得点は回答者の「非ローカル」の度合いを示していると捉えることもできる。

さらに、追加で投入した補助変数の配置から、子育て空間の構造と、家庭の年収や母親の学歴がどのように関連しているか検討しておこう。まず、家庭の年収・母親の学歴・母親の年齢といった変数は、基本的には１軸に沿っている。つまり、さまざまな子育て活動の分化の背後に、家庭の年収、母親の学歴、年齢による差が見られるということである。いずれも基本的に高い方が、子育て活動に積極的であり、年収が高い／学歴が高い／年齢が高い方が、活動が活発である傾向がみられる。

２軸方向に展開している補助変数は少ないが、回答者が「母以外（ほとんどは父親）」あるいは「常勤」の場合、空間の右側に出現する傾向がみられる。空間の左側に位置する活動は、学校支援ボランティアやPTA 活動であり、おそらく時間的余裕が少ないと考えられる父親や、常勤職に就いている母親が、こうした活動に参加しづらい傾向があるということだ。

こうした空間の構造は、小学２年生のデータも、小学４年生のデータもほぼ変わらない。一つだけ大きく異なっている点は、小学２年生の方が１軸の説明率が高く、人々の子育て活動がより１次元的な構造をしているという点だろう。低学年の方が、活発に活動している人々と、そうでない人々が明確に分化した単純な構造をしているということである。他方、小学４年生の図では２軸の説明率も高いので、子育て活動の活発さを「ローカル」「非ローカル」のいずれに振り分けるかという対立が顕著になっているといえる。小学４年生ともなれば、子どもの将来を意識する親も増えてくるだろう。こうした意識の変化が、空間の構造に変化をもたらしているのかもしれない。もっとも、今回のデータは同一の保護者を追跡したものではないため、これが学年を経たことによる変化なのか、それとも単に異なる集団を対象にしたために生じているのかは不明である。

ここで、図 9-1・図 9-2 から読み取れる、X 市の子育て空間の特徴について整理しておこう。第一に確認すべきことは、この空間を構築しているのが、基本的に「母親」であるという点である。そもそも母親以外の回答者は少ないし、かれらは子育て空間において不利な所に位置している。加えて「常勤」の母親が空間の右側に位置することを踏まえると、この結果は、とくに空間の左側に位置する学校支援ボランティアや PTA といった活動が、常勤職に就いていない母親によって担われているということを意味している。日本では、子育てを母親が担っているという指摘がなされて久しい（牧野 2010）が、長時間労働を特徴とする日本の労働環境において、父親（あるいは常勤の母親）が学校・地域への活動に参加することは容易ではない。「母親以外」「常勤」の人々が右（あるいは右下方）に位置づけられる子育て空間の構造は、こうした事情を反映したものであると考えられる。

第二に、追加で投入した家庭の年収や母学歴といった変数が、いずれも 1 軸に沿って展開していることから、家庭の経済力や母親の学歴によって、子育て活動が分化していると考えることができる。要するに、各種の子育て活動に熱心な人々というのは、学歴や年収に優れた人々だということである。子育て活動の背後に保護者の年収や学歴があるという指摘は、すでに珍しいものではないが、子育て空間の構造もこのことを裏付けている。

第三に、この子育て空間には、塾のように我が子に直接的に力を注ぐか、それとも学校支援ボランティアや PTA のように我が子のまわりに間接的に力を注ぐか、という対立があることがわかる。この対立は、子育て方針が明確になっていくと思われる小学 4 年次の方がより顕著である。とくに対立がはっきりしているのは、子育て活動の活発な空間の上方であり、年収・学歴に優れた保護者が、いずれをより重視するかで分化する構造があるということになる。

以上のような構図を確認した上で、こうした子育て空間の構造と、子どもの学力がどのように関連しているか検討してみよう。**図 9-3** は、近藤（2012）を参考に、個々の児童の算数の成績と、MCAから得られた１軸・２軸の得点の関連を３次元上に表現したものである。１軸・２軸の得点は、それぞれの第１四分位、第３四分位をカットポイントとし、上中下の３段階に分割している。

ここでは小学２年生の算数のデータのみ提示するが、図9-3をみると、基本的には１軸の得点が高くなる、すなわちさまざまな子育て活動を行っている親の子どもほど成績が高くなる傾向があることがわかる[▶3]。また、１軸の得点が同程度であれば２軸の得点が高い方が子どもの成績が高くなることから、子育て活動全般のアクティブさが同程度であれば、公立学校を志向せず通塾をさせている保護者の子どもの方が、PTAや学校支援ボランティアを行っている保

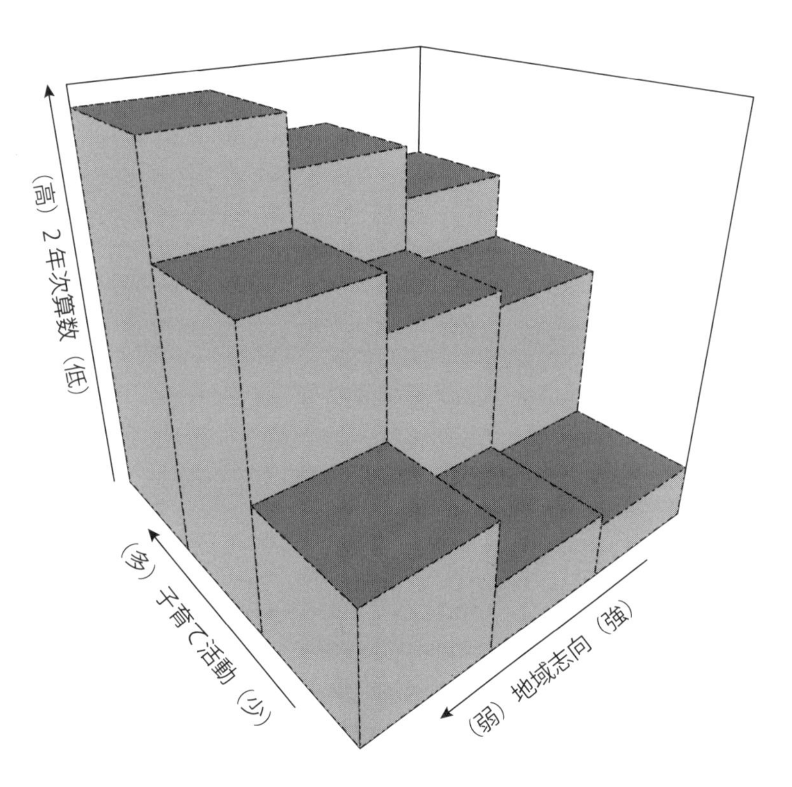

図9-3　小学２年生　資本の構成と学力の関連

出典：X市データより著者作成。

護者の子どもよりも成績が高い傾向があるということになる。総合的な子育て活動の活発さが同じ程度ならば、塾を志向している保護者の子どもの方がPTA や学校支援ボランティアを志向している保護者の子どもよりも成績が高いというのは、それほど不思議な結果ではないだろう。

5. 考察

本章では、ブルデューの MCA を利用した空間の把握という議論に基づき、子育て空間を把握し、その空間の特徴や、空間の構造と学力の関連について検討を行った。ここまでの知見をまとめておこう。

第一に、子育て空間の特徴は、およそ次の 3 点に集約できる。まず、子育ての活動（とくに親の学校や地域への参画に関わる活動）は、基本的に母親によって担われており、母親以外の保護者は不利な位置にいる。次に、第 1 軸で示される子育て全体の活発さが、家庭の年収、あるいは母学歴とパラレルに展開していることから、家庭の経済力や母親の学歴によって子育てが分化する傾向がある。さらに、第 2 軸を見ると、とくに空間の上方を中心に、PTA や学校支援ボランティアを志向する人々と、公立学校を志望せず塾に子どもを通わせる人々が対立する構図がみられた。

第二に、子育て空間の構造と学力の関連は、次のようにまとめることができる。MCA によって得られた第 1 軸・第 2 軸の得点と子どもの成績の関連を検討したところ、第 1 軸の得点が高い（≒さまざまな子育て活動を行っている）人々の子どもの成績が高い傾向があることが明らかになった。また、同程度の資本量であれば、第 2 軸の得点が高い（≒塾を志向している）人々の子どもの方が、得点が高い傾向にあった。

以上をまとめれば、学力の格差に関する本章の知見は、次のようになる。まずいえることは、結局のところ家庭の年収や母親の学歴といった家庭の持つ資源の差が、子育ての格差や子どもたちの学力の差と結びついているということである。この構造は、小学 2 年生も小学 4 年生もほとんど変わらない。学力格差に関する研究で、これまでも繰り返し指摘されてきた事実ではあるが、MCA による分析も、X 市の子育て空間に同様の構造があることを示している。

次にいえることは、保護者の子育て活動の質を大きく二つに分けるとすれば、そこには、PTA や学校支援ボランティアへの参加を志向する人々と、公立学校への進学を望まず子どもを塾へ通わせる人々がいるということである。この構図は、家庭の資源に余裕があり、さまざまな子育て活動を展開できる空間の上方で顕著である。また、子どもの将来がまだはっきりしていない小学 2 年生より、子育て方針が明確になってくる小学 4 年生の方で明確である。

こうした子育て空間の特性は、近年注目を集める「社会関係資本（人々のつながりの力）と学力」という研究の文脈で重要である（志水 2014; 露口 2019)。第 8 章でも触れたように、とくにコールマンの提示する社会関係資本に依拠する研究では、学力格差を克服する要素として PTA や学校支援ボランティアといった「社会関係資本」の力に注目が集まることがある。しかし本章の分析は、その可能性に否定的である。確かに図 9-3 でみたように、PTA や学校支援ボランティアに参加している保護者の子どもの方が、そうした活動をしていない保護者の子どもより、学力が高い傾向はある。その意味では、「社会関係資本」が学力を高めるといえるかもしれない。しかし、子育て空間の構造を見るかぎり、こうした「社会関係資本」を持つ人々とは、塾に子どもを通わせる人々と同じく、もともと経済力や学歴といった資源に余裕がある人々である。つまり、経済力や学歴といった資源に恵まれない人々が社会関係資本を手に入れるのは容易なことではない。さらに、子育て空間の構図を見ると、PTA や学校支援ボランティアを志向する人と、塾を志向する人は対立している。つまり「社会関係資本が重要だ」と言われても、保護者の中にはそれでも我が子のために公立小学校を選択せず、塾を志向する層が少なくない数で存在しているということである。

「社会関係資本」による学力格差の克服という提案は魅力的ではある。実際、社会関係資本による学力格差の克服の可能性を示唆する研究が主張するように、「している人」と「していない人」がいるあいだは「社会関係資本」は学力格差を縮小するのだろう。しかし、子育て空間の構造を見るかぎり、それだけでは社会全体の学力格差の構造は大きく変わらないように思える。

加えて子育て空間の構造は、とくに左側に位置する、PTA や学校支援ボランティアといった活動が、基本的に常勤以外の母親によって担われていることを示している。社会関係資本の有用性を説く研究は少なくないが、その場合、現在の「子育てが主に母親によって担われている」という構造が、より強化されてしまう可能性が高い。つまり、社会関係資本の効果を説く研究は、誰が子育てを担っているのかというジェンダー不平等の構造に無頓着すぎるのである。

学力格差の縮小という観点で言えば、本章の分析が示す知見は、ごく簡単なものである。図9-3で示したように、子どもたちの学力格差の要因の背後には、さまざまな子育て活動をできる人々と、それができない人々がいるという、子育ての格差構造がある。その背後には、家庭の経済力や学歴による分化がある。学力格差に対抗するには、こうした「持つもの」と「持たざるもの」がいる子育て空間の構造を認識し、どのような保護者の元に生まれたとしても大きな差が生じないように手当を行うしかない、ということである。その際、できうるならば、そもそも子育て活動自体が（常勤ではない）母親によって担われているというジェンダー不平等の構造自体も変革していくことが求められるだろう。

以上のように、ブルデューに依拠した子育て空間の分析は、回帰分析では得られない子育て／学力の格差に関する新たな見取り図を与えてくれる。その分析が示す見取り図は、社会関係資本による学力格差の克服といったわかりやすい解決の道筋を提示してくれるわけではないが、私たちが考えなければならない「学力格差の構造」と、そこに絡むさまざまな不平等問題を示してくれるものでもある。この見取り図を元に、よりよい社会の在り方について議論することが、今後の私たちの課題であろう。

断っておくが、本章で得られた見取り図は、あくまで「仮」の不十分なものであり、さまざまな課題が残されている。たとえば、子育て空間を構成する変数が、これでよいのかという点がそれである。今回利用した変数は、これまでの学力格差に関わる研究で重視されてきたものだが、これ以外にも子育ての格差を捉える上で重要な変数が残されているかもしれない。こうした変数を投入すれば、また異なった空間が構築される可能性は十分にある。他にも、私立受験が盛んな関東圏、あるいは農村部であれば、X市と異なる構造を見いだすことができるかもしれない。こうした問いについては、稿をあらためて論じたいと思う。

注

▶1　本稿では「子育て空間」という用語を使っているが、ほんらいブルデューは「界」「資本」「ハビトゥス」「社会空間」といった独特の用語を利用し、より綿密な議論を展開している。これらの用語やその関係については、磯（2008）が参考になる。

▶2　ベンゼクリの修正割合を求めている（Roux & Rouanet 2010, pp.39-40）。

▶3　分析結果は省略するが、国語でもほぼ同じ傾向がみられる。

参考文献

赤林英夫・直井道生・敷島千鶴編（2016）『学力・心理・家庭環境の経済分析』有斐閣。

Bennett, T., Savage, M., Silva., E., Warde, A., Gayo-Cal, M. & Wright, D., 2009, *Culture, Class, Distinction*, Routledge（磯 直樹ほか訳（2017）『文化・階級・卓越化』青弓社）.

Bourdieu, P, 1979, *La Distinction,* Les Editions de Minuit（石井洋二郎訳（1990）『ディスタンクシオンⅠ・Ⅱ』藤原書店）.

Hjellbrekke, J., 2019, *Multiple Correspondence Analysis for the Social Science,* Routledge.

本田由紀（2008）『「家庭教育」の隘路』勁草書房。

磯 直樹（2008）「ブルデューにおける界概念」『ソシオロジ』162，pp.37-53.

Josse, J., Chavent, M., Liquet, B. & Husson, F., 2012, "Handling Missing Values with Regularized Iterative Multiple Correspondence Analysis," *Journal of Classification*, 29 (1), pp.91-116.

苅谷剛彦・清水睦美・志水宏吉・諸田裕子（2004）『調査報告「学力低下」の実態』岩波ブックレット。

近藤博之（2012）「社会空間と学力の階層差」『教育社会学研究』90，pp.101-121.

近藤博之（2019）「教育費の公私負担意識」『教育社会学研究』104，pp.171-191.

近藤博之（2014）「ハビトゥス概念を用いた因果の探求」『理論と方法』29(1)，pp.1-15.

Lareau, A., 2003, *Unequal Childhoods,* University of California Press.

牧野カツコ（2010）「子育ての父母分担は世界いろいろ」牧野カツコ・船橋惠子・中野洋恵・渡辺秀樹編『国際比較にみる世界の家族と子育て』ミネルヴァ書房，pp.27-42.

Matsuoka, R., 2019, "Concerted cultivation developed in a standardized education system," *Social Science Research*, 77, pp. 161-178.

中西啓喜（2017）『学力格差拡大の社会学的研究』東信堂。

お茶の水女子大学（2014）『平成 25 年度全国学力・学習状況調査（きめ細かい調査）の結果を活用した学力に影響を与える要因分析に関する調査研究』お茶の水女子大学。

お茶の水女子大学（2019）『保護者に対する調査の結果と学力等との関係の専門的な分析に関する調査研究』お茶の水女子大学。

Roux, B, L. & Rouanet, H., 2010, *Multiple Correspondence Analysis,* Sage.

志水宏吉（2014）『「つながり格差」が学力格差を生む』亜紀書房。
露口健司編著（2019）『ソーシャル・キャピタルで解く教育問題』ジダイ社。
Yamamoto, Y., 2015, "Social class and Japanese mothers' support for young children's education," *Journal of Early Childhood Research*, 13 (2), pp. 165-180.

補論

R を用いた PISA・TIMSS の分析

数実 浩佑

1. はじめに

1.1 PISA・TIMSS を分析する意義

本章では国際学力調査である PISA と TIMSS のデータを用いて、学力の比較分析を行う。PISA・TIMSS は、厳密な標本抽出によって作成されたデータセットであり、学力を分析するうえできわめて信頼性の高い調査データである。アンケートの対象[▶1]および質問項目も非常に豊富であり、また参加国も多いことから、さまざまな観点・問題関心からデータを分析することができる。実際、学力格差の実態について明らかにするという問題関心から、さまざまな研究者が PISA・TIMSS データの分析を行ってきた（たとえば、多喜 2010; 須藤 2013; 近藤 2012; 鳶島 2016 など）。しかしながら、これまでの日本の教育研究において、一部の研究者を除いてこれらのデータが十分に分析されてきたとは言い難い。

そこには大きくいって二つの分析上の壁がかかわっている。すなわち、調査設計の複雑さと、それにともなう分析方法の難しさである。そこで本章では、PISA・TIMSS に共通する調査設計の要点を整理し、R を使った PISA・

TIMSSの統計分析の手引きを示すことによって、学力の計量分析を専門としない教育関係者・研究者・学生が実際にPISA・TIMSSを分析できるように導くことを目指す。PISA・TIMSSという貴重な大規模データの分析は、一部の専門家が分析しつくせるものではないし、任せきりにしてしまうのは好ましいこととものいえない。さまざまな人びとがそれぞれの問題関心に応じて学力データの二次分析を行うことは、既存のデータを有効活用し、新たな知見を提示することにつながる。近年その重要性が叫ばれているエビデンスベースド教育（中室 2015）をわが国に浸透させるためにも、エビデンスベースドの方法をすべての人に開かれたものとすることが必要である。

具体的には、PISA・TIMSSのデータを分析しようとなると、「どこからデータをダウンロードすればよいのか」「どの統計ソフトを使えばよいのか」「分析したい質問項目の変数はどこにあるのか」「ウェイトの処理はどのように行えばよいのか」など、さまざまな実践上の壁が出てくる。そこで本章では、フリーの統計ソフトであるRを用い、度数分布表の提示や回帰分析など基本的な統計分析を行うために必要な手続きおよび注意点について説明していく▸2。

1.2 なぜRを使うのか

本章では、統計ソフトのRを用いて分析を進めていく。社会科学の分野ではSPSSが統計ソフトとして採用されることが多い。SPSSが多くの人に利用されている理由の一つとして、SPSSはGUI（グラフィカル・ユーザー・インターフェース）を志向した統計ソフト、つまりプログラム・コードを入力するのではなく、マウスをクリックするだけで分析が可能であり、初心者にもとっつきやすいという利点があげられる。しかしながら今回は、Rを統計ソフトとして採用する。

Rの何よりの魅力は、無償で公開されているフリーソフトであり、Rをインストールしさえすれば、誰でも分析をはじめられるところにある。くわえて、Rは分析パッケージを導入することによって、PISA・TIMSSの学力データを容易に分析できるという利点がある。PISAのデータを正確に分析する際には、後述するように、sample weight、replicate weight、plausible values

など PISA・TIMSS 特有の調査設計に留意して分析を進める必要がある。また PISA・TIMSS では生徒の学力データ・質問紙によって得られた学習状況のデータのみならず、教師データや学校データを利用することが可能であるが、実際にそれらを分析するためには、生徒データと教師および学校データを一つのデータにマージ（統合）する必要がある。それらの作業を SPSS で行うためには、いくつかの事前作業が必要であるが、R では、PISA を分析するための専用パッケージを導入することによって、容易に分析を行うことができるのである。

また R の特徴として、GUI（Graphical User Interface）ではないという点があげられる。R では、ウィンドウ上にあるアイコンをマウスでクリックして分析を進めていくという方法ではなく、スクリプト（プログラム・コードを記入するテキストエディタ）にプログラム・コードを書き込むことによって分析を進めていく。この方法は、マウスのみで比較的簡単に操作できる GUI と異なり、初心者にとってはとっつきにくいという点でデメリットとなるだろう。しかし GUI では、使用する国のデータや使用する変数を入れ替え、いろいろな条件の下で多くの分析を進めていく際、何度も同じ作業をマウスのクリックによって進めていくことになるため、作業が大変煩雑となる。一方で、R のように GUI ではなく、プログラム・コードを書き込んで分析を進めていく場合は、条件を変更して分析するためには、コードの一部のみを書き換えるだけでよいため、必要な作業量が少なく済むという利点がある。

GUI でないという特徴には、もう一つ利点がある。それは分析結果を出すために、どのようなプログラム・コードを書いたか示すことによって、読者はその分析過程を追体験することができるからである。提示されたコードを利用すれば、誰でもその分析結果を算出することができるという点で、R は SPSS のような GUI 志向の統計ソフトに比べて利点を有している▶3▶4。

しかし、どのようなコードを書けばよいのか、どのパッケージを導入すればよいのかなど、初心者にとってはとっつきにくさがあることは否めない。そこで、本章では、R を使うのが初めての人にも、分析結果を再現できるように、つまずきやすい点に留意しながら分析を進めていきたい。

1.3 PISA・TIMSSの調査設計

PISA・TIMSSデータを、統計ソフトのRを用いて分析する方法を解説していくのが本章の目的であるが、その内容に入っていく前にPISA・TIMSSの調査設計についてその概要を確認しておきたい▶5。というのも、PISA・TIMSSデータは、日本の全国学力調査をはじめとする標準的な学力調査と比べたとき、その調査設計が大きく異なり、それによって求められる分析方法も変わってくるからである。具体的には1）調査対象者の選定の方法と2）学力の推計方法に大きな特徴がある。まずその点を確認しておこう。

1）調査対象者の選定方法

PISA・TIMSSデータの調査設計と日本の全国学力調査の調査設計の違いとして、最も大きなものとしてあげられるのが、調査対象者の選び方である。日本で行われている全国学力調査は悉皆（しっかい）調査といって、対象学年のすべての児童生徒が調査対象者となる。すべての児童生徒に学力調査を実施するのは、国や教育委員会が学力・学習状況調査の結果をもとに教育施策の成果と課題の検証および改善策の検討につなげることを目的とすることにくわえて、各学校が各児童生徒の学力や学習状況を把握し、児童生徒への教育指導や学習状況の改善等に役立てる（志水 2009）ことがもう一つの目的として掲げられていることが関係している。つまりすべての生徒の学力状況を個別に把握し、それをフィードバックしていくことが一つの大きな目的となっているのである。

しかしながら、国や教育委員会が学力調査の結果をもとに学力格差の実態や教育施策の効果検証のみを目的とするのであれば、わざわざ多大な労力と予算を割（さ）いて悉皆調査を実施する必要はなく、ランダムサンプリングという調査設計をもとに、一部の児童生徒のみを対象に調査を行えばよい。実際PISAやTIMSSでは、個々の児童生徒の学力や学習状況を把握することが目的ではなく、母集団の特徴を推定することが目的であるため、悉皆調査は採用されていない。

ただし学力調査にランダムサンプリングの調査設計を採用することにも難しさがある。というのも、「単純なランダムサンプリングを実施した場合、各学校の子どもの人数が極端に少なくなってしまい、学校レベルの情報と個人の情報をリンクさせることが困難になる可能性が高い」（川口 2012）からである。そこで PISA・TIMSS が採用するのが、二段階抽出と呼ばれるサンプリング方法である。二段階抽出では、調査対象者を選ぶときにまず学校をランダムに抽出し、続いて、選ばれた学校ごとに、一部の生徒をランダムに抽出する（PISA では各学校 35 人の子どもを抽出する）という方法である。この抽出方法を採用することによって、大規模校・小規模校にかかわらずまんべんなく学校が選ばれることになり、一部の学校の子どもが選ばれにくくなるという状況を回避することができるのである。

しかし二段階抽出の方法は、単純なランダムサンプリングの方法に比べて複雑であるため、それに起因して分析上の問題点が生じてしまう。具体的には、バイアスと誤差についてそれぞれ問題点が生じてしまう。まずバイアスについて説明すると、二段階抽出の方法では、特定の学校の生徒、具体的には小規模校の生徒が選ばれる確率が高くなってしまうため、単純に学力の平均を計算してしまうと、小規模校の特徴が相対的に強く平均値に反映されてしまう▶6。また二段階抽出も一つのランダムサンプリングの技法なので、どのような生徒が選ばれるかによって、推計した母集団の値は異なってくる。その際、推測統計という手法によって、推計された結果がどの程度の信頼性を有しているか、逆にいえばどの程度の誤差をともなっているかを示すことができる。ここでは、標準誤差という値を算出する必要があるが、二段階抽出を用いる場合、ランダムサンプリングを前提とした通常の手法を用いてこれを計算することはできない。

このように二段階抽出に伴うバイアスの問題と誤差の問題が生じてしまうのであるが、PISA・TIMSS はこの問題に対応する統計手法を用意している。単純化していえば、バイアスの問題に対応するのが Sample Weights、誤差の問題に対応するのが Replication method と呼ばれるものである。詳細は PISA のマニュアル▶7 に述べられているが、日本語で読める文献としては川口（2012）を参照されたい。

2）学力の推計方法

日本の学力調査で主流なのは、問題ごとに配点が決められたテストについて、すべての生徒が同じテストを受け、その結果をもとにその生徒の得点を決めていく、いわゆる古典的テスト理論に基づく学力調査の設計である。しかしながら、PISA・TIMSSはこれとは異なるテスト設計となっている。そこで用いられているのは、項目反応理論（IRT、Item Response Theory）モデルである。このモデルに基づくテストは、すべての生徒が同じ問題を解くわけではないこと、問題の難易度とその問題の正誤をもとに生徒の成績を確率的に予測するという点に特徴がある。PISA・TIMSSのデータを分析するときに、IRTモデルを意識することはほとんどないが、このモデルを使用することで、「(1) PISAが幅広い問題を出題することを可能にしていること、(2) 異なる年度のテストであっても比較可能な設計になっていること」（川口 2012）というメリットを有していることを確認しておきたい。

IRTモデルに基づく学力調査データを分析するときに問題となるのは、生徒の成績が確率的に予測されるという点である。このことは個々の生徒の学力の推定は、それほど信頼できるものではないことを意味しているが、PISA・TIMSSをはじめとする大規模学力調査では、「個人の能力の推定よりも、母集団の状況を推定することの方が重要である」（川口 2012）という事情があることを指摘しておきたい。IRTモデルに基づく学力調査の結果から母集団の推定を行う際、Plausible Values（PVs）という考え方を押さえておく必要がある▶[8]。PVsの基本的な考え方は、生徒の能力θを直接推定する代わりに、数学的に導かれる事後確率分布からランダムな値を生成することで、θのありそうな値の幅を得ようとするものである（川口 2012）。このθの幅を予測するために、PISA・TIMSSのデータセットには、一つの学力テストに対応して五つのPVs（その生徒の能力の推定値）を用意している▶[9]。学力の平均値や学力を従属変数とした回帰分析を行う際は、この五つのPVsの値を用いて推定結果を算出する必要があるのである。

調査対象者の選定方法として二段階抽出法を、学力の推定方法としてIRTモデルおよびPlausible Valuesを用いていることを確認した。ここで重要なのは、この PISA・TIMSS の特殊な調査設計によって得られたデータを分析する際に、これらの点を考慮する必要があるということである。さもなければ、算出された分析結果にバイアスや誤差がともない、結果の妥当性と信頼性が失われることになる。しかしながら、これに対処するために冒頭でも述べたように統計ソフト R を用いれば、自動的にこの点を考慮したうえで求めたい分析結果を算出してくれる。ここに PISA・TIMSS のデータを分析する際に R が有効であることの大きな理由である。

2. データの取得と R の導入

続いて、PISA・TIMSS のデータの取得方法と、R の導入について説明する。なおここでは PISA・TIMSS ともに 2015 年のデータを扱う。過去の PISA・TIMSS データも同ホームページから取得することができるが、若干その方法が異なることに注意されたい。

2.1 PISA データのダウンロード

PISA2015 のデータは OECD の公式ホームページからダウンロードすることができる（http://www.oecd.org/pisa/data/2015database/（最終閲覧日 2019.10.15））。学力および生徒質問紙のデータは、先の Web 上にある「SPSS ™ DATA Files (compressed)」の「Student questionnaire data file (419MB)」という項目をクリックすればダウンロードできる（ただし容量が大きいため時間がかかる）。ダウンロードされたデータは、「PUF_SPSS_COMBINED_CMB_STU_QQQ」という ZIP フォルダに「Cy6_ms_cmb_stu_qqq.sav」というファイル名で保存されている。

分析に使用するデータに加え、同 Web 上の「Codebooks」の「Codebooks for the main files」という項目からコードブック（データの変数名、質問内容、質問に対する選択肢などに関する情報が記載された資料）をダウンロードしておくとよい。

2.2 TIMSS データのダウンロード

TIMSS2015 のデータは IEA の公式ホームページからダウンロードすることができる（https://timssandpirls.bc.edu/timss2015/international-database/（最終閲覧日 2019.10.15））。

日本の小学 4 年生のデータは、「International Database SPSS Data」のうち「T15_G4_SPSSData_pt2.zip（DNK-NLD 144MB）」のファイルの中に入っている。PISA のデータと異なり、TIMSS のデータは国ごとにデータが分けられているため、必要なデータのみ取り出して使えばよい。「ASGJPNM6.sav」が小学 4 年生の学力および児童質問紙データ、「BSGJPNM6.sav」が中学 2 年生の学力および生徒質問紙データである。同ホームページ上に、「TIMSS 2015 Fourth Grade Codebook」という項目があり、そこからコードブックをダウンロードすることができる。

2.3 R の導入

1）R のダウンロードとインストール

R の公式 Web サイト（https://cran.ism.ac.jp/（最終閲覧日 2019.10.15））のページから、自身のパソコン環境に応じて R のダウンロードを開始する（Windows を使用している場合は、「Download R for Windows」を選択）。R を初めてダウンロードする場合は、「base」を選択する。続いて、「Download R 3.6.1 for Windows」を選択し、R のダウンロードを開始する[▶10]。

ダウンロードが終了した後、指示に従ってインストールする。R のダウンロードとインストールについては、Web 上や関連書籍でも丁寧な解説があるので、それらを参照のこと（たとえば、杉野 2017; 村井 2013 など）。また Rstudio（https://rstudio.com/（最終閲覧日 2019.10.15））という R の統合開発環境をダウンロードおよびインストールすれば、R のプログラミングをより快適に行うことができる。本章では Rstudio は用いずに分析を進めていくが、本格的に R を使っていくならば必須のソフトである[▶11]。

2）作業ディレクトリの選択

インストールされたRを開くと、次のような画面が表示される（**図 10-1**）。

最初に行う作業は、作業ディレクトリの選択である。作業ディレクトリとは、外部ファイルからデータやコードを読み込んだり、ファイルデータを書き出したりするときに作業が行われる場所である。分析したいデータ（たとえば、PISA データを分析したいなら「Cy6_ms_cmb_stu_qqq.sav」）をデスクトップ上においている場合は、作業ディレクトリを「デスクトップ」に指定する。

作業ディレクトリを指定する方法は次の2通りである。一つは、Rのメニューバーの「ファイル」を選択→「ディレクトリの変更」を選択→「デスクトップ」を選択→「OK」コマンドの選択である。

もう一つの方法は、作業ディレクトリのコードを次のように書き込むやり方

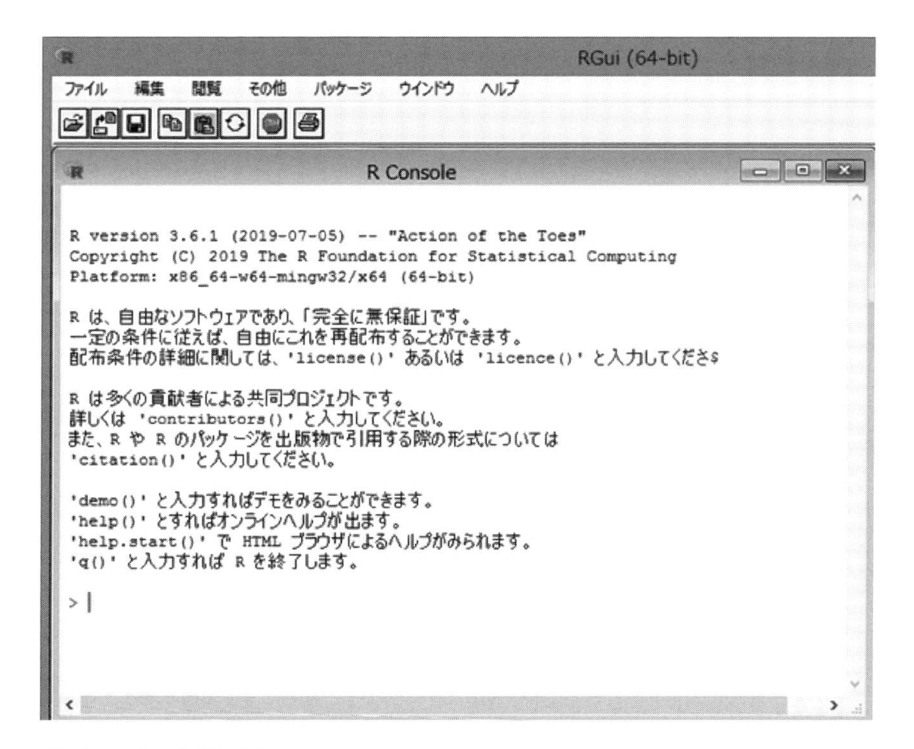

図 10-1　R の初期画面

出典：R の出力画面をコピー。

である。

```
setwd("C:/Users/kkazumi/Desktop")
```

なお「kkazumi」は筆者のパソコン名である。この部分を、自身が使用しているパソコン名に変更すれば、作業ディレクトリを指定できる。上記のコードを「R Console」上に記入し、Enter キーを押せば作業ディレクトリが指定できる（**図 10-2**）。

3）スクリプトの作成

R はプログラム・コードを書き込むことによって分析を進めていくと説明した。プログラム・コードは、作業ディレクトリの選択のところで説明したよう

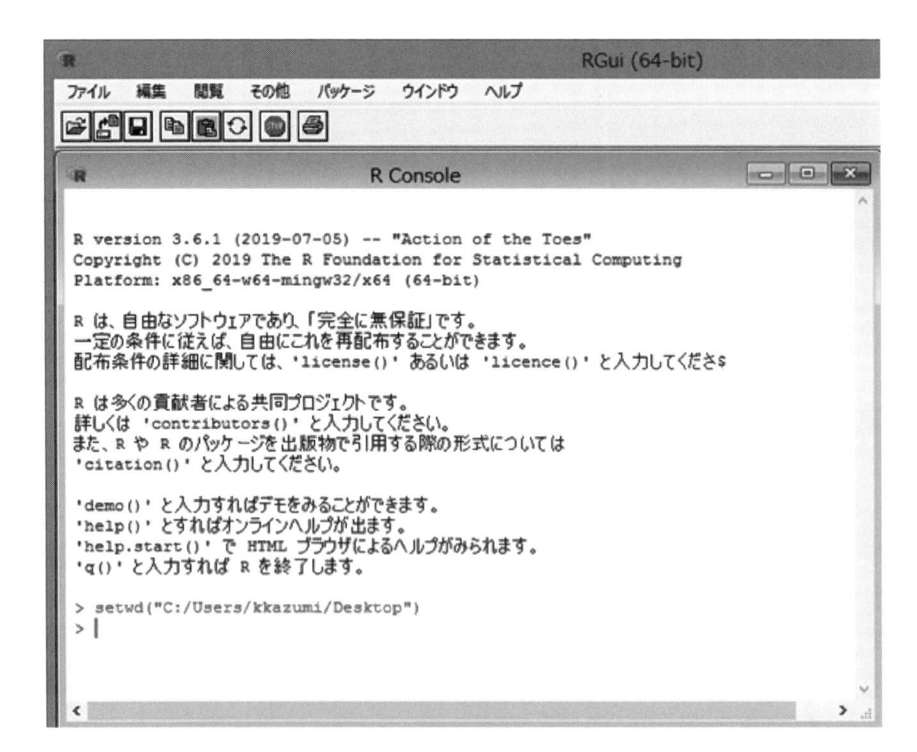

図 10-2　コードによる作業ディレクトリの指定
出典：R の出力画面をコピー。

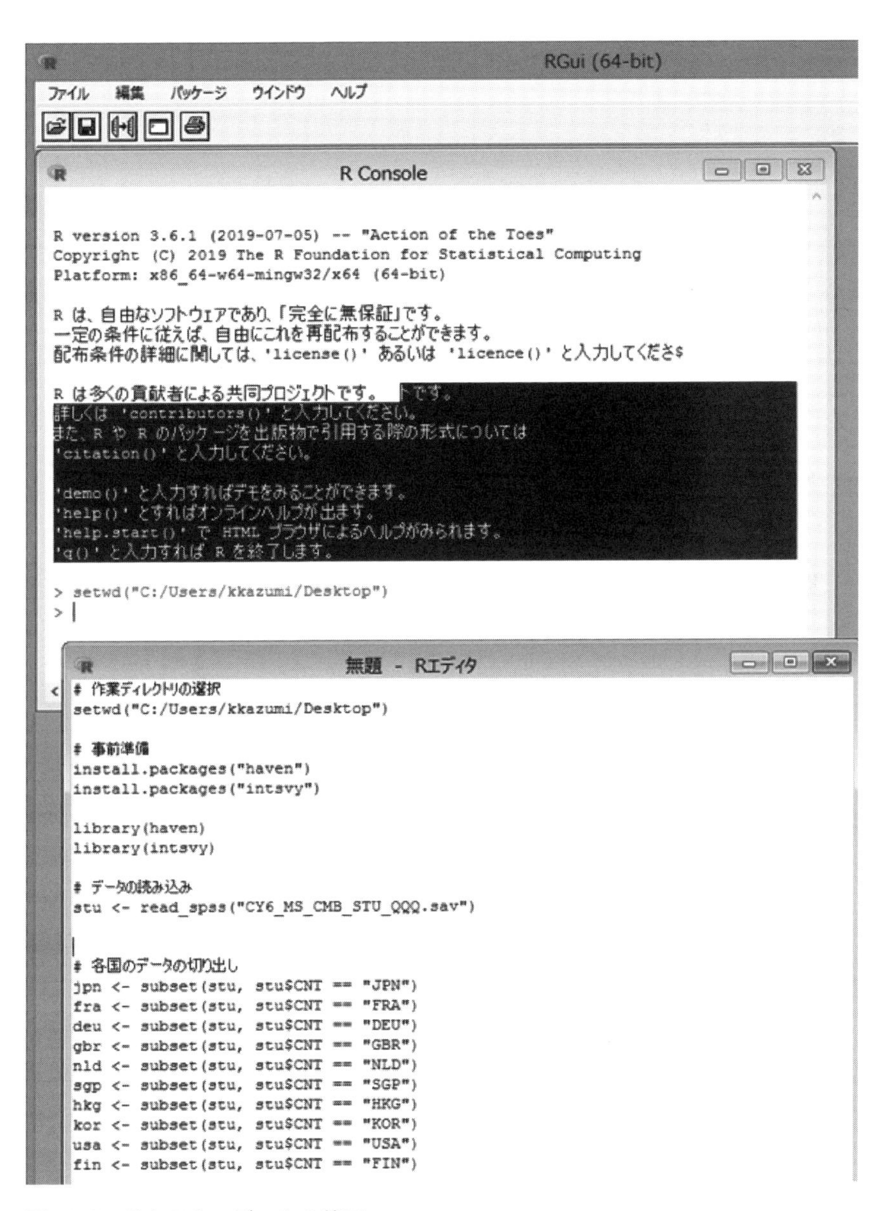

図 10-3　テキストエディタの使用

出典：R の出力画面をコピー。

に、「setwd(“C:/Users/kkazumi/Desktop”)」というコードを「R Console」に書き込み、Enterキーを押すことによって実行することができる。しかし分析コードを整理するためにも、テキストエディタに分析コードを書き込んでから、それを実行するというのが一般的である。

Rのテキストエディタは、Rのメニューバー上の「ファイル」→「新しいスクリプト」から開くことができる。「新しいスクリプト」を選択すると、「無題 – Rエディタ」という画面が出てくる（**図10-3**）。ここに、分析コードを書き込んでいく。なお、Rエディタは作業ディレクトリ上（ここではデスクトップ）に保存しておく必要がある。

3. 基本的な分析

Rの導入とPISAデータの準備ができたところで、PISAデータの簡単な分析を行っていこう。本節では、度数分布の算出、平均値の算出、回帰分析について説明していこう。

3.1 データの読み込み

1）分析パッケージの導入

分析に入る前の事前準備として、分析パッケージのインストールと読み込みが必要となる。統計ソフトのRは、有志が開発した分析パッケージを読み込むことによって、可能となる分析を拡張することができる。ここで使用するパッケージは「haven」▶[12]と「intsvy」▶[13]である。「haven」はSAVファイル形式のデータ（SPSS形式のデータ）をRに読み込むためのパッケージである。「intsvy」はPISAデータを分析するため、具体的には、sample weightやplausivle valuesに対応するためのパッケージである。

パッケージは、「install.packages」という関数を使用して、次のようにしてインストールすることができる。

```
install.packages("haven")
install.packages("intsvy")
```

上記のコードは「新しいスクリプト」を開いて出てきた、テキストエディタに書き込み、それを、「R Console」にコピーペーストする、あるいは、入力したいコードを選択して右クリック、選択の実行によって実行するのがよい。

続いて、インストールしたパッケージを実際に使用するため、「library」関数を使用してパッケージを R に読み込む。上記のパッケージのインストール作業は一度行えばよいが、以下の読み込み作業は、R を起動するごとに毎回行う必要がある。

```
library(haven)
library(intsvy)
```

2）データの読み込み

次に PISA2015 のデータの読み込みを行う。SAV 形式のファイルである PISA2015 のデータは次のようにして読み込むことができる。なお PISA2015 のデータは容量が非常に大きいため、読み込むのにかなり時間がかかること、メモリの大きいパソコン（PISA2015 の場合、最低でも 8GB は必要になる）でしか実行できないことに注意されたい（川口 2018）。

```
stu <- read_spss("CY6_MS_CMB_STU_QQQ.sav")
```

これで、PISA2015 のデータが「stu」という変数に格納された。「stu」という変数名は自分の好きな名前に設定してよい。

3）各国のデータの切り出しと保存

先の作業によって、PISA2015の分析を進めていくことが可能となった。ただし、「stu」に格納されたデータは容量が非常に大きいため、使用するデータのみ取り出しておくのが望ましい。ここでは、日本、フランス、ドイツ、イギリス、オランダ、シンガポール、香港、韓国、アメリカ、フィンランドの10カ国のデータを抽出する。データは次のように抽出することができる。

```
jpn <- subset(stu, stu$CNT == “JPN”)
fra <- subset(stu, stu$CNT == “FRA”)
deu <- subset(stu, stu$CNT == “DEU”)
gbr <- subset(stu, stu$CNT == “GBR”)
nld <- subset(stu, stu$CNT == “NLD”)
sgp <- subset(stu, stu$CNT == “SGP”)
hkg <- subset(stu, stu$CNT == “HKG”)
kor <- subset(stu, stu$CNT == “KOR”)
usa <- subset(stu, stu$CNT == "USA")
fin <- subset(stu, stu$CNT == "FIN")
```

一行目のコードはPISA2015のすべてのデータから日本のデータのみを抜き出す作業を行っている。より詳しく説明すると、stuというデータセットのうち、変数名CNT（国を表す変数）がJPN（日本）に一致するデータのみ抽出し、jpnというデータセットに格納するという作業を行っている（jpnというデータセット名は自由につけてよい）。以下2行目から10行目まで、国名を変えて同様の作業を行っている▶14。

Rを起動するごとに、PISA2015データのすべて（CY6_MS_CMB_STU_QQQ.sav）を読み込むのは時間がかかるので、ここで抜き出した各国のデータを保存しておこう。データの保存は次のように行う。

```
write.table(jpn, file = "2015stuJPN.csv", quote = F, sep = ",", row.names = F)
```

これで日本のデータが 2015stuJPN.csv という名前で保存することができた。なおここでは csv 形式で保存している。このデータは作業ディレクトリの場所（ここではデスクトップ）に保存されている。同様にして、その他の国のデータも保存しておこう。

4）CSV データから直接の読み込みと変数名の確認

R を再起動し、再度データを読み込むときは次のようにして、国ごとにデータの読み込みを行おう。日本の csv データは次のようにして読み込むことができる。その他の国も、"2015stuJPN.csv" のところを読み込みたいファイル名に書き換えることによって読み込むことができる。

```
jpn <-read.csv("2015stuJPN.csv")
```

分析に入る前に、jpn のデータセットにどのような変数が用意されているか確認しておこう。変数名は次のようにして確認することができる。

```
names(jpn)
```

上記のコードを実行すると、921 個の変数名が画面上に出てくる。これらの変数を用いて分析を進めていくが、各変数が何を表しているか、どのような値を取り得るかはコードブック上で確認できる。

3.2 記述的分析

1）度数分布

ここでは一つの例として、「I feel like I belong at school.（私はこの学校の一員であるような感じがする。）」という質問項目の度数分布を確認してみよう。この質問項目は、jpn のデータセット内に、「ST034Q03TA」という変数名で収められている。どの質問項目がどの変数名に対応しているかは、コードブックをみることによって確認できる。この質問に対する回答は、「Strongly agree=1（強くそう思う）」「Agree=2（そう思う）」「Disagree=3（そう思わない）」「Strongly disagree=4（まったくそう思わない）」という 4 件法で尋ねられている。この質問紙に対する度数分布は次のようにして算出できる。

```
table(jpn$ST034Q03TA)
```

上記のコードは、jpn のデータセット内の ST034Q03TA という変数名の度数分布を算出するためのコードである。上記のコードを実行すると、以下の結果が画面上に現れる。

```
 1      2     3     4
1312   4062  936   260
```

この結果から、「I feel like I belong at school.」という質問に対して、「Strongly agree=1」が 1312 人、「Agree=2」が 4062 人、「Disagree=3」936 人、「Strongly disagree=4」が 260 人であることがわかる。

2）平均値の計算

続いて、平均値の計算方法について説明していこう。PISA では ESCS（Economic, Social and Cultural Stantus）という生徒の SES（Socio-Ecnomid Status: 社

会経済的背景）を表す変数が用意されている。この変数は、OECD の参加国の平均が 0、標準偏差が 1 となるように調整されている。日本生徒の SES を他国と比較した状況からみるため、日本生徒の SES の平均値を計算しよう。それは次のコードによって計算できる。

```
pisa2015.mean("ESCS", data = jpn)
```

上記のコードを実行すると、以下の計算結果が得られる。

Freq	Mean	s.e.	SD	s.e
6557	−0.18	0.01	0.7	0.01

左から順に、使用したデータ数、ESCS の平均値、平均値の標準誤差、ESCS の標準偏差、標準偏差の標準誤差を表している。この結果から、日本の SES は OECD の平均より若干低い値であることがわかる。

続いて、数学テストのスコアの平均値を計算しよう。PISA では学力スコアの得点が OECD の参加国の平均が 500、標準偏差が 100 となるように調整されている。その際、plausible values という特殊な手続きを得てスコアが計算される。そこで学力スコアの平均値を出すために、特殊な手続きが必要となるが、R の intsvy パッケージをインストールしておけば、次のようにコードを入力することによって、簡単に平均値を計算することができる。

```
pisa2015.mean.pv("MATH", data = jpn)
```

上記のコードを実行した結果を以下に示す。

Freq	Mean s.e.	SD	s.e
6647	532.44	88.23	1.74

結果の見方は、ESCSの平均値の結果と同様である。この結果から、数学の得点は532点であり、OECD平均（500）よりも高いことがわかる。

この分析をその他の国でも行い、数学得点の平均値と変動係数をまとめたのが**図10-4**である。変動係数は標準偏差を平均値で割った、ばらつきを表す指標である。各国の平均値が異なるため、標準偏差を用いれば、各国の数学得点のばらつきを比較できない。そこで比較可能性を担保するために、ここでは変動係数を用いている。変動係数は、標準偏差を平均で割ることによって算出できる。日本の場合、88.23（標準偏差:SD）／532.44（平均:Mean）＝0.1657という値が数学得点のばらつきをあらわす変動係数となる。変動係数は、値が大き

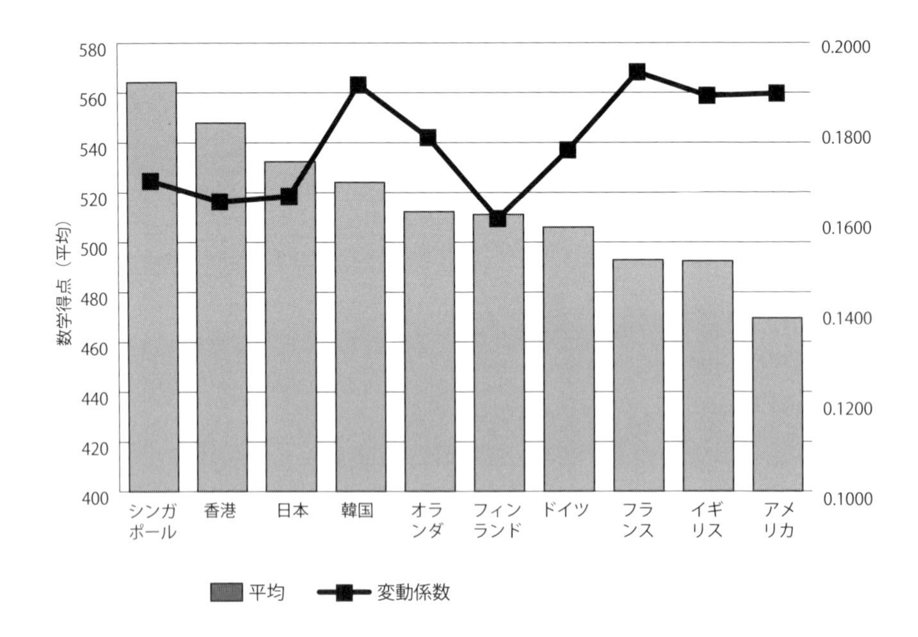

図10-4　各国の数学得点の平均と変動係数
出典：PISA2015データより著者作成。

いほどばらつきが大きいことを意味する。

図 10-4 をみると、シンガポール、香港、日本、韓国と、アジアの 4 カ国が数学得点が高く、オランダ、フィンランド、ドイツ、フランス、イギリスの西欧諸国はそれを下回っていることがわかる。そしてアメリカが最も数学得点が低くなっている。

変動係数についてはシンガポール、香港、日本、フィンランドにおいて比較的小さな値を示していることがわかる。この結果は、これらの国で数学得点の個人差が小さいことを示している。一方で、日本と同程度の数学得点の平均値を有する韓国では、変動係数がやや高くなっていることも注目される。変動係数が高いことが直ちに学力の階層差が大きいことを意味するものではないが、個人差、つまり、全体的な学力のばらつきを確認するためにも、変動係数は一つの有用な指標となると思われる。

3）回帰分析

学力に影響を与える要因を検討するため、数学得点を従属変数、ESCS と性別を独立変数とした回帰分析を行う。plausible value を考慮するため、pisa2015.reg.pv という関数を用いて分析を行う。

```
pisa2015.reg.pv("MATH", x = c("ESCS", "ST004D01T"), data = jpn)
```

ここで、ST004D01T という変数は女子＝ 1、男子 =2 の値をとる性別の変数である。上記のコードを実行した結果を以下に示す。

```
             Estimate  Std. Error  t value
(Intercept)    519.51        5.48    94.77
ESCS            41.54        2.17    19.16
ST004D01T       14.41        3.34     4.31
R-squared        0.12        0.01    10.07
```

行は上から順に、切片、ESCS、性別、決定係数を示す。列は左から順に推計値（非標準化係数）、標準誤差、t値を示す。この結果から、ESCSは高ければ高いほど、性別は女子よりも男子の方が、数学得点が高くなることがわかる。

本節の最後の分析として、SESと性別が学力に与える影響を国際比較の観点から分析する。そのためには、国ごとに回帰分析を行い、回帰係数の比較を行えばよい。しかし、回帰係数の比較を行うためには、先ほど算出した非標準化回帰係数ではなく、標準化回帰係数を求める必要がある。RではSPSSのように標準化係数を自動的に算出するオプションはないため、若干の準備が必要となる。具体的には、使用する変数を標準化（平均0、標準偏差1に変換する作業）したうえで回帰分析を行う必要がある。ここでは、plausible valuesの影響は考慮しない分析方法を示す。

```
jpn$PV1MATH <- scale(jpn$PV1MATH)
jpn$ESCS <- scale(jpn$ESCS)
jpn$ST004D01T <- scale(jpn$ST004D01T)
pisa2015.reg("PV1MATH", x = c("ESCS", "ST004D01T"), data = jpn)
```

上三つの行は、数学得点（plausible valueの一つ目）、SES、性別の変数をそれぞれ標準化するコードである。最後の4行目は、従属変数を数学得点、独立変数をSESと性別として回帰分析を実行するコードである。上記は日本のデータを用いて回帰分析を行うコードであるが、jpnのところを分析したい国のデータセットに書き換えれば、同様に分析結果を出すことができる。

各国のSESと性別の数学得点に対する標準化回帰係数をグラフに示したのが**図10-5**である。

図10-5を見ると、SESと性別が学力に与える影響は、国によって異なっていることがわかる。このことは、社会的属性が学力に与える影響は固定されたものではなく、社会的文脈によって異なり得るという点で興味深いものである。具体的には、SESが学力に与える影響は、フランスにおいて最も高く、香港ではその影響が小さいことがわかる。また性別に着目すると、ドイツ、イギリ

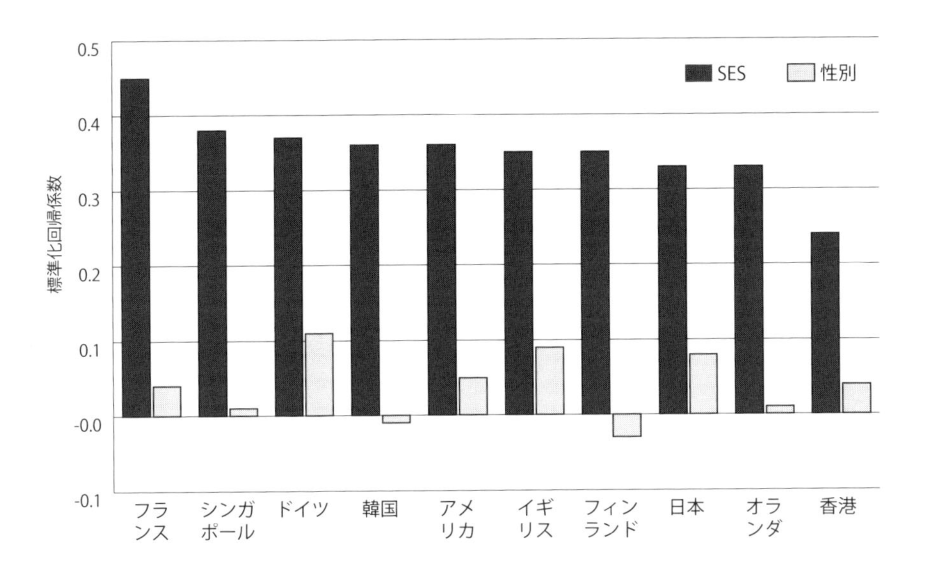

図 10-5　SES と性別が学力に与える影響
出典：PISA2015 データより著者作成。

ス、日本では、女子よりも男子の方が数学の得点が高いのに対し、シンガポール、韓国、オランダでは性別によってほとんど差がないことがわかる。

この結果は、女子よりも男子の方が数学が得意という日本でみられる傾向は、遺伝的・身体的な要素によるものではなく、社会構造の違い、すなわち、理系科目に対するジェンダー意識の差（男子は理系科目、女子は文系科目が得意だといった社会的通念）や就職状況（女性は理系・工学系の分野で仕事が見つかりにくい）といったものがかかわっていると考えられる。もちろん、この結果のみから多くを語ることはできないが、SES や性別が学力に与える影響は国によって異なるという知見は注目してもよいだろう。

4. 分析事例

本節では R を使った国際学力調査データの分析事例として、「本の読み聞かせや朝ごはんの習慣は学力格差につながるか」というリサーチクエスチョンについて検討してみよう。

4.1 分析課題の設定

学力格差が生まれる原因の一つとして、家庭背景の影響、特に、子育てスタイルや生活習慣の違いがあげられる。この家庭背景に起因する学力格差を乗り越えるために、「家庭の力」を支えるための提言がなされることがある。たとえば内田（2017）は学力の経済格差を乗り越えるための具体的提言として、1）乳幼児期には絵本の読み聞かせを十分に行い、小中学校では読書を勧め、2）学校での出来事、ニュース、進路、悩みごとなどなんでも話せる家族のだんらん（会話）を大切に、3）ゲームやスマホ、ネットは制限し、朝食習慣を身につける、といったことをあげている。「早寝早起き朝ごはん」を習慣化させること、幼児期に子どもに絵本を読み聞かせることなどの提言は具体的でわかりやすい。これらの提言は、保護者に対して、かれらの「行動」を変化させることを促すかたちで学力格差の縮小を目指したものといえる。

一方で、保護者の行動ではなく、意識に着目して学力格差のメカニズムに迫った研究もある。そのなかでも重要なのは、保護者の子どもに対する教育期待に注目した研究である。教育期待に着目した研究の要点は、大学に進学した親は子どもに大学進学することを期待して、かれらの学力を支えるように介入しやすいのに対して、大学に進学しなかった親は、相対的に、子どもに大学進学を期待しない傾向にあり、その分学習面でのサポートを行いにくいということから学力格差が生じる理由を説明する。

このように学力格差の原因を家庭背景に求めるとき、保護者の行動に着目するか、それとも意識に着目するかという二つの立場をとることができる。どちらの立場においてもこれまでに多数の研究がなされてきているが、ここでは保護者の行動と意識を同時に着目し、それが学力にどのような影響を与えるか比較検討していきながら、学力格差のメカニズムについて迫っていきたい。

4.2 データと変数

今回はTIMSS2015の小学4年生のデータを用いて、先述の問題意識について検討していきたい。TIMSSを用いる理由は、児童の学力や生活習慣に関するデータにくわえて、保護者調査が実施されており、保護者が子どもにどのようにかかわっているか、子どもに対してどのような教育期待を抱いているかといったデータを扱うことができるからである。

変数については、以下に示す通りである。

性別：女子ダミー（女子の場合1、男子の場合0とするダミー変数）

学歴：親の学歴。選択肢は「中学校まで」「高等学校まで」「高等学校の専攻科まで」「短期大学、高等専門学校、専門学校まで」「大学まで」「大学院まで」。この変数を、「大卒」＝1（「大学まで」「大学院まで」）、「非大卒」＝0（「中学校まで」「高等学校まで」「高等学校の専攻科まで」「短期大学、高等専門学校、専門学校まで」）とするダミー変数として用いる。

本の読み聞かせ：保護者質問紙（問2: a）「あなたのお子さんが小学校に入学する前にあなたや家にいる他の人が、お子さんと一緒に次の活動をどの程度しましたか[a）本を読む]。選択肢は「よくした」「ときどきした」「ほとんど、あるいはまったくしなかった」。

教育期待：保護者質問紙（問21）「お子さんの教育について、あなたはお子さんに、どこまでの進学を期待しますか」。選択肢は「中学校まで」「高等学校まで」「高等学校の専攻科まで」「短期大学、高等専門学校、専門学校まで」「大学まで」「大学院まで」。

朝食習慣：児童質問紙（問9）「あなたは、学校がある日に、どのくらい朝ごはんを食べますか」。選択肢は「毎日食べる」「ほとんどの日に食べる」「ときどき食べる」「1回もないあるいはほとんどない」。

4.3 分析結果

学力（算数得点）を従属変数とし、保護者の学歴と親の教育意識・行動を従属変数として重回帰分析を行った。その結果を**表10-1**に示す。モデル1から

表 10-1　重回帰分析

	モデル 1	モデル 2	モデル 3	モデル 4
切片	-0.25 **	-0.21 **	-0.24 **	-0.18 **
性別	0.01	-0.02	0.00	0.03
親学歴	0.64 **	0.57 **	0.62 **	0.46 **
本の読み聞かせ		0.18 **		
朝食習慣			0.13 **	
教育期待				0.26 **
媒介効果		11%	3%	28%
修正決定係数	0.10	0.13	0.12	0.16

注：＋ $p<0.10$. 注 2：* $p<0.05$. 注 3：** $p<0.01$.
出典：TIMSS2015 データより著者作成。

モデル 4 まで結果を示しているが、一つずつ説明していく。

まずモデル 1 は児童の社会的属性のみを独立変数に投入した結果である。性別の結果をみると、係数は 0.01 の値を示しており、有意な値となっていない。このことは小学 4 年生のときは、算数の得点に性別の差はみられないことを意味している。一方で、保護者学歴の係数は 0.64 であり、1% 水準で有意な結果を示している。このことは非大卒層に比べて大卒層の児童の方が、算数得点が高いことを意味している。つまり、保護者の学歴に起因する学力格差の存在がこの結果から読み取ることができる。

モデル 2 は児童の社会的属性の変数にくわえて、本の読み聞かせの影響を検討したものである。本の読み聞かせの係数は 0.17 となっており、1% 水準で有意な結果を示している。本の読み聞かせが TIMSS 調査の算数の得点に影響するという結果はそれ自体注目される結果であるが、ここでより重要なのは本の読み聞かせがもつ媒介効果である。媒介効果については、小杉・清水（2015）などに詳しいが、簡単にその要点を説明しておきたい。

モデル 1 で行った分析が、**図 10-6** の上の図に対応する。ここでは、保護者の学歴が学力に与える「総合効果」を検討している。この総合効果は、直接効果と間接効果に分けることができる。それを説明したのが図 10-6 の下の図であり、モデル 2 がその分析を行っている。つまり保護者の学歴が学力に影響

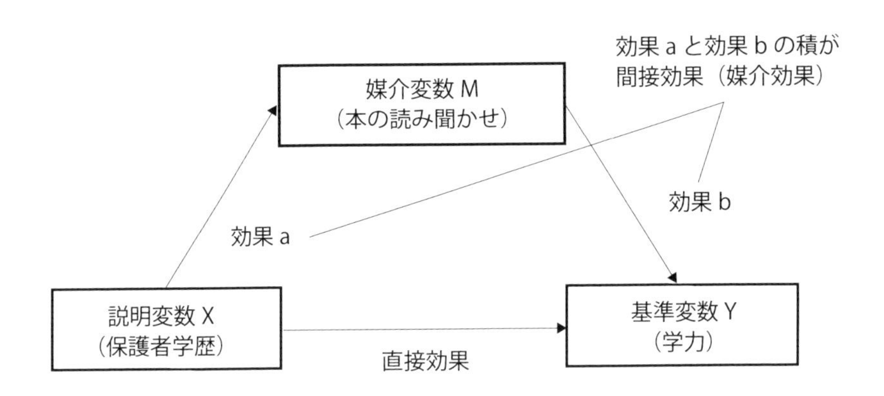

図 10-6　本の読み聞かせによる媒介効果のイメージ
出典：小杉・清水（2014）の図 11-1（p.152）を参考にして作成。

を与えるメカニズムを、保護者の学歴が学力に直接影響を与える直接効果と、「保護者学歴が高い家庭は、本の読み聞かせを多く行う傾向にあり、本の読み聞かせを行うことが学力向上につながる」という間接効果に分けることができる。後者の間接効果は、保護者学歴と学力の間に、「本の読み聞かせ」という媒介変数の存在を検討するため、媒介効果と呼ばれることがある。

この媒介効果の求め方であるが、モデル 1 の学歴の係数がモデル 2 においてどの程度減少したかを計算することによって得られる。具体的には、モデル 1 で算出した保護者学歴が学力に与える効果（0.64）とモデル 2 で算出した、本の読み聞かせの影響を含めたうえで、保護者学歴が学力に与える効果（0.57）を比較し、0.57 ／ 0.64 ＝ 0.11、つまり 11% が本の読み聞かせによる媒介効果として算出することができる。

本の読み聞かせの媒介効果は 11% となっているが、この数値は、「保護者の学歴が学力に影響を与える」というメカニズムには、「保護者の学歴が本の読み聞かせの有無に影響し、本の読み聞かせの有無が学力に影響する」という本の読み聞かせを媒介した間接的な影響が11%を占めるということを意味している。

同様にして分析を行っていく。モデル3は朝食の習慣が学力に与える影響を検討したモデルである。ここでも重要なのは朝食の習慣の媒介効果である。媒介効果は3%であり、本の読み聞かせに比べて小さい効果しか有していないことがわかる。

モデル4は教育期待が学力に与える影響を検討したモデルである。その媒介効果は28%であり、先の二つの変数に比べて最も高い効果を示している。ここから考えられるのは、「なぜ学力の階層差（保護者の学歴による格差）」が生まれるのかという問いを考えるとき、「保護者の学歴が高い児童は、生活習慣がしっかりしており、本の読み聞かせといった教育的働きかけをより積極的に行っているからである」という保護者の行動面に着目した回答よりも、「保護者の学歴が高い児童は、親から『より高い学校段階まで進学してほしい』という期待を受けやすく、そのことが学力水準が高いことにつながっている」というように、保護者の意識面に着目した回答の方が、実態に即しているということを示唆している。

このような結果が得られた理由として、本の読み聞かせや朝食習慣が学力に与える影響（それぞれ、0.17、0.12）よりも教育期待が学力に与える影響（0.24）が強いことがあげられる。それにくわえて、本の読み聞かせや朝食習慣の階層差よりも教育期待の階層差の方が高いことがこれに関係していることが考えられる。実際、変数間の相関係数を算出したところ、「本の読み聞かせ－親学歴」の相関係数が0.196、「朝食習慣－親学歴」が0.106、「教育期待－親学歴」が0.361となっており、最も相関係数が高いのが「教育期待－親学歴」となっていることが確認できた。つまり、非大卒層よりも大卒層の児童の方が幼少期に本の読み聞かせをしてもらった経験が高く、毎日朝食をとる傾向があるということは確かにあるのであるが、それよりも、大卒層と非大卒層の間にある教育期待の差、つまり大学まで行ってほしいかどうかに関して決定的な差がみられるということが、学力格差の生成メカニズムとしてより大きな側面であるということである。

4.4 考察

子どもの幼少期に本の読み聞かせを行うことや朝ごはんを毎日食べる習慣を身につけることのように、保護者の行動によって学力格差は乗り越えることができるという主張がある。確かに今回の分析でみえてきたように、本の読み聞かせや朝食習慣は学力の形成にかかわっているといえる。しかしながら、それが学力格差が生じる理由を説明するかという観点からすると、本の読み聞かせの媒介効果は 11%、朝食習慣に至っては 3% であり、その効果は決して高くないことをふまえると、本の読み聞かせや朝食習慣が学力格差の生成メカニズムを十分に説明できるとはいえない。その一方で、親が子どもにどこまでの学校段階に進学することを期待しているかという、保護者の意識面の変数に着目すると、その媒介効果は 28% であり、本の読み聞かせや朝食習慣よりも明らかに大きな値を示していることがわかった。

ここから考えられるのは、本の読み聞かせや朝食習慣などのように保護者の行動について変化を促していくのみでは、学力格差は解消されないということである。その一方で、学力と家庭背景を媒介するもっとも重要な変数は教育期待であったが、このような親の意識に政策的に介入し、直接働きかけるというのは、塾や朝食習慣とは異なり難しい。また学歴の直接効果は 60% も残っており、本の読み聞かせや、朝食を取らせるといった目に見える行為には還元しにくい要素がかかわっていると考えられる。

学力形成における家庭の力に着目し、どのような子育てや教育的働きかけが有効であるかを明らかにして、それを具体的政策提言につなげていくことは学力格差の縮小に向けての一つの解決策ではある。しかしながら、それに終始するのみでは、子育てを行っていくうえで困難を抱える家庭に対してスティグマ（負のレッテル）を貼ることにつながる危険も出てくるし、その他のより重要な学力格差の生成要因を見逃してしまう可能性もある。学力格差を乗り越えるための具体策を探っていくことにくわえて、学力格差の生成要因の複雑性を改めて認識し、地道にそのメカニズムの解明に迫っていく研究がますます求められるだろう。

4.5 Rによる分析コード

第4節の分析結果は、TIMSS2015のデータをRで分析することによって得られたものである。ここでどのようなRのコードを用いたかを示しておこう。

1）データの準備

分析に入る前の準備として、3.1の1）で示したように、「haven」と「intsvy」のパッケージを使える状態にしておく必要がある。その後、次のようにしてTIMSS2015データの読み込みを行う。

```
JPNs <- read_spss("ASGJPNM6.sav")   #1
JPNh <- read_spss("ASHJPNM6.sav")   #2
JPNsh <- merge(JPNs, JPNh, by=c("IDSTUD"))   #3
```

まず学力と児童質問紙に関するデータ（ASGJPNM6.sav）をJPNsというデータフレームに格納する（#1）。続いて保護者データ（ASHJPNM6.sav）をJPNhというデータフレームに格納している（#2）。このうえで学力・児童質問紙データと保護者データを統合するためにmerge関数を使うことによって、JPNshのデータフレームに格納する。この作業によって、TIMSS2015の学力・児童質問紙と保護者質問紙のデータを利用する準備ができた。

2）使用する変数の整理

```
JPNsh$ASDHEDUP[JPNsh$ASDHEDUP>1] <- 0          #4
JPNsh$ITSEX[JPNsh$ITSEX==2] <- 0                #5
JPNsh$ASBH02A <- 4 - (JPNsh$ASBH02A)    #6
JPNsh$ASBG09 <- 5 - (JPNsh$ASBG09)    #7
```

データの準備ができたら、今回の分析で使用する変数を整理していく。今回は親学歴は大卒＝ 1、非大卒＝ 0 とするダミー変数として扱うため、親学歴の変数（ASDHEDUP）を #4 のように修正する。同様に、性別については男子＝ 1、女子＝ 0 とするダミー変数として扱うため、性別の変数（ITSEX）を #5 のように修正する。

本の読み聞かせ（ASBH02A）と朝食習慣（ASBG09）の変数は、デフォルトでは変数の値が大きくなるほど本の読み聞かせをあまりしていなかった（朝食の習慣がない）というように、直感的に解釈しにくい尺度となっている。そのため、変数の得点を反転させ、「得点が高いほど、その行動をよくしている」というように解釈しやすい変数に修正している（#6 と #7）。

```
JPNsh$ASMMAT01 <- scale(JPNsh$ASMMAT01)      #8
JPNsh$ASMMAT02 <- scale(JPNsh$ASMMAT02)      #9
JPNsh$ASMMAT03 <- scale(JPNsh$ASMMAT03)      #10
JPNsh$ASMMAT04 <- scale(JPNsh$ASMMAT04)      #11
JPNsh$ASMMAT05 <- scale(JPNsh$ASMMAT05)      #12
JPNsh$ASBH02A <- scale(JPNsh$ASBH02A)        #13
JPNsh$ASBH21 <- scale(JPNsh$ASBG09)          #14
JPNsh$ASBH21 <- scale(JPNsh$ASBH21)          #15
```

くわえて、R を使って回帰分析を行う際、標準化された回帰係数を示すためには、あらかじめ使用する変数について標準化を行っておく必要がある。そこで数学の得点（ASMMAT01-05）、本の読み聞かせ（ASBH02A）、朝食習慣（ASBG09）、教育期待（ASBH21）について scale 関数を用いることによって変数の標準化を実施しておく（#8 ～ #15）

3）回帰分析の実行

```
timss.reg.pv("ASMMAT", x = c("ITSEX", "ASDHEDUP"), data = JPNsh)
#16
timss.reg.pv("ASMMAT", x = c("ITSEX", "ASDHEDUP", "ASBH02A"), data =
JPNsh)　#17
timss.reg.pv("ASMMAT", x = c("ITSEX", "ASDHEDUP", "ASBG09"), data =
JPNsh)　#18
timss.reg.pv("ASMMAT", x = c("ITSEX", "ASDHEDUP", "ASBH21"), data =
JPNsh)　#19
```

表に示した重回帰分析の結果は、上記のコードによって算出することができる。従属変数に学力（数学の得点）、独立変数に性別と親学歴のみをくわえたモデル 1 は #16 によって算出できる。モデル 1 をベースに従属変数に本の読み聞かせを加えたモデル 2 は #17、朝食習慣を加えたモデル 3 は #18、教育期待を加えたモデル 4 は #19 によって算出できる。

なおそれぞれの変数の相関係数は次のコードによって算出することができる。

```
timss.rho(variables=
c("ASDHEDUP", "ASBH02A", "ASBH21", "ASBG09"), data=JPNsh)
#20
```

5. おわりに

本章では、統計ソフトの R を用いて PISA と TIMSS のデータを分析する方法を説明してきた。分析は度数分布の作成から回帰分析にとどまる簡単なものであるが、PISA・TIMSS のデータは質問紙の項目が豊富であり、国際比較も可能となるため、本章の分析手順を覚えておくだけでもさまざまな分析が可能となるはずである。特に、本章で分析したように、SESと性別が学力に与える影響が各国で異なるという知見は、その影響が固定されたものではなく、社会的文脈によって異なり得るという点で興味深いものである。

本章では、生徒の学習状況が学力に与える影響については分析することができなかった。また、教師質問紙や学校質問紙を利用すれば、より詳しい分析が可能となるが、その点については触れることができなかった。さらには、マルチレベル分析など、より高度な統計手法を用いれば、学校という集団レベルの影響を考慮したうえで、より学力格差の実態に迫っていくことが可能である▶15。このようにいくつか検討できなかった点があるが、その点については、今後の課題としたい。

❖注

▶1　児童生徒へのアンケートはもちろん、教師や学校（校長が回答）へのアンケートも用意されている。またTIMSS2015の小学4年生においては、保護者へのアンケートも行われている。

▶2　RでPISA2015を分析する方法をまとめた文献として、川口（2018）がある。Rの使い方やPISAで利用されている技法についてより詳細に説明しているので、あわせて参照されたい。

▶3　厳密には、SPSSもシンタックスを使いプログラム・コードを用いて分析することは可能である。しかしプログラム・コードの入力を基本とするRの方が、コードの書き方が簡潔になることが多い。

▶4　そのほかの利点として、1）SPSS、Stata、SASよりRの方がユーザーが多く情報量が多い、2）エディタが多く、補完コードが書きやすい、3）dplyr、ggplot2、purrrといった使いやすいライブラリーが存在するといったことがあげられる。

▶5　PISAの調査設計について日本語で読める文献として、袰岩ほか（2019）が詳しい。TIMSSについても基本的には同じ調査設計で行われているので、TIMSSの調査設計について知りたいときにも参考になる。

▶6　二段階抽出の場合も個体の抽出確率を同じに保つ方法はあるが、過剰抽出や欠損対応といったほかの問題も出てくるため、何らかの方法によってこの問題に対応する必要がある。

▶7　PISAのデータ分析に関するマニュアルは、次のリンク先から手に入る。
（http://archivos.agenciaeducacion.cl/Manual_de_Analisis_de_datos_SPSS_version_ingles.pdf（最終閲覧日2019.10.15））

▶8　Plausible Valuesに関する日本語で読める文献としては、全国学力調査平成29年度追加分析報告書、国立大学法人東北大学による「経年変化分析調査と対応づけによる本体調査の年度間比較の試み」があげられる。リンク先は次の通り。（http://www.mext.go.jp/a_menu/shotou/gakuryoku-chousa/1406895.htm（最終閲覧日2019.10.15））

▶9　PISA2015では10個のPVsが用意されている。

▶10　このバージョンは2019年10月15日現在のものである。Rは随時新しいバージョンに変更されていくため、「Download R 3.6.1 for Windows」の「3.6.1」の数値は異なる場合がある。

▶11　Rstudioに関する入門書として、浅野・中村（2018）をあげておく。

▶12　「haven」のパッケージの詳細については、次のリンク先を参照。
（https://cran.r-project.org/web/packages/haven/haven.pdf（最終閲覧日2019.10.15））

▶13　「intsvy」のパッケージの詳細については、次のリンク先を参照。
（https://cran.r-project.org/web/packages/intsvy/intsvy.pdf（最終閲覧日2019.10.15））

▶14　同じようなプログラムを何回も書く場合、for文やapply文を利用すれば簡潔に書くことができる。for文やapply文の使い方については、青木（2009）などを参照。

▶ 15　R で sample weight を考慮したマルチレベルを行えるパッケージとして、WeMix がある。WeMix の詳細については次のリンクを参照。
（https://cran.r-project.org/web/packages/WeMix/WeMix.pdf（最終閲覧日 2019.10.15））

❖参考文献

青木繁伸（2009）『R による統計解析』オーム社。

浅野正彦・中村公亮（2018）『はじめての Rstudio――エラーメッセージなんかこわくない』オーム社。

袰岩晶・篠原真子・篠原康正（2019）『PISA 調査の解剖――能力評価・調査のモデル』東信堂。

川口俊明（2012）「PISA 調査の設計および分析方法について」『福岡教育大学紀要　第 4 分冊　教職科編』61, pp.1-14.

川口俊明（2018）「R を利用した PISA の分析」『福岡教育大学紀要　第 4 分冊　教職科編』67, pp.1-14.

近藤博之（2012）「社会空間と学力の階層差」『教育社会学研究』第 90 集 , pp.101-121.

小杉考司・清水裕士編（2014）『M-plus と R による構造方程式モデリング入門』北大路書房。

村井潤一郎（2013）『はじめての R――ごく初歩の操作から統計解析の導入まで』北大路書房。

中室牧子（2015）『「学力」の経済学』ディスカヴァー・トゥエンティワン。

多喜弘文（2010）「社会経済的地位と学力の国際比較――後期中等教育段階における教育と不平等の日本的特徴」『理論と方法』Vol.25, No.2, pp.229-248.

鳶島修治（2016）「読解リテラシーの社会経済的格差――PISA2009 のデータを用いた分析」『教育社会学研究』第 98 集 , pp.219-239.

志水宏吉（2009）『全国学力テスト――その功罪を問う』岩波書店。

須藤康介（2013）『学校の教育効果と階層――中学生の理数系学力の計量分析』東洋館出版社。

杉野 勇（2017）『入門・社会統計学――2 ステップで基礎から [R で] 学ぶ』法律文化社。

内田伸子（2017）「学力格差は幼児期から始まるか？」『教育社会学研究』100, pp.108-119.

まとめ

川口 俊明

本書では、日本と世界の学力格差について、主に数量的に把握できる要素に焦点を当てて検討を行ってきた。具体的には、(1) 日本と諸外国の学力格差研究の現状に関するシステマティックレビュー、(2) TIMSS・PISA という国際学力調査のデータを利用した日本と諸外国の学力格差の実態比較、(3) 独自データを利用した日本の学力格差に関する検討の3点である。まずは、各章で明らかになった知見について簡単に要約しておこう。

第Ⅰ部のシステマティックレビューで明らかになったことは、日本の学力格差研究の水準が、諸外国のそれと比べ、まだ不十分な点が多いということである。今回収集できた日本の研究には RCT に代表されるエビデンスのレベルが高い研究は存在していなかったし、研究結果を計量的に統合するメタアナリシスを利用するほどの研究の蓄積もなかった。その他、収集された研究の半数以上が、執筆者あるいは執筆者の研究グループが一部の地域を対象に独自に収集したデータであること、多くのテーマが学力と家庭環境に集中しており、それ以外のテーマはあまり研究が進んでいない現状も明らかになった。こうした状況は、諸外国の学力格差研究とは大きく異なる。2章で示したように諸外国の場合、RCT のみならず、RCT によって得られた研究成果をメタアナリシスによって統合する研究も行われている。利用されているデータも大規模かつ長期的に収集されたものが多い。また、学力と家庭環境のみならず、学力とエスニシティに焦点を絞った研究が数多く行われている。

こうした状況を生んでいる理由は、大きく二つ考えられる。一つは、日本は諸外国と比べると、まだまだ学力の格差が深刻な社会問題として認識されていないという点である。実際、第4章のTIMSSの分析でも指摘されていることだが、日本では、ほとんどの児童が家庭で日本語を話している。話す言葉が違う児童生徒の数が多ければ、自ずと学力の格差は目に見える形で問題視されやすいし、関連するデータの蓄積・研究も盛んにならざるを得ないだろう。システマティックレビューにより明らかになった日本と諸外国の研究の蓄積の差は、学力格差が喫緊の課題として捉えられていない日本の現状を示していると言えるのかもしれない。

もう一つの問題は、利用可能なデータの蓄積という問題である。学力格差に限らず、計量的に日本の教育研究を行う人々がしばしば問題視するのは、日本には利用可能なデータが少ないという点である（中澤2017; 松岡2019など）。もちろんそこには、先に述べたように学力格差が見えにくく、学力格差に関するデータを蓄積する必要が薄いという社会状況も関係しているだろう。しかし、ここで問題視すべきは、私たち教育研究者を含めて、利用可能なデータを蓄積しなければならないという意識が薄いという点ではないだろうか。メタアナリシスのような研究結果を統合する研究手法を用いた学力格差研究がまったく行われていない（行うことができない）という状況は、諸外国の研究水準と比較したとき、あまり好ましいものではない。もちろん学力格差に関するデータの蓄積は、研究者個人の取り組みで変わるようなものではないから、研究者だけに責任があるとは言えない。とくに長期的な学力格差に関するデータの収集には、国や地方の教育行政の関わりが必要である。EBPMが叫ばれる昨今だからこそ、まずは先立つデータの蓄積をどうするかという議論を望みたい。

次に、第Ⅱ部の国際的な学力調査の分析の結果についてまとめよう。日本を含む10カ国のデータの分析では、日本の教育制度の独特な点、他国とそれほど変わらない点のそれぞれが見えてきたといえる。

第3章や第4章の分析では、日本の教育制度・文化の独特な面がクローズアップされた。たとえば日本では、学校で使う学習言語と家庭で話す言語が一致していることはほとんど自明視されている。また、留年が存在しないこと、教員経験を重ねた者が校長になること等も、教育の世界ではとうぜんのことと思われている。しかし国際データが示すのは、こうした私たちが「当たり前」と思っている日本の特徴が、むしろ世界的には「特殊」なことなのだという点である。他国と違うから悪い（あるいは良い）という訳ではないが、他国と日本の教育を比較するときは、こうしたそもそもの前提が違うということは押さえておきたい。とくに、他国の教育制度を無批判に日本の文脈に当てはめようとする試みについては、はたしてそれが日本の文脈で可能なのかどうか、慎重に検討する必要があるだろう。

第３章・第４章が日本と他国の違いをクローズアップしたとすれば、第５章は日本と他国の共通点をクローズアップしたと言える。それは、日本にも他国と同じく学力の格差が存在する、という点である。学力格差の大きさは今回比較した10カ国の中では、それほど大きいというわけではなかったが、非常に小さいというわけでもない。また本章の分析結果で気になる点は、日本はこの間、ほとんど学力の格差を縮小することができていないという点である。いくつかの国は、日本より学力の格差は大きいものの、この間、着実に格差を改善している。文脈が大きく違うとは言え、こうした国の取り組みに学ぶことも必要であろう。

最後に、第Ⅲ部の分析は、西日本のＸ市で得られた学力パネルデータをもとに、日本の学力格差に関する分析を行った。まず、第６章では、小学校１年生の段階から学力格差が存在し、それが学年の進行とともに拡大傾向にあることが示唆された。日本の学力格差研究は低学年を対象にしたものが少ないが、本章の分析結果から小学校入学段階から学力格差は存在し、それが学年の進行とともに拡大していくことがあらためて裏付けられた。

続く第７章では、中学生が大学進学を希望するかどうかに焦点を当て、大学進学希望の変化について分析を行っている。結果として明らかになったことは、階層上位の生徒の方が、早い段階から大学進学を希望しており、同時に成績が低くても進路変更をしにくい傾向があるという点である。

第８章は、近年注目を集める「社会関係資本（≒つながりの力）」に焦点を当てて分析を行った。具体的には親の社会関係資本・子の社会関係資本のそれぞれに注目し、「資本の欠如（そもそも階層によらず、社会関係資本を持っているかどうか）」「効果の欠如（階層によって、社会関係資本と学力の関連が変わるかどうか）」について分析した。分析の結果、親についてはLowest SESで「資本の欠如」が見られ、親が社会関係資本を有するか否かが学力の格差に繋がっていることが示唆された。一方、子どもについてはLowest SESで「資本の効果」が見られ、社会関係資本を有することが、わずかながら学力格差を縮小する効果を持つことが示唆された。ただし、SESによって生じている学力格差に比べると、その効果はそれほど大きいものではなかった。

最後に第9章では、多重対応分析によって子育て空間の分析を試みた。結果として、保護者の子育て活動が、活発に活動している者と活動できない者に分化していることや、その背後に保護者の年収や学歴といった要素があること、さらに子育て活動が母親に偏っている可能性などが示唆された。学力格差の研究では、子育てのジェンダー不平等にまで目を向けた研究は少ないが、マクロな構造全体を捉えていない改善策は却って他の不平等を悪化させる可能性もある。学力格差を改善する上では、こうした多面的な格差に目を向ける分析も重要であろう。

以上の知見を受けて、本書から導ける実践的・政策的な示唆としては、次のようなものが考えられる。一点目は、学力格差の実態を把握できる利用可能なデータの蓄積が必要だという点である。本書の第Ⅱ部では、TIMSSやPISAといった国際学力調査のデータを利用して、日本の学力格差を分析したわけだが、国際的な調査を利用しないと日本の学力格差の実態が把握できないという状況は、明らかにおかしい。日本全体の学力格差の様子が把握できるデータが存在してしかるべきであろう。ほんらいであれば、その役割は全国的な学力調査が担うべきであると思われる。残念ながら、現在実施されている全国学力・学習状況調査は、その設計に問題があることが繰り返し指摘されつつも、大きな変更もないまま10年以上に渡り実施されている（川口2018）。この状況はできるだけ早く是正される必要がある。

二点目として、今後増加するであろう、多様な背景を持った子どもたちの存在を見据えなければならないという点である。第Ⅱ部の分析は、日本にも他国と変わらぬ学力格差が存在していることを示した。現在のところ、その差は他国と比べて決して大きいものではない。しかしそれは、日本の置かれている社会状況が、もともと他国に比べれば学力格差に目を向けなくてもよいという文脈にあるからである。社会情勢を考えれば、これから日本でも、日本語を母語としない子どもたちが増加していくことが予想される。そうなれば、日本の学力格差はおそらく今よりも拡大していくだろう。そうなる前に、多様な社会的背景を持つ子どもたちの教育に向き合ってきた各国の取り組みに学び、今後の日本の教育の在り方について考えていく必要がある。

三点目として、学力格差を学校だけの問題ではなく、社会問題として捉えなければならないという点である。本書の第Ⅲ部では、学校や地域にできることではなく、むしろ保護者の学歴・年収といったSES要因が、学力に与える影響の強さが強調されている。学力格差は教育問題であるから、学校にできることを期待したくなる気持ちはわからなくはない。しかし、教員の多忙が社会問題となっていることからもわかるように、学校や教員の努力に学力格差の縮小を委ねるのは、もはや無理があるように思われる。結局のところ、学力格差の根本には、私たちが住む社会自体の格差・貧困問題がある。学力格差の実態を知り、その解決のために学校だけでなく、教育施策を含めて、私たちに何ができるかを考えていく必要があると思われる。

なお、学力格差の数量的な側面について考えたい方に、ぜひお勧めしたいことがある。それは、TIMSS・PISAといった国際的な学力調査のデータを、自分で実際に分析してみることである。これらのデータは、ウェブ上に誰でも自由に利用可能な形で公開されている。こうしたデータを自分で分析してみることで、世界の学力研究のスタンダードについて体験することができる。本書の補論を参考にすれば、第Ⅱ部で行った分析のいくつかについて、自身で数値を計算することもできるだろう。こうした分析を行った後に、今度は日本の全国学力・学習状況調査について同じことを行ってみてほしい。第Ⅰ部で紹介したような、日本と世界の学力研究の実態が実感できるはずである。

最後に本書の課題について述べておきたい。本書では利用可能な学力データが不足しているという指摘を何度か行ったが、その問題は私たちの研究グループ自体についても当てはまる。今のところX市のデータは、私たちの研究グループ内部では活用できるが、他の研究者が活用できるものにはなっていない。

X 市の教育行政との共同研究でもある以上、やむを得ない側面はあるが、日本の学力研究の現状を考えれば、二次利用が可能な形でデータを公開していくことも、今後検討していく必要がある。

冒頭で述べたように、日本にも学力格差が存在することは、多くの人の認知するところとなってきた。その一方で、学力格差の計量的な実態把握については、日本は諸外国に比べて後れをとっていることは否めない。そこには、そもそも研究に必要となるデータの蓄積が不足しているという深刻な問題がある。この問題を改善するには、研究者のみならず、教育に関心を寄せる多くの人々の力が必要である。本書が、日本の学力研究の現状を多くの方に伝え、またその改善について考えるきっかけとなることを望む。

❖参考文献

川口俊明（2018）「文部科学省の全国学力・学習状況調査の意義と問題点」『社会と調査』21，pp.29-36.

松岡亮二（2019）『日本の教育格差』ちくま新書。

中澤 渉（2017）「教育社会学と計量分析」日本教育社会学会編『教育社会学のフロンティア 1』岩波書店，pp.109-126.

おわりに

「学力低下論争」が勃発したのが、今からちょうど20年前の1999年のことであった（市川伸一『学力低下論争』ちくま新書、2002年）。当時東京大学に勤務していた私は、同僚であった上記の市川伸一先生や苅谷剛彦先生らとともに学力問題プロジェクトに着手した。

私たちが行ったのは、1989年に実施された大阪府内の小・中学校を対象とした調査の追調査であった。12年後（2001年度）に行われたその追調査によって見出されたのは、子どもたちの学力の「2こぶラクダ化」であった（苅谷剛彦他『調査報告「学力低下」の実態』岩波新書、2002年）。子どもたちの「学力低下」の実態は、「学力格差の拡大」であることが明らかとなったのである。その事実を最初に見つけたのは、他でもない私であったと記憶する。それ以来、「学力格差」というキーワードが、私の研究生活の大きな柱となった。学力格差の実態を解明し、それを改善・克服するための手立てを探ること。

『「力のある学校」の探究』（2009年）や『マインド・ザ・ギャップ！』（2016年）といった著作が、その代表的な研究成果である。そうした研究書をつくり出す一方で、「学力格差の縮小・克服」に向けた学校現場の取り組み・実践例を集めた一般書も生み出してきた。たとえば、『公立学校の底力』（2008年）、『格差をこえる学校づくり』（2011年）、『「つながり」を生かした学校づくり』（2017年）などである。本書、あるいは本シリーズ4巻本は、それらの蓄積の上に立つものだと位置づけることができる。

「刊行にあたって」という文章のなかにも記したが、本シリーズは、私が2014年度から5年間にわたって受けた科研費による共同研究の成果としてもたらされたものである。この共同研究では四つのグループを編成し、「学力格差」というテーマに取り組んだ。研究期間終了後には「学力格差」4巻本を出すというのが、構想時点での私の夢であった。その夢が、これまで長いお付き合いのある明石書店とのコラボによって現実のものとなった。うれしいかぎりである。

シリーズの第1巻となるこの本（『日本と世界の学力格差』）の編著者は、川口俊明さんである。以下、第2巻は『学力を支える家族と教育戦略』（伊佐夏実編著）、第3巻は『学力格差に向き合う学校』（若槻健・知念渉編著）、第4巻は『世界のしんどい学校』（ハヤシザキカズヒコ・園山大祐・シム チュン・キャット編著）というラインアップとなっている。第4巻の園山さんとシムさん以外の編著者は、いずれも私の研究室（大阪大学教育文化学研究室）の出身者である。

川口さんは、私が阪大に赴任してきて最初に指導した学生のうちの一人である。私自身の志向性から、研究室のメンバーが使う研究手法はフィールドワークや参与観察といった質的な方法が中心となっているが、川口さんは当初から統計的手法をも駆使するユニークな大学院生であった。いつのころからか、彼を形容する言葉として「統計マッチョ」というニックネームが、後輩たちの間で流通するようになったようである。この本は、プランニングから刊行まで川口さんのリーダーシップのもとに生み出された。「統計マッチョ」としての川口さんの面目躍如というところである。

本書で見出された事柄は、彼による「まとめ」に適切に整理されているので、そちらをご覧いただきたい。学力格差は低学年の段階から存在し、学年進行とともに拡大していく傾向があること。日本の学力格差は、世界のなかでは大きな方ではないが、非常に小さいというわけではなく、さらにこの間ほとんど縮小させることができないでいること。社会関係資本は学力格差の縮小に寄与しうるが、その力は経済資本や文化資本の影響力に比べるとかなり小さいと考えられること。保護者の子育て活動は活発な層とそうでない層に分化しているが、その背後には年収や学歴といった要因があること。以上のような知見が、本書によって見出された。

「見出された」というよりは、「再確認された」と言った方が正確かもしれない。以上のようなポイントは、断片的な形であれ、すでにほとんど言及されてきたことなのだから。本書の意義は、今日の段階で利用しうる新たなデータや研究手法のもとで、こうした「現実」を再発見したことになると言ってよい。ひとことで言うなら、「現実」は相当にきびしい。しかしながら、私たちはそうした現実に手をこまねいていてはいけない。

古い話になるが、院生時代、私は教育社会学の役割は現実を説明することにあるとよく教えられた。現実を変えるのは、他の人たち（政策担当者や実践に携わる人々）の役割であるという含意がそこにあった。しかし、すでに還暦を迎えた私は、そうは考えていない。私たち研究者も、自分たちなりに現実を変えるための努力を重ねていかなければならない。それは、主として「筆の力」によってなされるべきである。監修者としての私は、そうしたスタンスで本シリーズ全体を編んだつもりである。

最後になるが、本書を出版するにあたって大変お世話になった、明石書店の大江道雅社長、神野斉編集部部長、寺澤正好編集担当者の３氏に、この場を借りて深く感謝の意を表したい。とりわけ大江社長のご英断がなければ、このシリーズ全体は存在し得なかった。長年の「友情」の賜であると、私は考えている。

志水 宏吉

監修者略歴

志水 宏吉（しみず　こうきち Kokichi Shimizu）　（「おわりに」担当）

所属：大阪教育大学講師、東京大学助教授などを経て、現在、大阪大学大学院人間科学研究科教授。専門：教育社会学・学校臨床学。主な著書：『「つながり格差」が学力格差を生む』亜紀書房、2014年。『マインド・ザ・キャップ！』（髙田一宏と共著）、大阪大学出版会、2016年。

編著者略歴

<編著>

川口 俊明（かわぐち　としあき　Toshiaki Kawaguchi）

（「はじめに」、序章、第5章、第9章、「まとめ」担当）

所属：福岡教育大学教育学部准教授。専門：教育学・教育社会学。主な論文：「項目反応理論と潜在クラス成長分析による自治体学力調査の再分析」『日本テスト学会誌』15巻，pp.121-134，2019年。「文部科学省の全国学力・学習状況調査の意義と問題点」『社会と調査』21号，pp.29-36，2018年。

<執筆>（執筆順）

藤井 宣彰（ふじい　のぶあき Nobuaki Fujii）　（第1章担当）

所属：県立広島大学准教授。専門：教育社会学。主な著書・論文：『沖縄の学力　追跡分析——学力向上の要因と指導法』（共著）協同出版、2014年。

末岡 加奈子（すえおか　かなこ Kanako Sueoka）　（第2章、第3章担当）

所属：在ギリシャ日本国大使館　専門調査員。専門：教育社会学，比較教育学。主な著書・論文：「グローバル化時代における貧困予防としての「言語力」——オランダの非西洋系児童集中校の事例から」『教育学研究』第81巻、2014年。「英語圏サブサハラアフリカ諸国における「遺伝リテラシー」の意義——‘人類の起源’アフリカにおける「いのちの教育」の観点から」『生物の科学　遺伝』（共著）第69巻、2015年。『世界のしんどい学校』（7章、14章）明石書店、2019年。

垂見 裕子（たるみ ゆうこ Yuko Nonoyama-Tarumi）（第4章、第8章担当）
所属：武蔵大学社会学部教授。専門：教育社会学，比較教育学。主な論文："Educational Achievement of Children from Single-Mother and Single-Father Families: The Case of Japan", *Journal of Marriage and Family* 79(4), pp.891-1204, 2017年。「小学生の学習習慣の形成メカニズム――日本・香港・上海の都市部の比較」『比較教育学研究』第55号, pp.89-110, 2017年。

中村 瑛仁（なかむら あきひと Akihito Nakamura）（第6章担当）
所属：大阪大学助教を経て、現在、大阪大学大学院人間科学研究科講師。専門：教育社会学、教員文化論。主な著書・論文：『〈しんどい学校〉の教員文化――社会的マイノリティの子どもと向き合う教員の仕事・アイデンティティ・キャリア』大阪大学出版会、2019年。『新自由主義的な教育改革と学校文化――大阪の改革に関する批判的教育研究』（共著）明石書店、2018年。

数実 浩佑（かずみ こうすけ Kosuke Kazumi）（第7章、補論担当）
所属：現在、大阪大学大学院博士後期課程在籍中、日本学術振興会特別研究員。専門：教育社会学。主な著書・論文：「学力格差の維持・拡大メカニズムに関する実証的研究――学力と学習態度の双方向因果に着目して」『教育社会学研究』第101集, pp.49-68, 2017年。

シリーズ・学力格差
第1巻〈統計編〉
日本と世界の学力格差
——国内・国際学力調査の統計分析から

2019年12月25日　初版 第1刷発行

監修者　志　水　宏　吉
編著者　川　口　俊　明

発行者　大　江　道　雅
発行所　株式会社 明石書店

〒101-0021 東京都千代田区外神田6-9-5
電話 03（5818）1171
FAX 03（5818）1174
振替　00100-7-24505
http://www.akashi.co.jp/

進　　行　寺澤正好
組　　版　デルタネットデザイン
装　　丁　クリエイティブ・コンセプト
印刷・製本　モリモト印刷株式会社

（定価はカバーに表示してあります）　ISBN978-4-7503-4877-3

未来を創る人権教育　大阪・松原発 学校と地域をつなぐ実践
志水宏吉、島善信編著　◎2500円

学力政策の比較社会学【国際編】　PISAは各国に何をもたらしたか
志水宏吉、鈴木勇編著　◎3800円

学力政策の比較社会学【国内編】　全国学力テストは都道府県に何をもたらしたか
志水宏吉、高田一宏編著　◎3800円

日本の外国人学校　トランスナショナリティをめぐる教育政策の課題
志水宏吉、中島智子、鍛治致編著　◎4500円

高校を生きるニューカマー　大阪府立高校にみる教育支援
志水宏吉編著　◎2500円

ニューカマーと教育　学校文化とエスニシティの葛藤をめぐって
【オンデマンド版】　志水宏吉、清水睦美編著　◎3500円

「往還する人々」の教育戦略　グローバル社会を生きる家族と公教育の課題
志水宏吉、山本ベバリーアン、鍛治致、ハヤシザキカズヒコ編著　◎3000円

外国人の子ども白書　権利・貧困・教育・文化・国籍と共生の視点から
荒牧重人、榎井縁、江原裕美、小島祥美、志水宏吉、南野奈津子、宮島喬、山野良一編　◎2500円

南三陸発！ 志津川小学校避難所　59日間の物語 ～未来へのメッセージ～
志津川小学校避難所自治会記録保存プロジェクト実行委員会、志水宏吉・大阪大学未来共生プログラム編　◎1200円

移動する人々と国民国家　ポスト・グローバル化時代における市民社会の変容
杉村美紀編著　◎2700円

日仏比較　変容する社会と教育
園山大祐、ジャン＝フランソワ・サブレ編著　◎4200円

現代フランスにおける移民の子孫たち　都市・社会統合・アイデンティティの社会学
エマニュエル・サンテリ著　園山大祐監修　村上一基訳　◎2200円

新自由主義的な教育改革と学校文化　大阪の改革に関する批判的教育研究
濱元伸彦、原田琢也編著　◎3800円

批判的教育学事典
マイケル・W・アップル、ウェイン・アウ、ルイ・アルマンド・ガンディン編
長尾彰夫、澤田稔監修　◎25000円

ドイツの道徳教科書　5、6年実践哲学科の価値教育
世界の教科書シリーズ 46　ローラント・ヴォルフガング・ヘンケ編集代表
濱谷佳奈監訳　栗原麗羅、小林亜未訳　◎2800円

めっしほうこう（滅私奉公）　学校の働き方改革を通して未来の教育をひらく
藤川伸治著　◎1600円

〈価格は本体価格です〉